21世纪新闻与传播学规划教材

广播电视学导论
（第二版）

常江 著

second edition

Introduction to Broadcasting

北京大学出版社
PEKING UNIVERSITY PRESS

图书在版编目（CIP）数据

广播电视学导论/常江著.—2版.—北京：北京大学出版社，2023.9
21世纪新闻与传播学规划教材
ISBN 978-7-301-34382-1

Ⅰ.①广…　Ⅱ.①常…　Ⅲ.①广播电视—高等学校—教材　Ⅳ.①G220

中国国家版本馆CIP数据核字（2023）第157789号

书　　　名	广播电视学导论（第二版）
	GUANGBO DIANSHIXUE DAOLUN（DI-ER BAN）
著作责任者	常　江　著
责任编辑	董郑芳
标准书号	ISBN 978-7-301-34382-1
出版发行	北京大学出版社
地　　　址	北京市海淀区成府路205号　100871
网　　　址	http://www.pup.cn
新浪微博	@北京大学出版社　　@未名社科-北大图书
微信公众号	北京大学出版社　　北大出版社社科图书
电子邮箱	编辑部 ss@pup.cn　　总编室 zpup@pup.cn
电　　　话	邮购部 010-62752015　　发行部 010-62750672
	编辑部 010-62753121
印　刷　者	北京宏伟双华印刷有限公司
经　销　者	新华书店
	730毫米×980毫米　16开本　23印张　340千字
	2016年11月第1版
	2023年9月第2版　2023年9月第1次印刷
定　　　价	69.00元

未经许可，不得以任何方式复制或抄袭本书之部分或全部内容。
版权所有，侵权必究
举报电话：010-62752024　电子邮箱：fd@pup.cn
图书如有印装质量问题，请与出版部联系，电话：010-62756370

目 录

绪论　广播电视学的基本概念 ······································ 001

第一章　全球广播电视业简史 ···································· 034
第一节　广播业的诞生 ·· 035
第二节　电台广播的"黄金时代" ·································· 040
第三节　电视业的诞生 ·· 049
第四节　人类进入电视时代 ·· 053
第五节　广播电视业的全球化 ······································ 060
第六节　广播电视业的新媒体化 ···································· 065

第二章　广播电视机构与体制 ···································· 068
第一节　广播电视机构形态 ·· 069
第二节　电台与电视台的组织结构 ·································· 084
第三节　广播电视业的体制 ·· 090

第三章　广播电视产业与经营 ···································· 100
第一节　广播电视产业概况 ·· 101

第二节　广播电视市场体系 …………………………………………… 118
　　第三节　广播电视业的集中和垄断 …………………………………… 126

第四章　广播电视的内容生产 …………………………………………… 134
　　第一节　媒介内容生产的基本观念 …………………………………… 135
　　第二节　媒介内容生产的批判性考察 ………………………………… 142
　　第三节　广播电视节目及其生产机制 ………………………………… 147

第五章　广播电视的社会影响与社会控制 …………………………… 165
　　第一节　广播电视的社会影响 ………………………………………… 166
　　第二节　广播电视的社会控制 ………………………………………… 177

第六章　广播电视受众 …………………………………………………… 200
　　第一节　广播电视受众概说 …………………………………………… 201
　　第二节　广播电视受众观的变迁 ……………………………………… 206
　　第三节　广播电视受众调查 …………………………………………… 213

第七章　广播电视文化与批评 …………………………………………… 237
　　第一节　广播电视文化的基本概念 …………………………………… 238
　　第二节　广播电视文化的基本特征 …………………………………… 247
　　第三节　广播电视文化批评的视角 …………………………………… 256

第八章　新媒体时代的广播电视业 ……………………………………… 270
　　第一节　新媒体时代传播的基本概念 ………………………………… 271
　　第二节　终端革命：智能电视机 ……………………………………… 276
　　第三节　渠道革命：网络广播电视 …………………………………… 280

第四节　内容革命：网络节目 …………………………………… 291

第五节　技术前沿：虚拟现实 …………………………………… 297

第九章　全球化语境下的广播电视业　309

第一节　跨国广播电视媒体 ……………………………………… 311

第二节　中国广播电视"走出去" ………………………………… 328

第三节　广播电视的全球化与文化帝国主义 …………………… 337

第四节　社交媒体与跨国广播电视 ……………………………… 343

主要参考文献　353

第一版后记　359

第二版后记　361

绪论　广播电视学的基本概念

> **要　点**
>
> 1. 广播电视技术发展的历程。
> 2. 广播电视的五大媒介特征。
> 3. 广播电视与当代社会之间的关系。

广播电视的诞生和发展，不但极大拓展了人类获取信息的能力和视野，更深刻改变了人类观察、理解乃至阐释外部世界的方式。

在信息传播领域，广播、电视相继成为重要的新闻媒介。根植于广播电视媒介形态的新闻传播实践在其发展历程中形成了独特的传统，信息的传递得以超越文字和抽象概念，以更加直接也更加迅疾的视听符号形式完成。[1] 如今，尽管诸多领域受到互联网的挑战，但电视依然拥有数量最多的忠实受众，是覆盖面最广、影响力最大、可信度最高的新闻媒体之一。

在大众审美领域，广播电视同样影响深远。早在 1962 年，包括尤金·伯迪克（Eugene Burdick）在内的不少社会理论家便开始系统阐释电视作为继建筑、雕塑、绘画、舞蹈、音乐、诗歌和电影之后的"第八艺术"的可

---

[1] 参见 Brad Kalbfeld, *Associate Press Broadcast News Handbook: A Manual of Techniques and Practices*, McGraw-Hill, 2001。

能，一系列相关的论述被任教于宾夕法尼亚大学安能伯格传播学院的广播制作人罗伯特·刘易斯·谢昂（Robert Lewis Shayon）编纂为文集《第八艺术》①出版，以电视剧为代表的广播电视艺术样式已经成为人们日常生活中审美经验的重要来源。

在社会文化领域，广播电视（尤其是电视）被普遍视为当代大众文化最主要的载体和媒介之一，围绕广播电视的文化影响而展开的讨论从世界上第一座电台诞生之日起，便从未停止过。我们甚至可以这样理解：人们对当代社会的文化特征及其背后的社会因素与权力结构的考察，几乎是同广播电视的发展以及与之相关的一系列媒介现象——如流行音乐借助广播进行传播和电视对于重大事件进行实况报道等——同步进行的。英国文化理论家雷蒙德·威廉斯（Raymond Williams）便将电视视为一种"独特的文化技术"（a particular cultural technology），并认为关于电视的讨论"在社会与文化争论中扮演着日趋重要的角色"。②

近年来，随着数字媒体技术的迅猛发展，全球广播电视业加速流媒体化。以无远弗届的移动互联网和智能便携的接收终端为新架构，广播电视在形式、内容和文化上均经历了巨大的转型，拥有了新的业态。其内容生产不再为传统制片机构所垄断，其播出与接受（接收）不再受"时间表"的限制，其文化呈现出显著的个性化趋势。这进一步加速了当代社会的深度"视听化"。人们被大小不一、形状各异的屏幕包裹，并沉浸于不间断的娱乐信息流之中。

尽管广播和电视最初是作为基于无线电通信系统的声像传播新技术为大众所熟知，但经过一个世纪的发展，早已深深嵌入人类社会变迁演进的脉络，不仅在社会进程中扮演了复杂的角色，也在日常生活中发挥着不可

---

① 参见 Robert Lewis Shayon, ed., *The Eighth Art: Twenty-three Views of Television Today*, Holt, Rinehart and Winston, 1962。

② Raymond Williams, *Television: Technology and Cultural Form*, Routledge, 1974, pp. 2-3.

绪论　广播电视学的基本概念

忽视的作用。对于广播电视的研习，关乎作为媒介形态和传媒产业的广播电视的种种规律，是人类了解自身处境、认清自身在社会与历史中所处位置之必需。正是出于这个原因，广播电视学得以成为一个学科，虽以广播电视媒介为核心内涵，其外延却十分广阔，涵盖了日常生活视听化的种种表现、特征与规律。

这一部分将对广播电视学的基本概念以及作为一个学科的广播电视学的现状与地位进行介绍。

一、广播、电视与广播电视

当人们在日常言谈中使用"广播电视"这个概念时，其含义往往是含混模糊的。这并不是言谈者的问题，而是因为这一概念本身便极易混淆。

"广播"一词来自英文"broadcast/broadcasting"，其本义是指借助无线电、导线或卫星通信信号，使用视觉或听觉符号同时向大量受众传递信息的传播系统。"广播"一词最早出现在日常语汇中，与无线电（radio）的发明和普及有密切关联。因此，在电视尚未诞生的年代里，"broadcast/broadcasting"通常仅用来描述无线电台的信息传播活动。无线电技术在20世纪初传入中国后，促进了电台在中国的诞生与发展，时任段祺瑞政府交通总长的语言文字学者叶恭绰将"broadcast/broadcasting"的英文表述直译为"广播"。自此，"广播"就成了"broadcast/broadcasting"在汉语中的对应词。在此之前，日本已将其译为"放送"。

没过多久，电视也问世了。由于电视和广播一样以无线电技术为基础（声电技术到光电技术），故电视节目的播出在英文表述中仍为"broadcast/broadcasting"。因此，在英文语境下，广播就有了两种类型，分别是"radio broadcasting"（电台广播）与"television broadcasting"（电视广播）。这一习惯延续至今。例如我们在讨论美国的电视业时，时常将全国广播公司（NBC）、哥伦比亚广播公司（CBS）和美国广播公司（ABC）合称为"三大广播网",正是因为它们的经营范围同时包括电台广播与电视广播。甚至由于电视在当下的影响力远远超过电台,因此英语中"broadcast/broadcasting"在更多的时候往往特指电视广播。

在汉语的日常言谈中,"广播"一词的含义基本停留在"电台广播"的范畴内,"广播"在大多数时候成了一个与"电视"并列的概念,亦即当人们提到"广播"时,通常仅指电台广播,而不包括电视广播。但在专业探讨和学术研究领域,"广播"一词的含义仍与其英文对应词保持一致,即同时包括电台广播和电视广播。

而在汉语里,"广播电视"这一表述的用法则更为复杂。在大多数情况下,我们将这一表述等同为电台广播与电视广播两种技术/媒介的总和。本书的题目"广播电视学导论"就属于这一用法。比如在我国,"中央广播电视总台"就包括了中央人民广播电台、中国国际广播电台两个国家级电台和中央电视台一个国家级电视台。但与此同时,"广播电视"还是一个具有特殊含义的指称,用于描述电视信号传输的三种主流技术(无线传输、有线传输、卫星传输)中的第一种,即指通过无线方式传输信号的电视。因此,遇到"广播电视"一词时,我们要进行具体分析。

至于在英文中,作为两种技术/媒介总和的"广播电视"自然就由"broadcast/broadcasting"来概括了。如"广播电视新闻"通常就是"broadcast journalism";而作为一种传输技术的"广播电视"(无线电视)常用"terrestrial television"(地面电视)或"broadcast television"来表述。

为了便于读者理解,本书以汉语的惯常用法为标准,在绝大多数情况下用"广播电视"一词指代"广播"加"电视",而用"广播"一词指代"电台广播"。但对于这些概念之间的复杂关联,读者还须厘清。

二、广播电视的技术基础

广播电视的发展是建立在现代通信技术的基础之上的,因此我们首先对广播电视媒介和行业赖以生存的各项技术的历史和现状进行扼要的介绍。

(一)电台广播技术的发展

广播电视信号的传输主要仰赖无线电通信技术。最早在理论上证明无线电存在的人是英国物理学家詹姆斯·麦克斯韦(James Maxwell),他在1864年的一篇论文中首次提出电场与磁场均以波的形式在空气中移动,进而预测了无线电的存在。1887年,德国物理学家海因里希·赫兹(Heinrich Hertz)则首次通过实验证实了麦克斯韦的预测,并测试了电磁波的速度与不同波长的电磁波的相关属性,为无线电传送技术的诞生奠定了坚实的基础。为纪念其成就,人们便以"赫兹"为电磁波的振动频率的单位。

关于真正意义上的无线电传送技术的发明人是谁,至今仍存有争议,其中涉及三个关键人物。一是塞尔维亚裔美国籍发明家尼古拉·特斯拉(Nikola Tesla),他于1893年首次在美国密苏里州的圣路易斯公开展示了无线电通信技术。二是俄国物理学家亚历山大·波波夫(Alexander Popov),他于1895年5月7日在彼得堡的一个学术会议上演示了其发明的无线电接收装置,这一天后来被苏联政府命名为"无线电发明日"。三是意大利发明家**古列尔莫·马可尼**(Guglielmo Marconi)(图0.1),他和波波夫在同一年宣称自己发明了无线电传送技术,并于次年在英国的支持下取得了这一技术的专利权。

图 0.1 古列尔莫·马可尼

目前,在世界上的大多数国家和地区,马可尼被普遍视为无线电技术的发明人,这主要是因为其发明成果借助彼时"日不落帝国"——英国的国力而产生的巨大影响。1909 年，没有大学文凭的马可尼获得了诺贝尔物理学奖。而波波夫的发明则沦为海军预告雷雨的检测设备，并未进入通信和商业领域。至于特斯拉，更是悲情，他本于 1897 年获得美国无线电技术专利，谁知美国专利局竟于 1904 年撤销其专利权，转而采用马可尼的无线电专利，这一反常举动或许跟马可尼——其时已转型为商人——与美国发明界复杂且深厚的经济利益纠葛有关。直至 1943 年，美国最高法院才重新认定特斯拉的专利有效，而特斯拉已在穷困潦倒中去世。可见，科技的发展与社会的政治经济脉络有着密切关联，更关乎国与国之间的利益考量与竞争。

图 0.2 雷金纳德·费森登

随着无线电技术的日渐成熟，通信信号得以传到更远的地方，这为电台广播的出现做好了技术上的准备。经过大约十年时间里一系列发明家的不懈努力，无线电通信克服了只能以断点式的电波传输摩尔斯电码的局限，进入了不间断的"连续传播"的时代。1900 年，加拿大裔电子工程师**雷金纳德·费森登**（Reginald Fessenden）（图 0.2）得到美国通用电气公司的资助，开始与恩斯特·亚历山德森（Ernst Alexanderson）合作研制能够产生高频连续电波的交流发电机以用于声音的传播，并最终获得成功。其间，费森登曾于 1906 年 12 月 24 日晚，即圣诞节前夜，首次使用高频交流电发电机将声音信息通过电磁波传递出去，其内容包括一首亨德尔的音乐、一首费森登本人演唱的圣歌以及一段《新约圣经·路加福音》的诵读。他还在这场人类历史上的首次播音活动中吁请听众给他写信，反馈声音的清晰度及听者所处的地理位置，以便自己推测声电信号可以传递多远。据记载，最远收到信号的人位于几百英里之外,但刺耳的噪音贯穿整个播音过程。①

除高频交流电发电机外,真空三极管的发明对于电台广播的诞生也至关重要,其发明人为美国的李·德福雷斯特(Lee De Forest)。这一小小的装置可以显著放大无线电信号的强度,并产生连续高频电磁波,成为声音借助电磁波完成高品质传输最关键的一项技术。1907年7月18日,德福雷斯特首次成功地使用三极管技术将高品质信号从一艘蒸汽机船传送至海岸接收器。发明家本人对这一成就极为得意,他甚至在自传中将自己称为"电台之父",并声称:"无意间,我发现了一个空气中的隐形帝国,它难以捉摸,却如花岗岩一样坚固,只要人类还要居住在这个星球上,它的结构就会与世长存。"② 事实上,用"电台"(radio)一词取代"无线"(wireless)一词,确实是德福雷斯特的主意。他于1910年1月12日和13日两天,相继将纽约大都会歌剧院上演的贾科莫·普契尼(Giacomo Puccini)的歌剧《托斯卡》(*Tosca*)和意大利男高音歌唱家恩里科·卡鲁索(Enrico Caruso)的表演片段,通过不间断的方式向大约50位听众做了试验性的广播,这被公认为人类历史上第一次真正意义上的电台广播实践。

德福雷斯特在其职业生涯中一直受到另一位美国发明家埃德温·阿姆斯特朗(Edwin Armstrong)的挑战。后者年轻有为,在读大学期间(1914)即发明了再生电路(regenerative circuit),并在此基础上制作出超外差接收机(1918),这种新型的接收机可以有效放大频率信号并滤除其他信号的干扰。从1916年开始,德福雷斯特与阿姆斯特朗就各自发明的专利权问题连续打了12年官司,1928年,美国最高法院做出了有利于前者

---

① 参见 John S. Belrose, "Reginald Aubrey Fessenden and the Birth of Wireless Telephony," *IEEE Antennas and Propagation Magazine*, 44 (2), 2002, pp. 38–47。

② Lee De Forest, *Father of the Radio: The Autography of Lee De Forest*, Wilcox & Follett, 1950, p. 4.

的判决。不过，广播史还是普遍将德福雷斯特视为真空三极管的发明人，而将阿姆斯特朗视为"电台广播"的发明人。① 此外，阿姆斯特朗还是我们今天非常熟悉的调频（FM）方法的发明人，他于1935年11月6日在美国无线电工程师学会（IRE）的纽约分会宣读了一篇论文，描述了调频方法的工作原理，并于次年将论文公开发表。比起传统的调幅（AM）方法，调频方法对于静电的干扰有更为强大的抵抗力，极大提升了电台送声的音质。如今，调频广播是世界各国电台广播的主流技术。

在全世界范围内，无线电频谱资源普遍被视为国家财产或公共资源，广播电视机构对其只有使用权而非所有权；而作为公共资源的无线电频率在理论上又是有限的，因此国家有权力决定哪些机构可以获得使用这一资源经营广播的资格。这一原则被称为"频谱稀缺论"（Spectrum Scarcity Rationale），是国家对广播电视进行规制的基本法理依据。而规制的主要方式就是颁发牌照——只有符合公共利益的机构才能获准经营广播电视业，而触犯了公共利益的广播电视机构则会面临执照被吊销的后果。不过，随着有线与卫星传输技术的发展，频谱稀缺论在实际上已经"破产"②，因为新的传输方式可以不必使用公共频谱资源——如有线电视即可完全使用光缆。但这一原则沿用至今，是世界各国对广播电视的规制总要比报刊严格一些的重要原因。第五章将对此展开详细的介绍。

（二）电视广播技术的发展

电台广播技术主要解决的是声音的远距离连续传送问题；而电视广播技术则更高一级：除要传送声音之外，还要传送连续的活动图像。

电视工作的技术原理大致可被视为电影技术的基本原理（视觉暂留现

---

① 参见 Ken Burns, dir., *Empire of the Air: The Men Who Made Radio*, PBS Documentary, 2004。
② T. Barton Carter, Juliet L. Dee, and Harvey L. Zuckman, *Mass Communication Law*, West Group, 1999, pp. 415–419.

象）和电台广播技术原理相互结合的产物。在 20 世纪 20 年代，电影已诞生三十余年，不但在欧美各国成为广受欢迎的大众娱乐项目，还在技术与美学领域对"声画关系"这一 20 世纪独特的大众审美议题展开持续的探索。

早在 1884 年，24 岁的德国大学生保罗·尼普科（Paul Nipkow）就成功使用一个布满小孔的圆盘实现了光学图像的传送。其工作原理是：当圆盘转动时，各小孔依次截取图片各点的光信号，然后由光感器记录并传输信号，最后在接收的电子管上复制出一幅黑白图像。这一发明被命名为"尼普科圆盘"（Nipkow disk）。尼普科当年即为这项发明申请了专利，诞生于 20 世纪 20 年代的机械电视正是以尼普科圆盘为技术基础的。

不过，世界上公认的"电视之父"是英国人**约翰·贝尔德**（John Baird）（图 0.3）。尽管在 20 世纪的第一个十年里，欧美国家投身于电视技术的科学家和工程师为数甚众，并且他们均不约而同地将尼普科圆盘作为研究的起点，但唯有贝尔德一人取得了实质性进展。1925 年 10 月 2 日，贝尔德在自己的实验室中成功实现了人类历史上第一幅黑白电视画面——一个昵称为"Stooky Bill"的口技艺人专用木偶的传输。图像的清晰度当然很低，只有垂直 30 线扫描，每秒 5 帧。

图 0.3　约翰·贝尔德

贝尔德很兴奋，立刻下楼找来一位名叫威廉·泰恩顿（William Taynton）的工作人员，请他配合自己进行人脸图像的传输——于是，20 岁的年轻人泰恩顿就成了有史以来第一个上了电视的人。为了使大众知悉自己的新发明，贝尔德立刻造访《每日快报》（Daily Express），希望得到新闻媒体的关注，但当天的值班编辑得知其来意后竟惊恐万分地对一位记者说："我的天，赶紧去楼下接待室轰走这个疯子，他居然说发明了一个可以通过无线电来看图像的机器！小心，说不定他随身带着凶器呢！"①

1926年1月26日，贝尔德在自己的实验室向英国皇家学会的四十余位成员以及一位《泰晤士报》的记者演示了他的新发明。从此以后，贝尔德不再被当作痴人说梦的疯子，而成了举世闻名的"电视发明家"。其后，他成立了以自己的名字命名的公司，并连续推出了多项与电视相关的专利：视频信号的远距离传输（1927）、彩色图像传输（1939）、500线三维电视（1941）等，均产生了巨大的社会反响。在2002年BBC举办的"100名最伟大的英国人"评选活动中，贝尔德榜上有名，排在第44位。由于贝尔德的发明，英国成为世界上最早实现电视机普及的国家，拥有最早播出电视节目的广播机构。美国的一些大公司，如美国电话电报公司（AT&T）以及贝尔实验室等，也于1927年前后成功研制出了机械电视。

不过，贝尔德及其引领的"机械电视"时代并不持久，原因在于这种电视有很多难以克服的缺陷。第一，体积庞大、重量惊人，贝尔德的机械电视在一次转播中居然将地板压塌了；第二，噪声太大，影响收听，实现不了真正意义上的"声画结合"；第三，操作复杂，故障频出，显然无法满足顺畅传递信号的需要。于是，电子电视的发明便被提上日程。在美国，俄裔工程师弗拉基米尔·佐里金（Vladimir Zworykin）最早预见到机械电视因其天然缺陷而迟早会被淘汰，所以他在美国无线电公司（Radio Corporation of America，RCA）及其副总经理戴维·萨尔诺夫（David Sarnoff）的支持下，开始进行全电子电视系统的研究。1929年5月9日，佐里金及其团队第一次当众展示其发明的全电子电视接收装置，取得了成功。1930年年底，与之配套的电子摄像机也正式问世。至1935年，这套全电子电视系统已全面传入欧洲大陆，并在1936年柏林奥运会的电视转播中大放异彩。在英国，马可尼-百代电视公司（Marconi-EMI Television Company Lim-

---

① Bob Greenlee, *John Logie Baird: The Man Who Invented Television*, AuthorHouse, 2010, p. 136.

ited）引入并改进的电子电视系统很快就被英国广播公司采用。而贝尔德的机械电视机刚刚见证电视事业的开始便退出了历史舞台——英国广播公司在 1936 年 11 月 2 日第一次使用贝尔德的 240 线机械电视系统播出电视节目，几个月后便改用马可尼-百代电视公司的 405 线电子电视系统了。

从时间节点上看，电台广播技术大致成熟于第一次世界大战爆发前，电视广播技术大致成熟于第二次世界大战爆发前。在战争与国际竞争环境的影响下，新生的广播电视技术从一开始就受到各方力量的干扰，被各国政府优先用以满足军事需求，更时常在资本与国家权力的交缠中踟蹰不前。由马可尼直接或间接控制的公司因掌握着大量关键技术的专利权而成为国际无线电领域的巨头，但美国本土的西屋电气、通用电气和美国电话电报公司等公司也不甘示弱，借助美国日渐增强的经济与军事实力，最终成功地将马可尼公司的势力逐出美国。

20 世纪另一个值得关注的技术事件是发生在 60 年代的"彩色电视制式之争"。美国早在 1954 年便确立了其彩色电视制式的国家标准——NTSC 制式，并尝试将其推行到其他国家。但在电视技术发展竞争高度政治化的环境里，其他电视强国也不甘示弱，纷纷研制自己的彩电制式。至 1963 年，全球彩电制式形成"三足鼎立"的格局，除美国 NTSC 制式外，还有法国 SECAM 制式和联邦德国 PAL 制式。三国电视业的决策者和代理人在全球范围内广泛游说，争取拉拢更多国家选择本国研发的制式，这一过程牵扯了大量政治和外交的因素。至 1967 年，"三分天下"的格局形成：苏联和东欧国家采用 SECAM 制式，北欧、大洋洲、西欧其他国家和部分非洲以及大部分亚洲国家采用 PAL 制式，而美洲国家和日本、菲律宾采用 NTSC 制式。中国的决策者曾主张创制独立的彩色电视制式[1]，但囿于当时的国力而未果，中国遂从 1973 年开始加入 PAL 制式阵营。

---

[1] 参见梅益：《少奇同志和广播事业》，载中华人民共和国史广播电视编辑部编：《当代中国广播电视回忆录（第一集）》，中国广播电视出版社 1995 年版，第 12—17 页；郭镇之：《中国电视史》，中国人民大学出版社 1991 年版，第 79 页。

事实上，由于广播电视在信息传递和提供娱乐等领域的独到优势，其技术变迁的每一个关键时期都不可避免被附加了政治色彩。这一点在后来的卫星电视和高清电视技术竞赛中一再得到印证。而真正意义上的广播机构出现在1920年，首次试播电视节目则是在1936年，相比于技术成熟的速度而言，机构建设可谓相当滞后。

（三）广播电视技术的现状

加拿大著名传播学者马歇尔·麦克卢汉（Marshall McLuhan）在1964年出版的《理解媒介》（*Understanding Media*）一书中指出，方兴未艾的电子传播技术正在将整个地球凝缩成一个村落，并使得信息得以在瞬间完成全球范围的传递。[1]"地球村"的概念虽然今天多被用于描述互联网的全球影响，但从《理解媒介》出版的时间背景看，麦克卢汉考察的主要对象是电视——就在1962年7月10日，人类历史上第一颗电视通信卫星"电星一号"（Telstar-1）由美国发射成功。尽管由于这颗卫星与地球运动不同步，因此每天传输信号的时间只有102分钟，但人们仍对其使电视广播的内容实现全球实时覆盖兴奋不已。广播电视业正式进入卫星通信时代。

由于技术的不成熟，"电星一号"在1963年2月21日宣告失灵，但直至今日它仍在沿着原来的轨道绕地球转圈。而1963年7月26日升空的"辛康二号"（Syncom-II）卫星则是人类历史上第一颗同步卫星，其成功发射使得突发事件的电视实况转播也成为可能。

早期的通信卫星必须经过地面卫星站的中转，再通过无线或有线方式入户，传输路径较为复杂，时效也稍打折扣。不过从1984年日本发射世界上第一颗直播卫星"BS-2a"开始，这一问题也得以解决，此后电视信号

---

[1] Marshall McLuhan, *Understanding Media*, Gingko Press, 1964, p. 6.

可以直接通过卫星传输到各家各户的接收天线处，无须经过地面中转了。在这一技术的支持下，日本放送协会（NHK）成为世界上首个播出整套卫星直播节目的电视台。

卫星通信技术的成熟是电视成为全球范围内最强势媒介的重要原因。从此，国际新闻素材不再需要通过航寄的方式运送，而可以实现同步实况转播，这极大地提升了全球信息流通的效率，"地球村"的称谓名副其实。电视也因之成为全球性媒介事件最重要的策源地：东京奥运会、美国总统肯尼迪遇刺、海湾战争、戴安娜王妃葬礼、香港回归等引人注目的重大事件，都因借助卫星通信实况转播而成为全球观众共同的文化经验，不但给世界各地的人们呈现了最为鲜活也最接近真相的事件现场，还重新界定了事件本身的意义[1]。

此外，卫星通信技术还给受限于地理条件而难以被广播电视信号覆盖的偏远地区带来了便利：卫星通信无须借助微波信号的差转，因此能够方便地覆盖广袤地带。鉴于此，一些国土面积大、人口众多且地理条件复杂的国家，大多十分热衷于发展卫星电视。苏联是世界上第一个发射国内通信卫星的国家，加拿大、澳大利亚、印度尼西亚等国也十分积极地发展国内卫星通信技术。中国从1998年开始实施的"广播电视村村通"和"户户通"直播卫星电视服务两大工程，就是通过卫星通信技术令广播电视信号覆盖偏远地区，使那些地方的民众结束了看不到电视的历史。不过，卫星电视的繁荣也为一些文化和政治上的"小国"带来了他国节目跨境"侵扰"的问题。在一些国家，私人安装卫星信号天线是违法的，目的即在于抵御未经本国审查的电视节目入境。而一些位处边缘地带的文化体，亦可通过创办卫星电视台的方式，令自己的电视文化产品实现更大范围的传播。如中国澳门特别行政区就将自己打造成为亚太地区最重要的卫星电视

---

[1] 参见 Daniel Dayan, and Elihu Katz, *Media Events: The Live Broadcasting of History*, Harvard University Press, 1994。

服务中心。①

除卫星通信技术之外，有线电视技术也日趋发展成熟。与无线电视不同，有线电视用同轴电缆或光导纤维而非微波信号传送节目，其最主要的功效有三：避免信号因外界干扰而衰减，实现了声音和画面的保真；频带更宽、频道更多，极大丰富了节目的容量和类型；具有双向交流的特性，可为观众提供针对性的点播服务。

有线广播在20世纪30年代便已出现，有线电视则最早出现于1949年，但其直至70年代才开始迅速发展成为电视信号的主流传输技术。由于线缆传输的信号衰减微弱、画面质量好，因此在大多数经济较为发达的地区，人们主要使用有线接入的方式观看电视节目。在大多数国家，有线电视除作为一种电视信号传输技术外，还形成了一种独特的电视播出和媒介机构形态。例如在美国，绝大多数城市家庭都会选择一家有线电视服务供应商，在获得其免费的节目资源（无线电视网播出的节目和不加密的有线电视网播出的节目）的同时，亦可选择是否订阅其付费的有线电视频道的节目。

数字电视技术是由日本NHK在1981年首先研制成功并当众展示的。这种高清晰度电视无论是在扫描线的数量还是在每秒画面的帧数上，均远远超过模拟电视的水平，因此甫一诞生便迅速引起了各电视大国的关注。抢占技术先机后，日本很快推出了自己的高清制式MUSE，但这一举动引起了欧美国家的普遍警惕和抵制。在1986年的国际无线电咨询委员会会议上，就是由于欧洲国家的否决，MUSE制式没能成为国际通行的高清电视制式。不过，主要国家就一个问题达成共识：模拟电视向数字电视的转换已是不可抗拒之潮流。在这一潮流的影响下，世界各国均制定了完成模拟

---

① 常江、张梓轩、彭侃：《中国语境下的澳门影视产业》，北京大学出版社2012年版，第206—209页。

绪论　广播电视学的基本概念

信号转数字信号工作的时间表。根据国际通行的数字视频广播（DVB）标准的官方网站介绍，日本、美国分别于 2012 年 3 月 21 日、2009 年 6 月 12 日基本完成了对模拟信号的全面淘汰，中国于 2006 年启动数字信号转换工程，并于 2015 年完成转换工作。① 目前，全世界主要有 4 种基于地面传输的数字电视制式，分别是 DVB-T 制式（欧洲、中东、非洲、东南亚、大洋洲）、ATSC 制式（北美地区）、ISDB-T 制式（日本与南美地区）以及 DTMB 制式（中国）。

至于距离我们最近的智能电视（smart television），则是传统电视技术与前沿网络通信技术融合的产物。与传统电视相比，智能电视通常拥有自己的操作系统（如 Android 系统）和应用平台，赋予观众（用户）自主选择播出内容和观看时间的自由。由于接入了互联网，因此智能电视在功能上全面超越了传统电视：除提供传统视听内容服务外，还承载了点播、游戏、投票、社交等多样的媒体应用。近年来，智能电视技术与 Netflix、Amazon Prime Video 等流媒体平台的发展相互促进，培育了新的视听文化生态，并重塑着全球广播电视业的格局。数据显示，至 2019 年年底，全世界已有 12.6 亿台智能电视机联网；至 2020 年年底，全中国有约 43%的家庭拥有可联网的智能电视机。② 智能电视在全球范围内的普及，启示我们要探索新的思路以审视"广播电视"这一概念及相关的产业与文化模式。

广播电视的诞生和发展是科技进步的结果，其本质即在于充分利用前沿技术去尽可能地延伸人类在听觉和视觉领域的认知能力，并给人类带来更为极致的感官体验。因此，只要人类对于视听符号系统的依赖没有消

---

① 参见 DVB website，https://www.dvb.org/news/worldwide，2023 年 5 月 1 日访问。
② 参见 Strategy Analytics website，https://www.strategyanalytics.com/access-services/devices/connected-home/consumer-electronics/reports/report-detail/global-connected-tv-device-vendor-market-share-q4-2019，2023 年 5 月 1 日访问。

失，广播电视就一定会不断采纳科技发展的各种新成果，不断提升自身在全球信息和娱乐网络内的影响力。对技术革新及其带来的产业和文化影响保持敏锐的观察，是准确把握广播电视业发展规律的必要前提。

三、广播电视的媒介特征

在新闻传播学学科视域内，我们通常将广播与电视视为大众传播的两种媒介形态。有的时候，我们将广播、电视和互联网合称为"电子媒介"，与书籍、报纸、杂志等印刷媒介并举；有的时候，我们又将广播、电视和电影合称为"视听媒介"，因其主要诉诸人的听觉和视觉而非读写能力与抽象思维。但在大多数情况下，广播和电视被统称为"广电媒介"，不与互联网和电影作为一个整体来观察和研究，这是因为广播和电视具有相似的技术基础和传播方式：它们都是传统意义上的新闻媒体，面向私人或家庭，通过不间断连续播出且从点到面的单向传播方式实现信息的传递。这与交互性和综合性极强的新媒体——互联网以及主要作为一种视觉奇观并借助影院这一公共空间完成传播过程的电影有显著的不同。因此，我们在这一小节中对广播电视媒介特征的探讨主要是针对其区别于其他媒介形式的独特性的描述。正是这些独有的特征赋予了广播电视学作为新闻传播学分支学科和独立研究领域的合法性。

（一）诉诸视觉和听觉

广播电视区别于印刷媒体最显著的特征，在于其以视觉和听觉符号而非语言文字符号作为传递信息、承载意义的主要介质。这一特征使得广播电视的内容比报刊来得更加直观，也更具感观冲击力。对于视听符号系统的依赖，一方面使得广播电视对于社会实践与过程的记录比报纸的文字报道更具可信性，因为人们总是相信"眼见为实"；另一方面也令广播电视得以"兼容"其他视听艺术形式，如摄影、戏剧、音乐、电影等，成为名

绪论　广播电视学的基本概念

副其实的综合性艺术载体。

　　不过，基于视听符号的传播方式也令广播电视，尤其是电视，受到了一些严厉的批评，如媒介环境学派代表人物**尼尔·波兹曼**（Neil Postman）（图 0.4）就在其名著《娱乐至死》中指责电视用图像替代了书写的文字，导致受众逐渐失去了对各类事物进行抽象思考的能力，进而使严肃的社会议题转变成了肤浅的影像，令人们在无休止的娱乐中沉迷至死。① 此外，对于图像的大量使用也会产生相应的伦理问题。如 2011 年 10 月，利比亚前领导人卡扎菲被俘并遭反对派士兵枪杀，各国多家电视台均播放了其伤痕累累的尸体的特写画面②，更有围观者"在卡扎菲尸体的周围拍照，上下摆弄他的头"③。电视媒体对卡扎菲尸体（及其受辱过程）的清晰呈现，被一些批评家喻称为"曝尸"④，而对死者尸体的展示通常被认为违背国际通行的新闻伦理。视听符号放大细节、诉诸感官，对其使用若缺少通行的规范，会引导受众以情绪化的方式理解公共事务，带来舆论生态的非理性问题。

图 0.4　尼尔·波兹曼

---

① 参见 Neil Postman, *Amusing Ourselves to Death: Public Discourse in the Age of Show Business*, Penguin Books, 2005。

② 参见 Al Jazeera Footage, http://www.aljazeera.com/video/middleeast/2011/10/2011102014201566639.htm，2023 年 5 月 1 日访问。

③ Areem Fahim, and Rick Gladstone, "Qaddafi Is Killed as Libyan Forces Take Surt," *The New York Times*, October 10, 2011.

④ Lindsey Fitzharris, "A Fate Worse than Death: Displaying Criminals' Corpses," *The Guardian*, November 7, 2011.

（二）信息的即时传送

与报纸、杂志等印刷媒体相比，广播电视最显著的优势就体现于其传递信息的时效性。无论是通过微波、光缆还是卫星通信，广播电视都可以实现信息的传播和接收几乎同时完成；而书报杂志无论如何提升时效，也无法抵消印刷和运输环节需要耗费的时间。正因如此，我们通常认为报刊更适宜刊登对事件进行全面阐释和深度剖析的内容，而广播电视最大的魅力则在于对"现场"的即时呈现与实况转播。

正是基于这一媒介特征，**"直播"** 就成了广播电视节目播出的一种主要方式。尤其是在重大可预知事件（如大型体育赛事）和突发事件发生时，大众已养成了打开电视机（或收音机）了解现场实况的习惯。1963年11月22日，时任美国总统约翰·肯尼迪被刺杀，方兴未艾的电视第一次成为美国民众了解事件进展的首要媒体。1964年两位学者的调查结果显示：刺杀事件发生后一小时内，68%的美国民众获知消息；事件发生后两小时内，92%的民众获知消息；超过一半民众是通过电视或广播而非报纸了解事件经过与原委的。[1] 经此一役，"电视轻易地打败了报纸，成为美国人了解时事的最主要途径"[2]。在中国，1961年4月，北京电视台（中央电视台的前身）对第26届世界乒乓球锦标赛的实况转播使中国人第一次领略到电视直播的魅力：当时全北京只有1万台左右电视机，但在比赛期间其利用率空前之高，在文化馆等公共场所，一台电视机前往往有超过200人同时观看，仿若一座小型看台，"北京城万人空巷，北京人如饮狂

---

[1] Paul B. Sheatsley, and Jacob J. Feldman, "The Assassination of President Kennedy: A Preliminary Report on Public Reactions and Behaviors," *The Public Opinion Quarterly*, 28 (2), 1964, pp. 189–215.

[2] Tierney Sneed, "How John F. Kennedy's Assassination Changed Television Forever," *US News and World Report*, November 14, 2013.

泉"[1]。广播电视（尤其是电视）"即时传送"的媒介特征是其迅速崛起为强势媒体的主要原因。

（三）线性的内容编排

广播电视的内容是按照时间的顺序进行编排的，受众通过电视机或收音机接收节目，只能按照电视台和电台预先设定好的播出次序线性完成。这一过程具有强制性，受众若要中止接收某一信息，只能转换频道/频率或关闭电视机/收音机。例如，一位电视观众想观看某电视频道播出的电视连续剧《北平无战事》，那么他必须按照电视台预先制定好的节目表，每天20点准时坐在电视机前收看。这是广播电视与书报杂志的另一个显著差异。印刷媒体对内容的编排是在"版面"上进行的，不同的内容位于不同的版面上或同一版面的不同位置上，受众阅读时完全可以根据需求和喜好选择一些内容进行阅读而将其他内容弃置一旁，甚至可以自由选择阅读的时间和地点——上班路上的地铁上、午休时的办公室里、晚饭后的餐厅里、入睡前的卧室里，具有更高的自由度和灵活性。

基于时间顺序线性编排内容的媒介特征使广播电视特别适合呈现叙事性内容，并通过提供连续不断的内容持续攫取受众的注意力，对其施加影响。目前，有影响力的广播电视媒体基本上实现了全天24小时不间断播出。不过，这一内容编排方式也有相应的弱点，那就是时间终究是有限的，对于一个频道来说，全天24小时就算全部排满节目，所能传递的信息也就那么多，不同电台与电视台的节目只有品质高下之分，没有播出时间长短之分。而报纸和杂志则不同，它们在理论上可以无限扩充版面的数量。

不过，广播电视"线性编排"的媒介特征在流媒体时代受到了极大的

---

[1] 郭镇之：《中国电视史》，中国人民大学出版社1991年版，第43页。

冲击。一方面，全面数字化的节目播出不再受到频道（频率）资源稀缺性制约，其内容在理论上可以无限扩张体量并长期存留在节目库（library）中，因此传统意义上的"时间表"事实上不复存在；另一方面，日益普及的智能播出终端给予用户自主选择观看（收听）时间和频次的自由，培育了反复观看、倍速观看、沉溺观看等多种类型的新的观看方式，从而也消解了播出机构对观众接受习惯的限制。从"线性"到"非线性"的转变，是广播电视作为一种媒介文化正在经历的"革命"。

（四）接受门槛低

广播电视是真正意义上的"零门槛"媒介，因为它们对受众的受教育程度几乎没有任何限制。在理论上，只要不是聋哑人或盲人，均可收听和收看节目内容。而印刷媒体则不同，报纸和杂志等以语言文字为内容的载体，对读者提出了一定的识字率的要求。根据国家语言文字工作委员会组编的《中国语言生活状况报告（2022）》，熟练掌握大约960个汉字才可以较为顺畅地阅读中文语境下90%的内容；而若要无困难地阅读99%以上的内容，则至少要熟练掌握大约2300个汉字。[1] 广播电视的这一特性使其成为渗透力极强的媒介，只要是在信号或光缆覆盖到的地方，受众打开电视机或收音机，就可以接收源源不断的声像和讯息。

上述特征使得广播和电视成为十分强大的宣传工具，极其适用于政令的上传下达。例如，从1933年到1944年，美国先后陷入空前的经济危机并随后卷入第二次世界大战，当时的总统富兰克林·D.罗斯福就因通过方兴未艾的电台广播不断对美国民众进行经济复苏政策及反法西斯战略的宣传而深得民心，无论高级知识分子还是目不识丁的农夫均能十分顺畅地接收他所传递的信息（罗斯福总统的"炉边谈话"），成为广播宣传史上的经

---

[1] 参见国家语言文字工作委员会组编：《中国语言生活状况报告（2022）》，商务印书馆2022年版。

典案例。①

不过，广播电视的"零门槛"及其带来的对未成年人的影响也引发了很多批评者的担忧。如前文提到的尼尔·波兹曼便在其另一部著作《童年的消逝》中指出，在印刷媒体时代，儿童需要通过学校教育掌握读写的技能，方可接收媒体（书籍、报刊）上的讯息，因此识字的过程也就是一个由童年向成年转变的过程；而电视的普及则打破了这一现状，儿童不需要接受教育便可轻易看懂节目的内容，成年与童年的边界不复存在，儿童受到节目中的性与暴力内容的影响而愈发早熟，演变成严重的社会问题。②正是由于广播电视的这一特点，世界上绝大多数国家对于广播电视节目内容的控制都十分严格，性和暴力内容的播出往往受到限制。而对于应当如何规制流媒体平台播出的内容，目前在全世界范围内仍未达成共识，遑论成熟的制度。这方面内容将在第五章详述。

（五）内容不易保存

总体上，广播电视的内容是转瞬即逝的，对于普通受众来说，除非在播出时使用录制设备对其进行备份，否则若要重新收听收看，就只能等重播了。而报刊的技术基础是印刷术，是可感可触的物质存在，只要印刷出版，就一定能够存留，并可在日后被反复查阅。比如，我们想从事一项研究，去图书馆查阅资料，会发现往往可以很容易找到很多年以前出版的报刊，但却极难获得早期的广播电视节目。广播电视的这一媒介特征对其内容生产也提出了严格的要求：正因转瞬即逝、不易保存，广播电视的内容通常要晓畅易懂，便于受众在极短时间内理解吸收。广播电视很少使用佶屈聱牙的字词和结构复杂的语句，尤其是电台广播，因为只有声音一种表

---

① 参见 Franklin D. Roosevelt, *Fireside Chats: Radio Addresses to the American People (1933—1944)*, Red and Black Publishers, 2008。

② 参见 Neil Postman, *The Disappearance of Childhood*, Vintage, 1994。

达方式，表达的口语化和日常化成为最基本的专业规范。

不过，随着互联网技术的兴起，广播电视的这一劣势逐渐不复存在。数字化的生产与播出使得节目内容的储存和查阅变得更加容易，实力雄厚的广播电视媒体大多创立了自己的网络播出平台和节目库，令普通观众也可以非常容易地查阅、重看过往播出的节目。比如现今，电视观众即使错过了一期《向往的生活》的电视播出，也可以在自己方便的时候通过视频网站点播收看。这在某种程度上改变了传统广播电视播出环境下的传受关系。

综合广播电视上述五个媒介特征，不难发现技术对于内容生产的影响：广播电视的内容要以迅速、直观、易于理解并受到严格控制的方式进行传播，正是源于广播电视天然的信号传输、符号系统和播出方式等技术基础。而迭代迅速的互联网技术对于传统广播电视媒介特征的影响乃至重构，也是当代广播电视业发展变迁的重要议题。这方面内容将在第八章详细讨论。

四、广播电视与当代社会

广播电视最初作为新媒介出现，并在后续的发展中日渐给印刷媒体环境下的世界带来了天翻地覆的变化。广播电视与社会之间的关系集中体现在两个方面：第一，广播电视（尤其是电视）是人类接触最频繁也最信赖的大众媒介之一，在当代社会的日常生活领域扮演着至关重要的角色；第二，广播电视改变了人类观察世界、理解世界的路径，使之形成了一种独特的基于视听感官的思维方式，进而为各种社会事务赋予了新的内涵和意义。

电视于 20 世纪 50 年代在欧美国家完成家庭普及并迅速超越报纸成为最有影响力的大众媒介，这一强势地位持续至今。在新媒体时代，尽管很多"唱衰"电视的言论认为人们正在逐渐远离电视，投入互联网的怀抱，但大量权威调查数据显示，电视仍然在当代媒介生态和日常生活中扮演着不可替代的角色。在接触时间方面，尽管大众拥有更加丰富的视听内容选择，但 2021 年美国人日均观看电视的时间仍达到 196.6 分钟①。在新闻消费方面，尽管新闻媒体公信力走低是一般趋势，但 2020 年美国人首选电视作为主要新闻源的人数比例（24%）仍然超过其他所有媒介②。在中国，2021 年的调查数据显示，每日户均收视时长为 5.83 小时，较 2019 年上升 12.3%。③ 对于全世界绝大多数文化体来说，电视仍然是公共生活与文化讨论的中心。④

鉴于广播电视的强大影响力，人们往往通过讨论围绕其形成的文化现象来剖析更为广泛也更为深刻的社会问题。如意大利著名文学批评家安贝托·艾柯（Umberto Eco）就曾借助对于电视教育功能的讨论来批判民主的现状："只有（电视）影像的语言被用于激发批判性反思的出现而非仅仅起到催眠作用，民主文明才能拯救自身。"⑤ 法国著名社会学家皮埃尔·布尔迪厄（Pierre Bourdieu）（图 0.5）更是在两次影响力巨大的电视讲

图 0.5　皮埃尔·布尔迪厄

---

① Statista Website，https：//www.statista.com/statistics/186833/average-television-use-per-person-in-the-us-since-2002/#：~：text=Estimates%20suggest%20that%20in%202022，in%20the%20years%20to%20come，2022 年 5 月 1 日访问。

② RAND Website，https：//www.rand.org/blog/articles/2020/04/what-americans-think-of-the-news-and-what-that-means.html，2022 年 5 月 1 日访问。

③ 《大屏奔涌，优酷 OTT 凶猛》，2022 年 4 月 12 日，千龙网，http：//china.qianlong.com/2022/0412/7073567.shtml，2023 年 6 月 8 日访问。

④ 〔澳〕克里斯·巴克：《电视、全球化与文化认同》，北京大学出版社 2008 年影印版，第 3—4 页。

⑤ Umberto Eco,"Can Television Teach?" Screen Education, 31, 1979, p. 12.

座中坦言："电视通过各种机制对艺术、文学、科学、哲学、法律等文化生产领域形成了巨大的威胁。"① 发生在 1994 年上半年的"卢旺达大屠杀"导致这个东非小国有 50 万—100 万图西族人（Tutsi）被杀，是整个 20 世纪最惨绝人寰的灾难之一。而据资料记载，一家名为 RTLM 的广播电台在屠杀事件的酝酿与实施过程中发挥了至关重要的煽动作用——早在屠杀开始前 9 个月，受控于卢旺达多位党政军要人的该电台即开始煽动占人口多数的胡图族人（Hutu）对"少数派"图西族人的屠杀。② 这些评述或案例无不彰显考察和研究广播电视对于我们了解自身所处的社会而言有着多么重要的作用。

尽管丰富的研究成果表明受众绝非"沙发上的土豆"（couch potatoes），而是具有积极性和主动性的意义解读者（具体讨论参见第六章），但广播电视对于受众的认知与思维方式的塑造仍是不可忽视的议题。对于在广播电视营造的视听符号环境中成长起来的人，其认识世界与思考问题的方式会深深受到这一媒介环境的影响，从而体现出某种共性。例如，很多研究表明，在美国，所谓的"婴儿潮一代"（the baby boom generation），即出生于 1946—1964 年的美国人身上所具备的文化共性，就与其是美国第一个伴随着电视成长起来的世代有关，他们通过电视"亲历"的诸多重大历史事件，如肯尼迪总统遇刺、阿姆斯特朗登月、让美国陷入泥潭的越南战争以及随之而来的反战运动、"水门事件"与尼克松辞职等，都使其对文化的理解和阐释呈现出与前辈人极大的差异性。③ 而这深受电视文化影响的整

---

① Pierre Bourdieu, *On Television*, translated by Priscilla Parkhurst Ferguson, The New Press, 1998, p. 10.

② 参见 Jolyon Mitchell, "Remembering the Rwanda Genocide: Reconsidering the Role of Local and Global Media," *Global Media Journal*, Vol. 6, 2007, http://lass.purduecal.edu/cca/gmj/fa07/gmj-fa07-mitchell.htm, 2022 年 5 月 1 日访问。

③ 参见 Doug Owram, *Born at the Right Time: A History of the Baby Boom Generation*, University of Toronto Press, 1997。

整一代美国人，目前正是美国最富有、最有权力的人群，他们决定着国家的发展与决策走向，更依靠美国作为头号超级大国的实力而对全球施加着影响。

因此，我们对于广播电视的理解不能局限于广播电视媒介内部或自身，而要将其置于社会结构与社会变迁的框架中加以考察。只有将广播电视与其所处的社会语境联系在一起，我们才能透过广播电视媒介现象深入社会系统的肌理，并借助学习和研究切实地推动社会进步。

五、作为学科的广播电视学

欧美国家并不存在一门边界明确的"广播电视学"。从一些知名高等学府的科系设置上看，广播电视相关专业的命名可谓五花八门："广播电视新闻"（broadcast journalism）、"广播电视传播"（broadcast communication）、"广播电视媒介"（broadcast media）、"广播电视艺术"（broadcast arts）……直接为广播电视赋予独立学科地位，将其称为"广播电视（学）"（broadcast/broadcasting）的，并不多见。当然，这些科系大多强调对创作与实践技能的培训，并不具备完整的学科体系和研究框架。

不过，将电视这一具体媒介形态与电台广播剥离开来，赋予其高度自洽的文化地位，并以各类针对电视的专项研究为基础而形成一个相对独立领域的趋势，在欧美国家倒是十分明显。这当然是因为电视从第二次世界大战结束开始便在人们的日常生活和整个社会的文化结构中扮演了至关重要的角色，而电台广播并不具备这样的"实力"。用罗伯特·C.艾伦（Robert C. Ellen）的话来说："为什么要专门研究电视？是因为……电视以各种不同的方式、在各种不同的地点有力地介入了各种不同人物的日常生活。"[①] 从20世纪50年代到现在，西方主流社会科学和人文科学学科，

[①] Robert C. Ellen, "More Talk about TV," 载〔美〕罗伯特·艾伦编:《重组话语频道：电视与当代批评理论（第二版）》，北京大学出版社2007年影印版，第1页。

尤其是美国的主流传播学研究（communication/communication studies）和崛起于20世纪60年代欧洲的文化研究（cultural studies），均对电视强大的文化影响予以密切关注，并产生了一系列具有持续影响力的理论和假说。无论是研究电视传播的短期与长期效果，还是对电视内容的批判性考察，甚或对电视受众做出冷峻客观的评论，无疑都强化了电视作为当代人文社会科学研究重要对象的合法性。因此，从20世纪80年代开始，电视研究（television studies）成为一个专门的研究领域，其边界渐渐清晰起来。到了90年代中期，英美的一些主流高校中开始出现电视研究专门的建制，如美国的西北大学和英国的伯明翰大学等。[1]

在中国，广播电视学成为新闻传播学下的一个"名正言顺"的二级学科，也是相当晚近的事。2012年9月，教育部在新版本科专业目录和专业设置管理规定中，正式决定，将沿用多年的"广播电视新闻学"专业更名为"广播电视学"专业。这至少意味着，该学科以往"屈从于"新闻学并以新闻实务训练为主要培养方式的思路，在一定程度上让位于回归广播电视作为综合性媒介（而不仅仅是新闻媒介）本位的思路。除此之外，在戏剧与影视学一级学科下面，还设有广播电视编导、播音与主持艺术两个和广播电视学相关的二级学科。而近年来，面对广播电视业深度数字化和流媒体化的趋势，越来越多的教研机构开始使用"视听传播"或"数字视听"来取代传统的"广播电视"，以凸显这一学科更新自身知识体系的紧迫需求。但无论如何命名，对广播电视媒体及其在过去一个世纪中塑造的高度视听化、直观化和感性化的文化生态的准确理解，都是这一学科的基石。

因此，本书的写作可以视作对于我们既熟悉又陌生的"新兴学科"——广播电视学的学科体系的一种探索性建设。具体而言，本书对于

---

[1] Jonathan Gray, and Amanda D. Lotz, *Television Studies*, Polity Press, 2012, pp. 6-21.

绪论　广播电视学的基本概念

广播电视学的介绍围绕着作为媒介形态的广播电视展开，广播电视媒介因特有的技术基础而形成与其他媒介形态或截然不同或不尽相同的结构特征、传播方式、社会功能与文化影响，而上述独特性又是具体的内容形式——如广播电视新闻与广播电视艺术——得以发展的框架。

在系统架构的设计上，本书主要借鉴了三种较为成熟的理论体系，并在其基础上，结合中国的独特社会语境，尽可能形成历史与逻辑相互统一、理论与方法较为科学、观念与实践联系紧密的学科体系。这三种理论体系分别是：

第一，经典大众传播学。

经典大众传播学理论体系以大众传媒的效果研究为核心议题，着重考察包括广播电视在内的大众媒体（mass media）如何通过信息的单向传递实现对受众行为、态度、观念与情感的影响。尽管理论内涵与测量方法在不断发展变化，但"效果"仍然是我们理解包括广播电视在内的一切媒介的基础维度。

在第二次世界大战结束后，随着电视走进千家万户并开始彰显强大的社会影响力，一度在传播研究传统中势弱的"强效果论"再度复兴；而20世纪60年代欧美社会出现的反传统文化浪潮和种种社会动荡亦使政府、民众和研究机构坚信，电视在改变社会态度方面发挥着十分显著的作用。[①]在这一语境下，对于电视的社会影响的研究风靡一时，涵化理论（Cultivation Theory，又称培养理论）、议程设置理论（Agenda-Setting Theory）、框架理论（Framing Theory）、媒介生态学（Media Ecology）等纷纷问世，如今已成为经典的著名理论。在英国，格拉斯哥大学媒介研究小组（Glasgow University Media Group）最早对电视新闻的社会影响展开了大规模的量化研究，并出版了题为《坏新闻》（*Bad News*）的著作。

---

① Elihu Katz, *Social Research on Broadcasting: Proposals for Further Development*, BBC, 1977, p. 23.

经典大众传播学的理论和研究虽关注传播效果的不同侧面，却在总体上秉承同一个观念，那就是大众传媒（尤其是电视）极大地影响着人类认知、思考、判断和行动的过程。尽管当下的主流电视研究在理论和方法上与经典大众传播学的思路有很大的差异，但经典大众传播学的诸多理论首次证明了"电视对于观众的生活而言具有显著的文化、社会以及政治意义"[1]，为电视作为现代社会科学的重要研究对象的合法性奠定了基础。这方面内容将在第五章和第六章详细论述。

第二，媒介社会学。

与其说媒介社会学（the sociology of media/media sociology）是传播学或社会学的一个分支学科，或一个明确的研究领域，不如说它只是一些对媒介现象感兴趣的社会学家的研究工作的松散集合，其主张通常包括将传播与媒介研究嵌入社会力量的发展动态，并全面考察传媒与秩序、冲突、身份、机构、阶层、权威、社区以及权力之间的关系的各类研究。[2] 主流社会学家对媒介现象的"大规模"关注开始于20世纪70年代末，以迈克尔·舒德森（Michael Schudson）、赫伯特·甘斯（Herbert Gans）、盖伊·塔克曼（Gaye Tuchman）、托德·吉特林（Todd Gitlin）等人的理论著述为代表。这些受过严格训练的社会学家为已经陈旧不堪的"效果分析"带来了清新的空气，他们的研究强调在与社会系统的互动关系中考察传媒业的结构、实践和社会影响，且他们坚称关于媒介运作的价值与理念并非独立自洽，而是社会建构的结果。舒德森就曾在一篇影响深远的文章中阐述了考察大众媒体进行日常新闻生产的三个社会学视角：政治经济的视角、媒介组织机构的视角以及文化人类学的视角。[3]

---

[1] Jonathan Gray, and Amanda D. Lotz, *Television Studies*, Polity Press, 2012, p. 11.

[2] 参见 Silvio Waisbord, *Media Sociology: A Reappraisal*, Polity Press, 2014。

[3] Michael Schudson, "The Sociology of News Production," *Media, Culture & Society*, 11, 1989, pp. 263-282.

电视由于始终是覆盖面最广、社会影响最大的强势媒体，因此毫无疑问地被纳入了媒介社会学家的考察范畴。在他们的著述中，广播电视业普遍奉行的理念和实践也是特定社会结构的产物，其运作过程在总体上维护着社会的主流价值倾向，并抑制了"出轨"现象的出现。尤其值得强调的是，他们将多种成熟的社会学研究方法全面引入媒介研究范畴，修补了经典传播学严重依赖大规模量化调查的方法论倾向，如赫伯特·甘斯在其著作《什么在决定新闻》（*Deciding What's News*）中采纳的内容分析法，以及盖伊·塔克曼在《做新闻》（*Making News*）中使用的参与式观察法，等等。

媒介社会学的发展令媒介研究的思路实现了由对"效果"的执念向关注影响媒介内容生产和媒介日常运作等结构性问题的转变，同时在理论和方法论层面上完善了媒介研究的意涵。我们将在第三章和第四章中着重考察这方面内容。

第三，文化研究。

文化研究是第二次世界大战之后形成于英国并最终演变成一个国际性跨学科领域的学术流派，其理念和方法建立在包括雷蒙德·威廉斯、理查德·霍加特（Richard Hoggart）和 E. P. 汤普森（E. P. Thompson）在内的一批工人阶级家庭出身的新马克思主义批评家的著述的基础之上。1964年，英国伯明翰大学创建当代文化研究中心（Center for Contemporary Cultural Studies，CCCS），标志着文化研究在学术研究领域的建制化。尽管文化研究内部派系纷繁、思潮迭起，但研究者大体秉承着下述总体思路：包括大众传媒在内的资本主义文化工业扮演着意识形态国家机器的角色，其运作的目标在于维护既有的社会秩序和特定阶级的利益，而大众可以通过积极主动的文化生产活动与之对抗，在与文化工业的协商乃至妥协中实现对自身的"解放"。

从文化研究诞生之日起，大众媒介，尤其是影响力巨大的电视，便成为学者重要的考察对象。伯明翰大学当代文化研究中心下设的媒介研究小组从 20 世纪 70 年代起，长期、持续地关注电视对于各类社会群体的再现（representation），以及电视究竟如何通过强化所谓的"常识"（common sense）来实现对于主流意识形态（如资本主义制度、父权制等）的维护。威廉斯在其《电视》一书中，明确反对传统媒介研究思路将受众完全视为媒介文本操纵与支配对象的思路，并指出一切传播技术都不能独立于社会语境存在。①

文化研究对前文提到过的作为一个独立学术领域的电视研究的影响是深远的、决定性的。事实上，我们基本可将电视研究视为文化研究的一个分支。在文化研究的影响下，电视研究将注意力从电视媒介内部转移到电视与它所处的社会语境之间的关系上，如电视的内容如何塑造了人们对于特定事务的普遍认知，进而维护了某种意识形态的合法性。

文化研究对于媒介研究的影响大致体现在下述三个方面：第一，否定了人文科学所秉承的"文本决定论"，即认为媒介内容的全部意义都可通过单纯的文本分析解读出来的精英主义思路；第二，改进了经典马克思主义政治经济学的"经济还原论"的固化思维，赋予了媒介文化以相当程度的自主性；第三，批评了美国经典传播学对于媒介内容加诸受众行为之影响的过分强调，主张将受众视为意义生产的主体之一，对其进行具体的、人类学式的考察。而电视在文化研究的谱系中得到了高度的重视，其原因恰恰在于电视在当今人们的日常生活和文化消费中扮演着至关重要的角色，居于大众文化生产与流通的核心地带。这方面内容将在第六章、第七章和第九章中展开论述。

本书对广播电视学学科体系的设计正是建立在上述三个理论体系基础之上的。一方面，本书对广播电视媒介自身的技术和机构特征及其在现代社会中扮演的角色进行了全面的描述，力求为研习者透彻而深刻地了解广

---

① 参见 Raymond Williams, *Television: Technology and Cultural Form*, Routledge, 1974。

播电视媒介的运作方式和发展规律提供必备的知识；另一方面，本书也力图将广播电视媒介嵌入社会结构和社会变迁的宏阔语境，对其社会影响和文化效能展开深入的剖析和批判性的考察，令学习者掌握明辨广播电视媒介现象的思维方式和方法论。如此，才算完成这门概论性课程的学习目标。

六、结语：视听符号支配的当代世界

当代世界的"视觉转向"已是不争的事实。而这一转向得以完成，在很大程度上是电视在第二次世界大战之后完成家庭普及的结果。人们"在生活中所接触到的诸多视觉文化形式，以强有力的姿态逐渐塑造出每个人的意见、价值观及信仰"[①]，这是我们对于广播电视媒介展开科学研究的现实基础。尽管互联网的影响力与日俱增，但广播电视媒介赖以生存的视听符号系统却始终是人们认识世界、塑造观点、生产意义的首要中介。传统广播电视媒体的听众和观众或许数量会较以往变少，但新的传播技术却会不断哺育出广播电视的各种新的媒介形态和新的传播方式。如今，基于互联网和数字媒体技术的新型"广播电视"业已具备相当成熟的产业和文化模式，而传统广播电视机构则在持续的结构转型中不断探索新的发展路径。广播电视在数字化浪潮中的迭代机制，正在吸引来自国家、市场和学界越来越多的关注。

近年来，关于广播电视会否消亡的争论始终没有停止过。以美国为例：一方面，以 Netflix 为代表的流媒体播放平台正在积极扩大自身的影响力，更从 2012 年开始介入原创节目的制作和发行，推出了包括《纸牌屋》在内的一系列拥有国际知名度的原创网络剧；另一方面，传统广播电视媒体正在日渐失去受众，尤其是年轻的受众。2021 年的数据显示，55 岁及以上年龄的美国人日均观看传统电视的时间长达 5—6.5 小时，是 2—17 岁年

[①] Marita Sturken, and Lisa Cartwright, *Practices of Looking: An Introduction to Visual Culture*, Oxford University Press, 2009, p. 19.

龄段美国人的 8 倍多，越是年轻的群体越倾向收看流媒体节目而非传统电视节目。① 在中国，广播电视产业的增长幅度也呈现出日趋放缓的态势，如 2021 年全国制作广播节目和电视节目的时间均比 2020 年有不同幅度的下降，而整个广播电视行业的收入则日益倚重新媒体广告销售②。更有一些似是而非的调查显示，中国的家庭正在逐渐改变每天晚上打开电视机全家收看的习惯。这些争论与其说是关于广播电视媒介，不如说是关于传统广播电视受众收听、收看节目方式的。而经过细致的观察和剖析，我们不难发现，尽管受众的习惯正在发生变化，但广播电视媒介的内容生产机制及其在社会结构与社会变迁中扮演的文化角色却未曾被削弱。对此，我们也将在第八章中通过学习和思考加以明辨。

不过，无论广播电视媒介究竟在高度视听化的当代世界中扮演何种角色，有一点都是不可否认的：广播电视的诞生与发展不仅塑造了人类观察、认知与阐释外部世界的方式，也令人类社会的知识形态、社会制度和文化价值发生了根本性的改变。正如克里斯·巴克（Chris Barker）所言："全球文化通过屏幕、影像和声音……实现跨越时间与空间的流通……来自不同历史时代与地理空间的文化产品与意义在广播电视媒介上混杂、拼盘，导致……人与人之间的沟通网络大大超越了物理空间的局限。"③ 这就要求我们对广播电视业的构成方式与运作规律有准确的了解，更须将广播电视媒介现象置于"社会结构、技术工业与历史状况"的语境之下加以考察。④ 如此一来，作为学科的"广播电视学"就不仅关乎广播电视媒介的

---

① 参见 Marketing Charts Website, https://www.marketingcharts.com/television/tv-audiences-and-consumption-118368, 2023 年 5 月 1 日访问。

② 《2021 年全国广播电视行业统计公报》, 2022 年 4 月 25 日, 国家广播电视总局网站, http://www.nrta.gov.cn/art/2022/4/25/art_113_60195.html, 2023 年 5 月 1 日访问。

③ 〔澳〕克里斯·巴克：《电视、全球化与文化认同》，北京大学出版社 2008 年影印版，第 52 页。

④ Jonathan Gray, and Amanda D. Lotz, *Television Studies*, Polity Press, 2012, p. 25.

内部状况，也涵盖了广播电视与社会之间相互影响、相互建构的关系，以及作为能动者的"人"于其中所处的位置、所遭遇的境况。

不过，了解、学习、钻研广播电视学的最终目的并不在于获得在广播电视行业谋求职位的操作技能（这一使命由其他专门的广播电视媒体实务课程来肩负），而在于掌握一种观察与阐释建立在视听符号系统之上的高度媒介化的人类社会的方法，并进而形成一种既有建设性又有批判性的思维方式。因此，我们不妨将广播电视学划分为如下三个层次：第一层次是广播电视媒介自身的存在方式和运作规律，包含内容生产、机构形态、产业规模等，我们可以将这一部分大略称作**"广播电视本体论"**；第二层次是广播电视与社会之间的关系，包括功能、影响、控制与制度等内容，不妨称之为**"广播电视社会学"**；第三层次则是对广播电视现象的阐释与批评，关注文本意涵、受众能动性、意识形态与全球化等方面的问题，把握"权力"在广播电视媒介的运作中扮演的角色，最终形成批判性的专业思维，是为**"广播电视文化研究"**。如此一来，对于广播电视学的学习才算得上是全面而深刻的。

思考题

1. "广播电视"这一表述有哪些含义？
2. 全球广播电视技术是在怎样的历史语境中诞生和发展的？
3. 广播电视有哪些媒介特征？请举例说明。
4. 应当如何理解广播电视与当代社会之间的关系？
5. 广播电视媒介对人类认知世界、理解世界产生了哪些影响？

第一章　全球广播电视业简史

> **要 点**
>
> 1. 全球广播电视业发展情况概述。
> 2. 广播电视新闻得以形成和发展的社会背景。
> 3. 全球广播电视业发展的新趋势。

广播电视业的历史并不久远，其得以成形、成规模仰赖现代科技的发展。至第一次世界大战爆发前，无线电广播技术已相当成熟，在欧洲和北美也已出现为数甚众的私人电台和业余电台，但这些电台的试验性色彩较强，不但技术水准参差不齐，而且缺乏雄厚资金的支持。随着第一次世界大战的爆发，一度繁荣的广播业的萌芽戛然而止，无线频谱多被参战国家征为战时资源，直至1918年战事结束，欧美社会恢复平稳运行，电台广播业的发展才重新被纳入社会议程。

总体上，全球广播电视业的诞生和成熟发生于20世纪20—50年代约三十年的时间里，其间伴随着两次世界大战对人类社会的毁灭性破坏以及欧洲启蒙主义的破产。作为反抗力量崛起的现代主义思潮致力于打破印刷媒介时代的经典著述所建立的理性世界，倒是跟"纵情"于声色符号的广播电视有机结合，使这两种新生的视听媒介在不同时间与不同场合成为思想论争与观念冲突的焦点场域。至20世纪60年代，电视已成为西方国家影响面最广、渗透力最强的大众媒介，人类社会全面进入影像时代。

在本章中，我们既对全球广播电视业发展的历史做出简明清晰的勾勒，也尝试在 20 世纪人类社会变迁的宏大脉络中，锚定广播电视媒介所扮演的角色。

第一节　广播业的诞生

大多数研究者认为，世界上第一座正式获颁牌照的商业电台诞生于 1920 年，地点位于美国宾夕法尼亚州的工业城市匹兹堡。是年 10 月 27 日，当时的美国商业部向西屋电气公司（Westinghouse Electric Corporation）颁发了第一张商业电台执照，呼号为 **KDKA**。该电台的前身则是西屋电气的工程师**弗兰克·康拉德**（Frank Conrad）（图 1.1）创办的试验电台 8XK。KDKA 于 11 月 2 日正式开始定期广播，成为全世界第一家正规的商业电台，1920 年 11 月 2 日也就成了世界广播业的诞生日。开播第一天，KDKA 就对共和党在美国总统选举中大胜的结果进行了音频报道，为美国广播电视业与政治生活之间的密切关系打下了基础。

图 1.1　弗兰克·康拉德

创办之初，KDKA 的发射功率只有 100 瓦，节目内容也以播放西屋电气旗下一支乐队现场演奏的音乐为主。今天，隶属于哥伦比亚广播公司的 KDKA 电台仍在正常运营，其发射功率已达 50 千瓦，日间信号可覆盖宾夕法尼亚州的中西部，以及俄亥俄州、西弗吉尼亚州、马里兰州、纽约州、弗吉尼亚州、肯塔基州等的部分地区。尽管关于 KDKA 究竟是不是世界上第一家正规电台的争论始终未曾停止过，但无论是主流广播史家还是 KDKA 自身，都坚称 KDKA 就是全球广播业的先驱。

KDKA 的成功令北美的无线电通信业巨头们眼前一亮，它们将发展商业电台视为促销利润丰厚的家用收音机的有效手段，于是美国开始出现电台数量和家用收音机销量的井喷。除 KDKA 外，早期的重要电台还包括旧金山的 KQW、麦迪逊的 WHA、芝加哥的 KYW、纽约的 WEAF 以及底特律的 WWJ 等，全美电台数量至 1922 年年底已达到近 600 家。在整个 20 世纪 20 年代，家用收音机在美国完成了从奢侈品到日用品的转换。1925 年，美国无线电公司（RCA）发布的统计数据显示，全美 2600 万个家庭中，有 500 万个家庭（占总数的 19.2%）购买了收音机；全国收音机销售总金额从 1922 年的 6000 万美元跃升至 1929 年的 8.43 亿美元；据估计，至 1929 年，超过 75% 的城市与近郊的富裕家庭拥有收音机。[①] 1922 年，旧金山一家报纸曾如此报道电台广播所引发的狂热（radio craze）："空中飘荡着电台播放的音乐，不分昼夜、不分场合，任何人都能在自己家中通过一个接收装置来收听广播。"[②]

1926 年 11 月 15 日，由 RCA（50%）、通用电气（30%）和西屋电气（20%）合资的**全国广播公司**（National Broadcasting Company，NBC）成立，主要创办者为 RCA 的**戴维·萨尔诺夫**（图 1.2）。由于三大股东本身就是美国无线电通信业的巨头，各自旗下拥有

图 1.2 戴维·萨尔诺夫

[①] 参见 James S. Olson, *Historical Dictionary of the 1920s: From World War Ⅰ to the New Deal, 1919—1933*, Greenwood, 1988.

[②] Frederick Lewis Allen, *Only Yesterday: An Informal History of the 1920s*, Wiley, 1997, pp. 59-60.

为数甚众的商业电台，因此 NBC 实际上就成了一个美国商业电台的联合网络。经规划，NBC 将旗下电台整合为两个广播网（networks）：一为"红网"，主要播出商业化运营的娱乐与音乐类节目；二为"蓝网"，其内容则以难以盈利的新闻与文化节目为主。这两个广播网分别以 WEAF 和 WJZ 为旗舰电台，附属电台则分散在全美各地。这些电台须在重要或指定时段联播广播网规定的节目，其余时段则可播出本地节目。通过这种方式，偏远地区的电台也能获得来自纽约的高质量节目，而广播网则可通过自身内容对广袤国土的覆盖来吸引全国范围内的广告商，从而获取更大的商业利益。1927 年，另一家全国性广播网**哥伦比亚广播公司**（Columbia Broadcasting System，CBS）仿照 NBC 的运营模式成立，与后者展开竞争，主要负责人是**威廉·佩利**（William Paley）。自此，广播网就成了美国广播电视业运营的基本形态。1943 年，在规制机构美国联邦通信委员会（FCC）的一项禁令下，NBC 被迫将旗下的"蓝网"以 800 万美元价格出售给商业巨头爱德华·约翰·诺贝尔（Edward John Noble），诺贝尔则为其专门成立了新的广播公司，并于 1944 年将购得的广播网正式命名为**美国广播公司**（American Broadcasting Company，ABC）。自此，美国广播电视业进入 NBC、CBS 和 ABC"三足鼎立"的阶段。

除美国外，英国也是最早出现广播业的国家之一。英国第一家电台英国广播有限责任公司（British Broadcasting Company Ltd.）诞生于 1922 年 10 月 18 日，其执照由英国邮政总局（General Post Office，GPO）颁发，股份则由当时英国国内的六大无线电通信业巨头共同持有，首任总经理为**约翰·里思**（John Reith）（图 1.3）。与美国不同的是，GPO 决定只颁

图 1.3 约翰·里思

发这一张电台广播执照，并规定这家电台的收入来源须由指定销售商售卖收音机的专利税和向收音机持有者直接收取的收听费两部分构成。但由于收音机销量并不如预期，再加上持有电台股份的几大商业巨头与 GPO 之间就抽税比例等问题不断发生冲突，创办初期的英国广播有限责任公司经营状况并不理想。这在本质上是由于英国政府将其定位为公共服务机构——比如，从一开始，GPO 就禁止其播放广告（但可以播出厂商资助的节目）——尽管公司的所有权构成完全是私营商业逻辑的产物。至 1927 年，在资金和政策的双重压力下，创办英国广播有限责任公司的几大通信企业纷纷退出，电台的性质从私营企业转变为国有公共机构，并正式更名为**英国广播公司**（British Broadcasting Corporation，BBC），其性质、权利和责任由皇家特许状（Royal Charter of Incorporation）规定，并由一个相对独立于政府和市场的理事会负责管理与运作。如今，拥有近百年历史的 BBC 已经发展成为全世界最大的广播电视机构，在全球范围内拥有大约 2.2 万名员工[①]，其影响力也早已远超英国本土，成为名副其实的全球媒体。

BBC 的诞生及后续的成功发展为英国确立了与美国商营体制截然不同的公营广播体制，这种体制通过直接向收音机使用者收费的方式为广播机构提供资金，并禁止其播放商业广告，这使得广播的内容得以在相当程度上避免了政府和财团的干预，因此成为诸多国家效仿的对象。在 20 世纪 20 年代创立广播业的国家均选择了公营体制，如法国（1922）、德国（1923）和日本（1926）等；而诞生于 1924 年的苏联广播业则采取了与英美皆不相同的国营体制。至此，商营体制、公营体制和国营体制成为世界上三大主流的广播业体制。

中国的第一座广播电台是 1923 年诞生在上海的**大陆报暨中国无线电公司广播电台**（呼号为 XRO），是由一个叫 E. G. 奥斯本（E. G. Osborn）的美

[①] "BBC Annual Report 2020/21," BBC website, https://downloads.bbc.co.uk/aboutthebbc/reports/annualreport/2020-21.pdf, 2022 年 5 月 1 日访问。

第一章 全球广播电视业简史

国人利用一位旅日曾姓华侨的资金创办的。电台与英文《大陆报》合作，以播放新闻和音乐节目为主，功率 50 瓦，并出售收音机，一时间"上海居民耳目为之一新，影响所至，宁、杭、甬各地均有人购去私装收听"[1]。不过，这家电台并未获得官方颁发的执照，并因违反北洋政府于 1915 年颁行的《电信条例》而在开播不足三月时被迫关张。其后，在上海租界治外法权的庇佑下，一大批外国侨民创办的电台陆续开始播音，包括新孚洋行电台（1923）、开洛广播电台（1924）等。不过这些电台大多存在时间不长。

1924 年 8 月，北洋政府交通部公布《装用广播无线电接收机暂行规则》，允许国民有条件地使用收音机，并开始筹备建立中国人自己的官方电台。1926 年 10 月 1 日，奉系军阀治下的哈尔滨诞生了第一座中国人创办的广播电台。1927 年，奉系军阀又分别在天津、北京和沈阳创办了电台。这些电台均为官方所有，虽因节目内容僵化而不受欢迎，却无疑为东北和华北地区打下了良好的广播技术基础。而在全国商业中心上海，民间创办的商营电台如雨后春笋般出现，其中新新、亚美、大中华、东方等电台经营状况良好，很多电台稳定经营直到太平洋战事爆发，在全盛时期达四五十座之多。这些商营电台"规模甚小，质量参差不齐，大多播出戏曲、音乐节目，借播放广告以牟利，文化格调不高"[2]。

国民革命军北伐成功以后，南京国民政府取代了北京的北洋政府。1928 年 8 月 1 日，**中国国民党中央执行委员会广播无线电台**在南京诞生，功率 500 瓦，每天播音三小时，内容主要为来自官办中央通讯社的新闻稿和政治演讲，是为中国第一家全国性电台。此后，国民政府以中央广播事业指导委员会（后更名为**中央广播事业管理处**）为规制主体，陆续展开了

---

[1] 《上海广播电视志》，https：//www.shtong.gov.cn/difangzhi-front/book/detailNew？oneId=1&bookId=4510&parentNodeId=63808&nodeId=12104&type=-1，第一编第一章第一节，2023 年 5 月 1 日访问。

[2] 郭镇之：《中外广播电视史（第二版）》，复旦大学出版社 2008 年版，第 166 页。

对全国各地电台的规范和领导工作，并依部门分工和政治层级有序创建电台，设立播音规范，中国逐渐形成了与苏联体制十分相近的国营广播体制。

可以说，至 20 世纪 30 年代中期，世界上的主要国家均出现了运作较为成熟的广播电台，并依照各自的政治制度与文化传统形成了对电台广播进行规范、管理的机制。广播成为普通人获取信息和娱乐的重要渠道，更为各国政府所重视，被广泛运用于对外宣传和战争动员。人类历史进入了短暂而辉煌的"广播时代"。

第二节　电台广播的"黄金时代"

广播史家 F. 莱斯利·史密斯（F. Leslie Smith）将 1929 年至 1947 年这一时段称为美国广播业的"黄金时代"（golden age）[1]，这得到了大部分研究者的认可。其实不独美国，世界上其他主要国家的广播业也均在这一时期得到了充分发展，广播不仅毋庸置疑地成为最强势的大众媒介，也极为有力地塑造了人们的行为习惯和思维方式。这一时期的世界显然是动荡不安的，相继爆发了影响遍及西方国家的经济萧条和惨绝人寰的第二次世界大战。然而，广播业非但未受折损，反而借助社会危机实现了令人瞩目的增长。

一、广播新闻的诞生与成熟

作为新媒体的广播的诞生，势必对"传统媒体"报纸构成巨大冲击。这种在今日看来顺理成章的事，在 20 世纪 30 年代初却成为世界各主要国家的一个声势浩大的公共事件，即广播史家所谓的"**报业与广播业的大**

---

[1] 参见 F. Leslie Smith, *Perspectives on Radio and Television: An Introduction to Broadcasting in the United States*, Harper & Row, 1979。

第一章 全球广播电视业简史

战"(the Press-Radio War)。简而言之,就是报业经营者通过多种手段对广播业的发展加以阻碍,以及广播业通过各种方式突破上述阻碍实现自身发展的过程。

在美国,虽然商业电台在 20 世纪 20 年代已相当繁荣,但由于其广告收入始终远远低于报纸,因此并未引起报业的足够警惕。然而到了 1933 年,由于广播业的蓬勃发展,全美报纸广告收入已经比 1929 年下降了 45%,尽管仍比电台高,但显然电台的存在令报业收入严重缩水已是不争的事实。诞生初期的电台广播是以音乐和脱口秀等娱乐节目来吸引听众的,这一点无论是在美国还是在中国,情况都大抵相似。早期广播新闻处于可有可无的地位,各电台并无独立的采编系统,对新闻的获取均高度依赖机制成熟的报纸和通讯社,广播网播送新闻的方式以播音员念当日报纸上的新闻为主。于是,为了遏制电台发展,1932 年美国报纸发行人协会决定不再向广播网提供新闻稿;同时,受控于该协会的美国三大通讯社——美联社、合众社、国际新闻社也一致决定中止向电台提供电讯新闻服务。[①] 事实证明,传统报业和通讯社的这一做法带来了适得其反的效果,广播网并未因此陷入新闻节目枯竭的境地,反而在危机局面下背水一战,摸索着发展起了独立的广播新闻业务。至 1934 年,CBS 和 NBC 均已在强大的外部压力下创建了独立的新闻采集部门,开始尝试探索自成一格的广播新闻生产体系,即一种全新的、专属于电台的广播新闻生产实践。在 1934 年之前,美国始终未出现形态稳定、定期播出的广播新闻节目。不过这一状况除了源于广播网自身新闻生产力量羸弱外,也和来自广告商的经营压力有关——广告商无法预知新闻节目可能带来的收益,宁可选择更稳妥的娱乐节目。[②]

[①] John Dunning, *On the Air: The Encyclopedia of Old-Time Radio*, Oxford University Press, 1998, pp. 485–486.

[②] Erik Barnouw, *The Golden Web: A History of Broadcasting in the United States, 1933—1953*, Oxford University Press, 1968, p. 17.

041

广播网显然不甘心做次一等的媒体，开始想尽办法在极度困难的情况下获取新闻。或许由于无前例可循，又或因新的新闻形态需要新的采集方式，故早期广播网的记者采用了大量传统报纸记者不习惯甚至颇为鄙夷的手段去报道新闻。比如，NBC 的记者 A. A. 谢克特（A. A. Schechter）最早通过直接给当事人打电话的方式进行采访，这种采访方式在当时的新闻业被普遍认为是粗鲁的、没有礼貌的，可是对于"手下无人，只有一间仓库改造成的办公室"的谢克特来说，这无疑是唯一有效的办法；此外，谢克特还以赠送演出票（这些演出大多由广播网进行实况转播）的方式笼络重要人物，此举亦为报刊记者所不齿。但通过这种方式，NBC 甚至可以在某些情况下比报纸更快抢到新闻。谢克特于 1938 年至 1941 年担任了 NBC 的新闻总监一职。①

而 CBS 在新闻生产的领域走得更远，其成立于 1933 年的新闻部在广播网副总裁兼新闻总监保罗·怀特（Paul White）的带领下，开启了美国广播新闻最为辉煌的时代。在这一时期，CBS 一方面与海外通讯社广泛接触以拓宽信息来源，另一方面陆续在全美所有人口超过 5 万的城市设立记者站或聘请当地人担任兼职通讯员。很快，CBS 就实现了新闻生产上的自给自足，甚至有些小型报纸还会主动前来购买刊登 CBS 的新闻。② 在怀特的主持下，CBS 涌现出一大批优秀的广播记者，比如美国广播电视新闻史上的传奇人物**爱德华·默罗**（Edward Murrow）（图 1.4）就是

图 1.4 爱德华·默罗

---

① Christopher H. Sterling, ed., *Encyclopedia of Radio: 3 Volume Set*, Routledge, 2004, pp. 2062-2063.

② Paul White, *News on the Air*, Harcourt, Brace and Company, 1947, pp. 38-40.

怀特 1935 年聘用的。

CBS 的新闻采编部门成立后，为避免与国内报纸和通讯社的正面竞争，遂将目光转向局势动荡的欧洲。在新闻总监保罗·怀特的指挥下，CBS 大量使用短波通信的方式将发生在欧洲的新闻源源不断地传至美国国内播出，取得了意想不到的成功，因为 20 世纪早期，大量来自欧洲国家的移民赴美定居，他们对于欧洲的时事新闻有迫切的需求。默罗本人也于 1937 年被派往伦敦负责领导 CBS 的欧洲分台，并因其对第二次世界大战的现场实况报道而蜚声世界。在不列颠空战时期，默罗以伦敦市民每日道别时的"**晚安，好运**。"（Good night, and good luck.）为每日播报的结束语，致使这句话成为风靡全球的流行语。2005 年，一部讲述默罗对抗麦卡锡主义的美国电影就以《晚安，好运》为题。在 CBS 电台广播的全盛时期，CBS 欧洲分台麾下拥有查尔斯·科林伍德（Charles Collingwood）、威廉·夏勒（William Shirer）、埃里克·塞瓦赖德（Eric Sevareid）、约翰·查尔斯·戴利（John Charles Daly）等一大批出色的记者。正是在怀特执掌 CBS 新闻部的 13 年时间里，"电台广播拥有了自己的独立地位"[1]。

有学者评价默罗在 1937 年赴欧是"在适宜的时间、适宜的地点出现了一个适宜的人物"[2]，即指 CBS 的这一举动为广播新闻的发展带来巨大提振。默罗和他手下的多位记者成了山雨欲来的欧洲大陆上闪耀的新闻明星，他们"见多识广，崇尚自由，而且爱出风头"[3]。在他们的努力下，广播新闻逐渐摸索出自己的独立形态。比如 1938 年 3 月 12 日，阿道夫·希特勒（Adolf Hitler）治下的德国悍然吞并了邻国奥地利，在国际上引起轩

---

[1] John Dunning, *On the Air: The Encyclopedia of Old-Time Radio*, Oxford University Press, 1998, p. 486.

[2] David Halberstam, *The Powers That Be*, University of Illinois Press, 2000, p. 38.

[3] Lawrence Bergreen, *Look Now, Pay Later: The Rise of Network Broadcasting*, Doubleday and Co., 1980, p. 110.

然大波，在默罗的带领下，CBS 欧洲台的多位记者在伦敦、巴黎、柏林、罗马和纽约五地同时进行现场报道，开同步连线直播报道的先河，并孕育了 CBS 最为长寿的广播新闻节目《世界新闻纵览》（*CBS World News Round-up*）。在报道所用的语言上，默罗也奠定了整个广播新闻业的风格基调，他说："我在报道中使用的语言要既能让卡车司机毫无困难地听懂，同时也不会令大学教授感到自己的智力受到羞辱。"① 因此，若说美国广播新闻的传统是在默罗的引领下发展成熟的，并不为过。借助其卓越的欧洲事务报道，"CBS 不再只是人云亦云的信息传输管道，而变成了一股自力更生的文化力量"②。

值得一提的是，1933 年 12 月，处于弱势地位的两大广播网在 CBS 总裁威廉·佩利的呼吁下与美国报纸发行人协会以及三大通讯社签订了一个"休战协议"，是为**《比特摩尔协议》**（Biltmore Agreement）。协议规定：广播网每天只能在 9∶30 和 21∶30 之后各播出不超过 5 分钟的新闻节目，以免与人们通过日报和晚报阅读新闻的时间相冲突；同时，广播网的新闻节目不能插播广告，单条新闻的长度也不能超过 30 个单词。③ 不过，这一协议并未平息报业与广播业之间的冲突，NBC 和 CBS 总是能通过各种打"擦边球"的方式进行超出协议规定范围的新闻报道活动。再加上全美 600 余座电台中只有 150 座隶属于两大广播网，其余为独立电台，完全不受协议约束，没过几年，《比特摩尔协议》就被废止了，两大广播网的新闻业务蒸蒸日上，而报纸也开始通过创设或收购电台的方式，努力将"对抗"转变为"共赢"。④

---

① Lawrence Bergreen, *Look Now, Pay Later: The Rise of Network Broadcasting*, Doubleday and Co., 1980, p. 112.

② Ibid., pp. 114–115.

③ Gwenyth Jackaway, "America's Press-radio War of the 1930s: A Case Study in Battles between Old and New Media," *Historical Journal of Film, Radio and Television*, 14 (3), 1994, pp. 299–314.

④ George E. Lott, Jr., "The Press-radio War of the 1930s," *Journal of Broadcasting*, 14 (3), 1970, pp. 275–286.

二、电台广播的社会影响

在 20 世纪三四十年代电台广播的全盛时期，世界上主要国家电台林立，家用收音机迅速普及。至 1938 年，美国 3200 万个家庭已拥有 2700 万台收音机，广播几乎实现了对人口的全面覆盖。[①] 在大萧条时期，"许多人宁肯卖掉心爱的家具、衣物等，也舍不得卖掉收音机。在经济危机席卷社会，整个国家处于水深火热之际，广播恰似镇静剂，使惶惶不安的民众获得一种精神的抚慰与寄托"[②]。

此外，广播节目的形态与内容也出现全面的繁荣，除前文提到的广播新闻的诞生与成熟外，广播剧也作为一种独具魅力的节目形态走进了千家万户。一些广播剧的热播甚至改变了人们的生活方式，如为了适应著名广播剧《阿莫斯与安迪》（Amos'n'Andy）的播出时间，美国各地诸多行业改变了自己的作息时间，甚至出现了"在东部时间晚上 7 时到 7 时 15 分之间出租车司机（为听广播剧）普遍拒载乘客"的现象。[③] 20 世纪 30 年代，一种对后来的电视剧产生深远影响的广播节目——广播肥皂剧在美国大量出现，这类广播剧以生命周期长、内容浅显易懂、人物对话密集为主要特征，其因以家庭主妇为目标听众且多半由肥皂厂商赞助，故得名"肥皂剧"（soap opera）。

广播节目的影响力是如此之大，甚至引起了学术界的重视——社会学家、媒介理论先驱**赫塔·赫佐格**（Herta Herzog）就在 1941 年发表了早期广播研究的著名论文《论借来的经验：一项关于日间广播节目听众的分

[①] Shearon Lowery, and Melvin L. DeFleur, *Milestones in Mass Communication Research: Media Effects*, Longman Inc., 1983, p. 59.

[②] 李彬：《全球新闻传播史（公元 1500—2000 年）》，清华大学出版社 2005 年版，第 327 页。

[③] 〔美〕迈克尔·埃默里、埃德温·埃默里：《美国新闻史：大众传播媒介解释史（第八版）》，展江等主译，新华出版社 2001 年版，第 321 页。

析》("On Borrowed Experience: An Analysis of Listening to Daytime Sketches"),对广播剧的女性听众展开了具有雏形意义的"使用与满足"研究。这项研究是一个更为宏大的"电台广播研究项目"(Radio Research Project)的一部分,该研究项目于 1937 年在洛克菲勒基金会的资助下启动,总部设于普林斯顿大学的公共与国际关系学院,包括保罗·拉扎斯菲尔德(Paul Lazarsfeld)、西奥多·阿多诺(Theodor Adorno)、哈德利·坎特里尔(Hadley Cantril)在内的多位国际知名学者在该项目的支持下,对全盛时期的电台广播及其社会影响展开了严肃而深刻的考察。

不过,电台广播在这一时期的社会影响不仅体现在民众普及率高、节目形态繁荣以及吸引了学术界的关注等方面,更体现在其对人们认知世界的方式构成了巨大的冲击乃至颠覆。广播史上著名的**"火星人入侵事件"**就是广播给人们带来"震惊"的典型案例。在 1938 年万圣节前夕,CBS 在美东时间每星期日 20:00—21:00 的"空中水星剧场"(Mercury Theatre on the Air)栏目中播出了根据科幻小说《世界大战》(*The War of the Worlds*)改编的一集广播剧。该剧讲述了一个火星人进攻地球并大肆屠戮地球人的虚构故事,其导演和主演即后来执导了著名影片《公民凯恩》(*Citizen Kane*)的**奥森·威尔斯**(Orson Welles)(图 1.5)。为了增强广播剧的感染力,威尔斯采用了很多极富感染力的手法,比如模仿新闻播报的方式,制作了大量足可以假乱真的现场音效等,用丰富多样的听觉手段营造出了一幅狂乱、惊恐、混沌的末日图景。这些在今天看来只是寻常可见的表现手段,在当时却令许多听众信以为真,认为火星人真的入侵了地球。于是,

图 1.5 奥森·威尔斯

美国多座城市出现了街头暴乱；在美国东北部以及加拿大的一些地方，大量广播听众仓皇逃离自己的家，失魂落魄地涌上了街头。① 在接下来的一个月时间里，美国报纸总共刊登了 12 500 篇关于这一事件的报道和分析。②

一部广播剧引发了大规模的社会骚乱，这是如今难以想象的事，但在广播还是"新媒体"的时代里，却实实在在地发生了。今天来看，这一极端事件深刻体现了电台广播新内容生产与信息编排方式的威力。在这一事件中，除前文提到的充分利用声音符号形象、逼真的优势外，电台广播的线性编排模式也发挥了关键作用。原来，"空中水星剧场"只是 CBS 播出的一个没有广告商支持的小众栏目，与之同时段播出的还有 NBC "红网"广受欢迎的喜剧节目《蔡斯与桑伯恩时间》(*The Chase and Sanborn Hour*)。后者在播出 15 分钟时结束第一个段落并插播中场音乐，这时很多听众会习惯性地转台至 CBS。于是威尔斯利用了这一点，他故意在广播剧播出 12 分钟时开始插入大量以假乱真的、虚构的新闻播报，这就导致转台过来的听众完全没有听到此前的铺垫情节，而对"新闻报道"中所描述的情景信以为真，认为那就是真的插播新闻。尽管 CBS 在一个小时的播出时间里曾三次对听众宣称剧情是虚构的——分别在节目开始时、节目播出 40 分钟时和节目播出 55 分钟时，但对于中途换台"闯入"的听众来说，则完全错过了这三个时间点。

不过，广播也并不总会导致骚乱。在社会动荡的大萧条时期和第二次世界大战时期，广播也曾发挥过积极的社会动员与社会整合的作用。比如，美国总统罗斯福就因其对广播的高度重视而著称，他在任期间总共发

---

① "Radio Listeners in Panic, Taking War Drama as Fact," *The New York Times*, October 31, 1938.
② Jefferson Pooley, and Michael J. Socolow, "The Myth of the War of the Worlds Panic," *Slate Magazine*, October 28, 2013, http：//www.slate.com/articles/arts/history/2013/10/orson_welles_war_of_the_worlds_panic_myth_the_infamous_radio_broadcast_did.html, 2022 年 5 月 1 日访问。

表过 300 多次广播讲话，其中尤以 1933—1944 年间的 30 次 **"炉边谈话"**（fireside chats）最为著名——他的广播讲话以亲切、质朴、真诚、生动的表达风格赢得了广播听众的喜爱。罗斯福通过广播直接与民众对话，不但成功地绕过了参众两院共和党政敌的阻挠，有效宣传了自己倡导的经济与外交政策，还在短时间内积累了巨大的威望，成为美国人心中仅次于林肯的"伟大总统"。[1]

在第二次世界大战期间，广播自然也成了各国进行备战动员、开展战争宣传、与敌国进行心理战的有效工具。战争的需要刺激了国际广播的飞速发展。BBC 从 1932 年开始用英语对外国听众进行广播，法国则将广播外宣的重点放在非洲，而苏联更是将对外广播作为在全球范围内宣传共产主义的工具，很早就开始播出汉语、朝鲜语、英语、法语和德语的节目。1941 年冬纳粹军队围攻莫斯科时曾拟定一个准备在占领后立刻逮捕的 13 人"黑名单"，排在第一位的是斯大林，第二位则是苏联的广播播音员**尤里·列维坦**（Yuri Levitan）（图 1.6），因为后者在战争时期的播音极大激发了苏联人民的斗志。[2] 纳粹德国的宣传部部长戈培尔曾有一段关于电台广播的重要论述："如果没有电台，我们就不可能获取权力，也不可能像现在这样使用权力……不夸张地说，如果没有飞机和电台这两样事物，德国革命，至少是目前这种形态的革命，绝对不可能发生……广播信号覆盖了所有国民，无论其阶级、立场或宗教信仰是什么。"[3] 在 1939 年第二次世界大战全面爆发时，共有 27 个国家开办对外广播；至 1945 年大战结束，

---

[1] Lumeng (Jenny) Yu, "The Great Communicator: How FDR's Radio Speeches Shaped American History," *The History Teacher*, 39 (1), 2005, pp. 89-106.

[2] 赵水福：《国际广播探析》，中国广播电视出版社 1987 年版，第 213 页。

[3] Jane Elizabeth Cody, *Birthing Eternity: A Different Perspective on the Four Horsemen of Revelation*, WestBow Press, 2013, p. 155.

图 1.6 尤里·列维坦

这个数字增至 55 个①，包括美国之音（Voice of America，VOA）在内的一大批国际广播电台，就诞生在第二次世界大战期间。"希特勒歇斯底里的咆哮、丘吉尔英勇不屈的演说、戴高乐大义凛然的号召、斯大林沉着坚定的讲话，无不通过无线电波迅速传遍天涯海角。"② 在夹杂着繁荣与混乱的 20 世纪三四十年代，电台广播不但成功确立了自己作为第一媒介的强势地位，而且以其特有的方式参与了对世界权力格局的塑造。

第三节 电视业的诞生

在电视广播领域，英国走在了美国的前面。BBC 进行世界上首次电视广播的时间是在 1929 年 9 月，开始正式播出电视节目则是在 1936 年 11 月 2 日。1937 年，英国有 5 万名电视观众通过 BBC 观看了**英王乔治六世加冕典礼**的实况。从 1936 年至 1939 年第二次世界大战爆发前夕，BBC 基本上保持着平均每天 4 小时的播出频率，英国有 1.2 万—1.5 万台电视机，其

---

① 赵水福：《国际广播探析》，中国广播电视出版社 1987 年版，第 62 页。
② 李彬：《全球新闻传播史（公元 1500—2000 年）》，清华大学出版社 2005 年版，第 333 页。

中一些位于饭店或酒吧中。在转播体育比赛时，这些电视机会吸引超过100名观众围观。① 1939年9月1日第二次世界大战爆发当天，由于担心电视天线会吸引德军轰炸，BBC决定停止电视播出，"由于事发突然，电视台甚至来不及向观众说明，便径直关机，将机器都封存起来"②，直到1946年6月7日才复播。至1947年，英国总计有5.4万台电视机，超越同期美国的4.4万台。③

在美国，尽管早在1928年7月2日就出现了得到联邦无线电委员会（Federal Radio Commission，FRC）许可的私人试验电视台，但直至1939年才出现正式的商营电视播出机构，著名广播网NBC成了全美第一家真正意义上的商业电视播出机构，其正式开播日期选择在1939年4月30日——这天是**纽约世界博览会的开幕日**。正是在这一天的电视转播中，美国人第一次在电视机的屏幕上看见了他们的总统罗斯福。至1939年年底，位于纽约的NBC电视台已形成每个月58小时的播出频率，其内容包括33%的新闻、29%的电视剧以及17%的科教节目。而此时全美大约只有2000台电视机，观众人数为5000—8000人。④ 1941年7月1日，FCC同时向NBC和CBS的电视台颁发了运营执照，随后又有费城的WPTZ电视台加入。珍珠港事件后，FCC将商业电视台每星期的最低播出时限从15小时降至4小时，很多电视台决定停播。当时，美国的10座商业电视台中只有6座在战争期间坚持播出。⑤ 至1947年，全美大约有4.4万台电视机，其中有约3万

---

① Orrin E. Dunlap, *The Future of Television*, Harper Brothers, 1942, p. 56.
② 郭镇之：《中外广播电视史（第二版）》，复旦大学出版社2008年版，第23页。
③ Robert Shagawat, "Television Recording: The Origins and Earliest Surviving Live TV Broadcast Recording," *Early Electronic Television*, Early Television Museum, http://www.earlytelevision.org/tv_recordings_the_origins.html, 2022年5月1日访问。
④ 参见 Lenox Lohr, *Television Broadcasting*, McGraw-Hill, 1940。
⑤ F. Leslie Smith, et al., *Perspective on Radio and Television: Telecommunication in the United States*, Routledge, 1998, p. 78.

第一章　全球广播电视业简史

台位于纽约地区。① 值得一提的是，1944 年，NBC 首先对纽约、华盛顿和费城三地的电视台进行联网播出，这是美国最早的电视网。1948 年，CBS 和 ABC 也完成了各自电视节目联播网的搭建，如同广播网一样，**电视网**（television network）成为美国商营电视业最显著的结构特色。

20 世纪 30 年代是西方主要国家集中开始发展电视广播的时期。德国早在 1935 年就出现了正式的电视机构**德国电视广播公司**（Deutscher Fernseh Rundfunk），并于当年 3 月 22 日开始在柏林定期播出节目。1936 年柏林奥运会期间，德国的电视台甚至进行了相当成功的实况报道。纳粹党曾试图将电视打造为强有力的宣传工具，但由于电视机数量稀少且价格昂贵，电视对民众的覆盖面远不及电台广播，兼之战争的爆发迫在眉睫，故最终希特勒还是放弃了电视。不过柏林的这座电视台却一直存续到 1944 年 11 月。从时间上看，德国电视广播公司是世界上第一家电视播出机构，早于英国的 BBC，但"没有人把纳粹政府的电视诞生日作为世界电视的纪念日"②。

除德国外，苏联、法国和意大利也在 1939 年之前开始了电视的试验播出或不定期播出。不过，随着战争的爆发，新生的电视业陷入停滞，直到战争结束才渐次恢复。工业基础较好的西欧和北欧国家于 20 世纪 40 年代开办电视，而东欧的社会主义国家则在 50 年代纷纷开始了电视播出。

中国电视业的出现晚于西方主要国家 20 年左右。1958 年 5 月 1 日，**北京电视台**（中央电视台的前身）正式开始试验播出，标志着中国电视业的诞生（图 1.7）。此时正值"大跃进"时期，全民生产的热情固然是电

---

① Robert Shagawat, "Television Recording: The Origins and Earliest Surviving Live TV Broadcast Recording," *Early Electronic Television*, Early Television Museum, http://www.earlytelevision.org/tv_recordings_the_origins.html, 2022 年 5 月 1 日访问。

② 郭镇之：《中外广播电视史（第二版）》，复旦大学出版社 2008 年版，第 22 页。

051

视业从无到有的重要推动力，但"经济的困难和技术的落后使中国电视营养不良，发育缓慢；半封闭的环境和'左'倾的干扰也或多或少阻碍着电视的成长"[①]。初创期的电视台几乎都是在人力、物力极度匮乏的情况下创建的，即使在经济条件较好的北京、天津、上海等城市，电视机的保有量也仅为50—100台。至1962年年底，全国共有电视台、试验台和转播台36座，"大部分处于惨淡经营状态，不但不具备独立制作节目的能力，更面临无人有电视、无人看电视的尴尬境地"[②]。1963年2月，全国广播事业调整后，除5座电视台和3座试验台外，其余一律停办。在西方发达国家全面进入"电视时代"时，中国电视业的社会影响力始终十分微弱，直到"文化大革命"结束才有起色。

图1.7 中国早期电视画面

由于电视广播与电台广播建立在相同的技术基础之上，因此电视业的肇兴几乎完全是广播业繁荣发展的延续。最早出现成熟电视业的英国和美国，原本就是广播技术与机构最早发展成熟的国家。

[①] 郭镇之：《中外广播电视史（第二版）》，复旦大学出版社2008年版，第174页。
[②] 常江：《"大跃进"与电视：浅析中国电视诞生的政治语境》，《现代传播（中国传媒大学学报）》2014年第5期，第55页。

第四节　人类进入电视时代

第二次世界大战结束后，美国的三大广播网立刻投入电视节目制播的竞争，同时也不遗余力地向全美家庭推销电视机。此外，商营体制的施行使电视成为有利可图的广告媒介，因此战后美国出现了申请创办电视台的热浪。成千上万的申请材料潮水般涌入 FCC 总部，致使当时已有的无线频谱资源根本无法满足如此强烈的社会需求，FCC 干脆于 1948 年宣布冻结电视台执照的审办与发放工作，直至 1952 年 4 月 14 日才恢复。[1] 至 1951 年，三大广播电视网已将自己的覆盖范围从美国东海岸延伸到西海岸；至 1960 年，全美 88% 的家庭已拥有电视机[2]，美国成为全球电视业最发达的国家。而作为最早进行电视广播的国家，英国也在第二次世界大战之后迎来了电视业的繁荣，并依托与美国商营体制截然不同的公营体制，引领了独特的西欧电视文化。

一、作为娱乐工具的电视

正如一切"新媒体"的出现都必然会对"旧媒体"产生冲击一样，电视的崛起带来的最直接的影响，就是对于一度由电影业和广播业主导的社会娱乐生活的重塑，"电视不但与广播一样易于接收、方便消费，更同时兼容听觉和视觉两大符号系统，甫一降生，立即成为电影业的头号敌人"[3]。1953 年，当 46.2% 的美国家庭已经拥有属于自己的电视机时，全

---

[1]　F. Leslie Smith, et al., *Perspective on Radio and Television: Telecommunication in the United States*, Routledge, 1998, p. 78.

[2]　李彬：《全球新闻传播史（公元 1500—2000 年）》，清华大学出版社 2005 年版，第 363 页。

[3]　常江：《帝国的想象与建构——美国早期电影史》，北京大学出版社 2011 年版，第 161 页。

美电影观众的人数跌落至不及 1946 年一半的水平。① 此后，好莱坞迎来了将近 20 年的低迷期。电台的日子也不好过。在电视发展的凶猛势头下，很多电台选择放弃广播剧这一相当成熟的节目类型，转而耕作音乐类节目——因为这类节目不需要视觉图像，是广播固有的强项。但由于广播与电视本为一体，最大的电视网同时也是最大的广播网，因此广播与电视并未形成势同水火的关系。尽管如此，电台广播还是在 20 世纪 50 年代末期彻底沦为地方性媒体，覆盖全国的电台广播网名存实亡。

最初的电视节目几乎完全是由电台广播的成熟节目形态移植而成的，以听觉语言为主，画面只起辅助作用，绝大部分是喜剧类节目，"压倒一切的主题就是插科打诨"②。此外，为填补播出时段空缺，电视台还大量转播剧场演出和播放电影，不过由于与好莱坞之间日趋恶劣的关系，电视网难以获得较新的影片，所以从 20 世纪 50 年代初起，电视剧开始飞速发展。数据显示，1951 年纽约地区电视台平均有 25% 的时段在播出电视剧，这一比例在 1954 年攀升至 38%；相比之下，却只有 5%—6% 的时段在播出新闻。③

三大广播电视网纷纷将最优秀的从业者、最成熟的内容形态以及大量资金从电台向电视台转移。至 1952 年，我们所熟悉的绝大多数的电视节目类型，如游戏节目、谈话节目、儿童娱乐节目、体育节目等，均已初具规模。节目的制作方式结构在 50 年代末大约是赞助商直接制作、电视网自己制作和委托专业公司制作各占三分之一。至 20 世纪 60 年代，最后一种制作方式占据绝对上风，60% 的节目来自专业的节目制作公司，电视网则只

---

① Robert Sklar, *Move-Made America: A Cultural History of American Movies*, Vintage, 1994, p. 272.

② 〔美〕威廉·曼彻斯特：《光荣与梦想——1932—1972 年美国实录（第三册）》，广州外国语学院美英问题研究室翻译组译，商务印书馆 1979 年版，第 832 页。

③ Christopher H. Sterling, and John Michael Kittross, *State Tuned: A History of American Broadcasting*, Routledge, 2009, p. 304.

制作新闻、访谈和纪录片等纪实类节目。

英国开始电视广播比美国稍早一些，其观众基础也比美国好。但由于英国广播电视业建立了迥异于美国的公营体制，所以英国电视业无论是在内容形态还是在制播策略方面均与美国有显著的不同。例如，在 1957 年之前，英国晚间 6：00—7：00 时段是不播放任何节目的，为的是让学龄儿童可以专心写家庭作业，不被电视打扰，这体现了公共电视系统对其社会教益职责的自觉履行。

从内容形态上看，BBC 制播的节目也以娱乐性节目为主，但其文化格调较美国三大电视网更为雅致，儿童节目、纪录片、体育专栏、猜谜游戏和电视剧是最主要的类型。但总体上，BBC 的节目内容受到了十分严格的限制，以符合公共利益。一些规定甚至到了事无巨细的程度，比如节目中不能出现与厕所有关的玩笑，不能出现女性化的男性，不能提及"情人""妓女""内衣""性行为"等字眼，等等。就连电视新闻也禁止播音员出镜，以免给人留下报道不够客观公正的印象。不过，1955 年，商业电视台独立电视台（ITV）的成立结束了 BBC 一家独大的局面。ITV 通过播放广告获得经济收益，并使用高度娱乐化的手段制作节目，比如首创在电视游戏节目中给参赛者颁发巨额奖金，以及着力打造明星主持人的个人魅力，等等。这也迫使 BBC 对自己过于古板的风格做出了一定的调整。

在电视新闻作为一种严肃的新闻传播手段得到社会的广泛认可之前，电视首先是以娱乐工具的面貌存在于人们的日常生活之中的。由于以往从未存在过一种如此"纵情声色"又如此深入家庭肌理的媒介，因此电视及其带来的娱乐旋风甚至在 20 世纪 50 年代中后期引发了欧美知识界的激烈争论和批判。如社会学家欧内斯特·范登哈赫（Ernest van den Haag）就曾指出，电视娱乐把观众变成了无精打采、懵懂无知的"瘾君子"："即便是基督再临，在大众文化消费者那里也只不过是一出空洞的惊悚电视剧。"[1]不过，这些针对电视所具备的娱乐功能的批评的生命力并不十分强大，电视注定要在深度和广度上进一步改变人类对外部世界的认知方式。

二、电视新闻的崛起

电视新闻崛起的速度较广播新闻当年要慢许多，这主要是因为受技术的掣肘。在便携式电子摄像机问世之前，电视新闻的制作要么在演播室内直播稿子，要么只能使用电影胶片来拍摄——后者复杂冗长的冲洗和剪接流程使电视新闻几无时效性可言。尤其是在突发性事件的现场，广播记者可做实况音频报道，给听众带来最及时也最鲜活的消息，而电视记者只能错失机会。因此，尽管从20世纪50年代中期开始英美的主要电视台便纷纷设立新闻采编部门并推出了固定播出的新闻节目，但这一时期的电视新闻主要应用于可预知的重大事件报道以及实况转播，如1953年英国女王伊丽莎白二世的加冕典礼、1961年美国载人宇宙飞行成功等。

1962年，CBS率先使用便捷式电子摄像机拍摄新闻，并且就在同年，第一颗无线电通信卫星"电星一号"在美国发射成功，电视直播信号得以实现全球覆盖。这两项技术有力地将电视新闻推入了辉煌的时代。1963年，电视在美国正式超过报纸与广播成为人们获取新闻的最主要媒介。[2]也是在这一年，美国总统肯尼迪遇刺身亡，绝大部分美国观众通过电视了解了这一震惊全球的新闻，这标志着电视在自己一度束手无策的突发事件报道领域也全面超越了广播，成为当之无愧的"第一媒介"。[3]

---

[1] Ernest van den Haag, "Of Happiness and Despair We Have No Measure," in Bernard Rosenberg, and David Manning White, eds., *Mass Culture: The Popular Arts in America*, Macmillan, 1957, p. 535.

[2] Tim Groeling, *When Politician Attach: Party Cohesion in Media*, Cambridge University Press, 2010, p. 194.

[3] 参见 Richard Buyer, *Why the JFC Assassination Still Matters*, Wheatmark, 2009。

第一章　全球广播电视业简史

其实，电视对于人类认知方式的冲击和颠覆早在 1960 年便已初露端倪。这一年是美国大选年，两位总统候选人分别是时任美国副总统的尼克松和年轻的参议员肯尼迪。当时，尼克松不但有长达 8 年担任副总统的从政经验，而且因成功处理冷战时期的美苏关系而广受瞩目，是一颗耀眼的政治明星。肯尼迪则只是一个"不大严肃的富人政客"而已。这场大选原本几无悬念可言。可就在这个时候，CBS 的芝加哥附属台做出了一个决定：**邀请两位候选人参加美国历史上第一场电视竞选辩论**（图 1.8）。这一决定永远地改变了美国人选择总统的方式。年轻、英俊的肯尼迪在电视屏幕上塑造了自己朝气蓬勃的形象，而刚刚做过膝盖手术并拒绝化妆的尼克松则显得萎靡不振、苍老不堪。尽管从辩论的内容上看，尼克松并不落下风，但大量悬而未决的选票最终却纷纷投给了显然更适合电视表现的肯尼迪。就这样，肯尼迪既"出人意料"又"理所当然"地赢得了大选，成为新一任美国总统。从此，即使是最高级别的政治仪式，也因电视的介入而带有了娱乐化的色彩。

图 1.8　肯尼迪与尼克松的电视辩论

除技术的进步外，西方社会在 20 世纪 60 年代的动荡局面也是电视新闻发展成熟的助推力。对于美国，内有此起彼伏的民权运动激越奔涌，外有越南战争的胶着态势不断吸引着全世界的关注乃至批评，这给电视新闻提供了大显身手的机会。仅在**肯尼迪遇刺事件**中，三大电视网就总计投入4000万美元进行了连续4天的不间断报道。尼尔森公司的统计数据显示，在事件进展过程中，全美93%的电视机保持长时间开机状态，播放着刺杀、调查、葬礼的过程与现场，NBC、CBS和ABC的平均收视率则分别达到了24%、16%和10%。[1] 1969年**阿波罗11号登月**，美国航天员尼尔·阿姆斯特朗（Neil Armstrong）成为第一个完成月上行走的人，全美共有1.25亿人通过电视新闻了解了这一事件；在同步卫星的协助下，全世界则有超过6亿电视观众感受到了这激动人心的"人类一大步"（one giant leap）。[2] 发生于1972—1974年间的**"水门事件"**虽然不是由电视业策动的，但电视台全程转播了参议院针对此事的听证会和总统尼克松的辞职演说，影响力巨大。至于电视记者对于越南战争广泛、持续而深刻的报道，则被普遍认为是导致美国民众对战争的态度从支持转向反对的关键因素。[3]

至20世纪70年代初期，美国三大电视网全部设置了定期播出的、现代形态的常规新闻节目，其中一些节目不但拥有稳固的观众群，而且长盛不衰，具备巨大的政治与社会影响力。例如，CBS 1968年开播的《**60分钟**》（*60 Minutes*），以及NBC 1970年开播的《**NBC晚间新闻**》（*NBC Nightly News*）等，均成为美国电视新闻的旗帜与象征。而伴随着电视新闻节目崛起而来的，是一大批优秀的电视记者和新闻主播的涌现。"电视新闻设节

---

[1] 参见 Dean C. Baker, *The Assassination of President Kennedy: A Study of the Press Coverage*, University of Michigan Department of Journalism, 1965; Joseph P. Berry, *John F. Kennedy and the Media: The First Television President*, University Press of America, 1987。

[2] "A Remote that Broke all the Records: Camera Follows Astronauts to Lunar Landing; Next Challenge Is Color Pickup from the Moon," *Broadcasting Magazine*, July 28, 1969, http://www.broadcastingcable.com/news/news-articles/remote-broke-all-records/110227, 2022年5月1日访问。

[3] 参见 Peter Braestrup, *Big Story: How the American Press and Television Reported and Interpreted the Crisis of Tet 1968 in Vietnam and Washington*, Westview Press, 1977。

目主持人，在开办电视广播的世界各国并不罕见。但是，节目主持人具有那么大的声望与威力，甚至达到一言兴邦的显赫程度，则是美国电视新闻的一大特色。"① CBS 延续电台广播时代的"默罗神话"，依旧成为哺育明星新闻主播的先驱，美国历史上第一位真正意义上的电视主播正是 CBS 的**道格拉斯·爱德华兹**（Douglas Edwards），他从 1948 年至 1962 年主持 CBS 的晚间新闻栏目，其主要竞争对手则是晚半年开播晚间新闻栏目的 NBC 的两位主播切特·亨特利（Chet Huntley）和戴维·布林克利（David Brinkley）。到 70 年代中期，三大电视网均拥有了自己的当家主播，如 CBS 的**沃尔特·克朗凯特**（Walter Cronkite）、**迈克·华莱士**（Mike Wallace）（图 1.9）和 ABC 的**芭芭拉·沃尔特斯**（Barbara Walters）等。这些主播大多拥有丰富的新闻记者从业经验，更因电视的包装而成为荧幕明星。

图 1.9　迈克·华莱士

与欧美国家相比，为诸多历史因素左右，中国的电视新闻不但起步晚，而且所受技术与政策掣肘更为严重。1960 年 5 月，北京电视台正式成立新闻部，与办公室、技术部、文艺播出部并列，成为电视台的核心业务部门，这也预示着电视新闻的生产成为全台发展的重要战略。而中国最早的新闻记者都是从广播电台和电影厂抽调而来的人员，整个北京电视台新闻部全体工作人员共计二三十人，无论是在人数上还是在能力上，均无法维持每天的正常播出。由于没有录像技术，摄制新闻片也只能采用 16 毫米反转胶片，再由播音员在演播室内直播解说词，这样的电视新闻重画面、轻文字，无法保证时效性。因此，在"文化大革命"之前，最常见的电视

---

① 李彬：《全球新闻传播史（公元 1500—2000 年）》，清华大学出版社 2005 年版，第 372 页。

新闻节目形态是所谓的"图片报道"和"简明新闻":前者指通过荧屏播放图片,同时由播音员解说图片内容的方式来向观众介绍新闻事件;后者则以播音员出镜口播为主要形式。新闻稿完全来自新华社与中央人民广播电台新闻部,除播音员出镜直播外,电视新闻几乎就是广播新闻的翻版。

不过,电视新闻片在中国的对外文化交流中扮演了重要角色,从1959年开始,北京电视台开始承担外宣机构的职能,负责将报道国内重大事件、建设成就和日常生活的电视片,配以中文、俄文或英文的解说词,航寄给外国电视机构供其播出,即"出国片"。由电视台政治组负责拍摄和选片工作,专设3名人员负责本国电视片的翻译、寄送,以及对收到的外国电视片的编译工作。通过这种方式,电视新闻片的国际交流成为彼时中国为数不多的对外窗口之一。不过,随着"文化大革命"的爆发,中国的电视新闻业整体陷入停滞状态,被激进派牢牢控制,直至1976年粉碎"四人帮"。1978年1月1日,中国第一个真正意义上的日播综合性电视新闻栏目**《新闻联播》**开始正式播出;同年5月1日,北京电视台更名为**中国中央电视台**,中国电视业开始进入发展的新纪元。

总体上看,20世纪60—70年代是西方电视新闻迅速崛起和蓬勃发展的时代,而这种繁华的背后则是科技进步、经济繁荣和文化多元所带来的丰沃的社会土壤。中国电视新闻真正意义上的成长则是改革开放的产物,是中国人日常生活现代化的一部分。

第五节 广播电视业的全球化

广播电视业在20世纪80—90年代进入了一个全新的发展阶段,其最显著的特征就是内容流动和传播途径由本土化、区域化走向国际化、全球化。三个重要的社会因素促使广播电视业从80年代开始走向全球传播之路。

一、卫星通信技术的重大突破

肇始于1964年的卫星通信技术至20世纪80年代初期已发展到相当成熟的程度，这使得世界上任何一个角落发生的重大事件几乎都可以实现全球范围的同步电视实况转播。诞生于1980年6月1日的美国第一个专业新闻频道**有线电视新闻网**（Cable News Network，CNN）最早使用同步卫星通信技术在国际新闻报道领域大展拳脚，成功将80年代的诸多国际事件推入全球观众的视野——韩国航空班机发生空难、美军入侵格林纳达、"挑战者"号航天飞机升空失事、柏林墙倒塌和东欧剧变……尤其是，1991年第一次海湾战争的报道让CNN坐上了国际电视新闻领域的"头把交椅"，全面超过了实力强劲的传统电视网。如今，全世界共有200余个国家和地区的观众可以收看到CNN的节目。经由这般"天涯共此时"的共同视听经验，全球电视观众获得了相通的情感结构。[①]

在CNN的成功经验的启发下，世界著名电视机构均于20世纪80年代与90年代之交启动了国际传播战略：ABC瞄准拉美市场，相继开播西班牙语频道和葡萄牙语频道；NBC和微软公司合作，开通24小时新闻频道**MSNBC**，旨在与CNN在欧亚地区一决高下；BBC在1987年开办欧洲分台，并于1991年改组为世界台，开始辐射欧陆与亚太地区。

从1992年起，西方跨国电视机构纷纷开始对亚洲地区进行卫星广播，其中以美国的ESPN、CNN和HBO三个频道影响力最为卓著。在大中华区，成立于1990年的香港星空卫视和成立于1996年的**凤凰卫视**覆盖面较广，中国中央电视台也从1992年开始向亚洲地区播放自己的中文国际频道CCTV-4。从20世纪90年代中后期开始，中央电视台、中国教育电视台和各省级电视台陆续完成了上星播出。

[①] 参见 Ingrid Volkmer, *News in the Global Sphere: A Study of CNN and Its Impact on Global Communication*, University of Luton Press, 1999。

如果不考虑不同国家的政策与文化准入壁垒，至20世纪90年代中后期，一个建立于卫星通信技术基础之上的"地球村"已完全实现了。但实际情况是，很多国家都会出于政治安全或保护本国电视产业的考虑而限制对外国卫星电视内容的接收。此外，外国电视频道的准入政策也受到诸多外部因素的影响。例如，在2022年俄乌冲突爆发后，多个欧美国家禁止俄罗斯电视台"今日俄罗斯"（RT）在本国播出。

二、跨国媒体集团的大规模出现

从20世纪80年代初期开始，英美保守派政党相继上台执政，并掀起了两国公共事务管理领域的放松规制（deregulation）浪潮。在英国，保守党党魁撒切尔夫人［玛格丽特·撒切尔（Margaret Thatcher）］先后通过一系列法令完成了包括铁路、公共交通与电信在内的多个社会经济领域的私有化；在美国，共和党籍总统罗纳德·里根（Ronald Reagan）也采纳了类似的政策，减轻国家对社会经济领域的干涉程度，鼓励私有资本发展，并推动大型私营企业的形成。这一风潮在90年代得以延续，并促成美国《1996年电信法案》（Telecommunications Act of 1996）的出台。

《1996年电信法案》旨在放宽政府对电信业和广播电视业的诸多管理限制，并促进广播电视业与电信、娱乐等行业的相互融合[①]，其最直接的结果就是媒体行业出现大规模的融合与兼并浪潮，并最终催生了若干体量巨大的"传媒航母"，包括时代华纳（Time Warner）、迪士尼（The Walt Disney Company）、新闻集团（News Corporation）、维亚康姆（Viacom）等。这些传媒集团同时经营报刊、广播电视、电影、互联网等多种媒介形态，更以其雄厚的资本和技术力量不断进行海外扩张，抢占其他国家的受众市场。以传媒大亨鲁珀特·默多克（Rupert Murdoch）创建的**新闻集团**为例，

---

① Vincent Miller, *Understanding Digital Culture*, SAGE, 2011, p. 77.

第一章　全球广播电视业简史

在发展的巅峰时期，其旗下同时拥有全美第四大电视网福克斯广播公司（Fox）、CNN 在美国国内最主要的竞争对手福克斯新闻频道（Fox News Channel）、美国六大影视制片公司之一的 20 世纪福克斯（20th Century Fox），以及天空卫视（Sky Television Plc.）和星空卫视（Star TV）等卫星电视服务，其影响力大大超越了国家与文化的边界。在欧洲大陆，最具影响力的传媒集团莫过于德国的**贝塔斯曼**（Bertelsmann），其旗下拥有欧洲最大的广播电视播出机构 RTL，该机构在欧洲 10 余个国家拥有 56 个电视频道和 36 座广播电台。①

　　放松规制对全球广播电视业的格局产生的另一个影响就是，公营广播电视受到严重冲击。在公营广播电视传统深厚的欧洲，私营电台和电视台从 20 世纪 80 年代起获准建立并发展迅猛，这些完全遵从商业逻辑的广播电视机构播出的节目内容更加讨人喜欢，而且它们往往拥有更加灵活的机制，得以根据观众口味的转向而灵活做出制播策略的调整。不过，以 BBC 和 NHK 为代表的公营广播电视体制仍然因强大的政策保护和深厚的历史积淀而具有旺盛的生命力。

　　跨国传媒集团的形成既引人注目，也招致人们的警惕乃至批评。从 20 世纪 60 年代开始，"文化帝国主义"便逐渐成为国际信息传播与文化交流领域的时髦词语。由于美国广播电视业在全球范围内毋庸置疑的霸主地位，知识界纷纷将批判的矛头对准美国广播电视业对他国的内容输出与文化入侵。

三、节目贸易模式的日趋成熟

　　广播电视节目的国际贸易在 20 世纪 60—70 年代便已初具规模，而广播电视产业最为发达的美国在该领域占据着巨大的优势地位。**联合国教科**

---

① 参见 RTL 集团年度报告，https://company.rtl.com/export/sites/rtlunited/.galleries/downloads/annual_reports/Annual-Report-2022.pdf，2023 年 8 月 5 日访问。

文组织（UNESCO）于1985年出版的调研报告显示，美国电视节目在全球节目流通中拥有毋庸置疑的强势影响力，即使其他经济发达的欧美国家也无法望其项背。例如，加拿大进口的电视节目中有70%来自美国，这一比例在拉美国家达到77%，在西欧地区也有44%。① 娱乐节目是在国际流通中最受欢迎的节目类型，同样使用英语的加拿大、澳大利亚、新西兰和一些亚太地区的国家是美国综艺节目和电视剧的稳定输出地。

美国电视节目的全球影响一度引发了其他文化大国的警惕，最著名的案例莫过于1978—1991年间美国的热播肥皂剧《豪门恩怨》（*Dallas*）在全球范围的广泛流行。从20世纪80年代初开始，该剧总计被90余个国家引进，其在欧洲受欢迎的程度甚至引发了时任法国文化部部长的批评，称其为"美国文化帝国主义"的典范。② 很多学者对这一风靡全球的剧集展开深入研究，探讨其如何令全球电视观众同时在道德、情感、意识形态和美学等领域产生共鸣。③

影响电视节目跨境流动模式的主要因素有两个：一是一国电视产业的规模和实力，二是不同国家在语言和文化上的接近性。美国电视节目之所以风靡全球，既是因为其电视业自身的市场规模效益，也有赖于英语作为全球通用语言的文化优势。而那些不具备强大产业优势的国家，也可以通过语言和文化接近性策略，成功实现节目的输出。例如，拉丁美洲大国墨西哥和巴西就借助西班牙语和葡萄牙语的流通性优势，保持着旺盛的节目输出状态。亚洲电视大国日本的节目一度由于历史、文化和意识形态等问题而受到邻国的抵制，但随着中国、韩国等在20世纪90年代放松了对日本节目的控制，日本电视剧成为东亚地区的流行文化产品。另外，日本的

---

① 参见 Tapio Varis, *International Flow of Television Programs*, UNESCO, 1985。
② Ien Ang, *Watching Dallas: Soap Opera and the Melodramatic Imagination*, Methuen, 1985, p. 2.
③ Elihu Katz, and Tamar Liebes, "Interacting with 'Dallas': Cross Cultural Readings of American TV," *Canadian Journal of Communication*, 15 (1), 1990, p. 45.

动画片也有非常可观的国际市场潜力。①

至 21 世纪，若不考虑国家文化与意识形态等因素的影响，一个全球性的电视网络早已在理论和实践两个层面上发展成熟。一方面，电视新闻借助卫星通信技术和国际新闻交换网络实现全球同步传递，这在诸多重大事件的实况转播中得到了淋漓尽致的体现；另一方面，包括电视剧、纪录片、综艺节目在内的多种电视文化产品也通过不断完善的国际节目贸易体系实现日益顺畅的流通，经过本土化改造的外国节目模式正在中国的电视荧屏上大放异彩。然而，在国际电视新闻竞争与电视节目的流动中，电视业发达的西方国家依旧占据着主导性的地位。繁荣的"地球村"背后，深埋着由历史、文化和制度等因素带来的权力失衡结构。

第六节　广播电视业的新媒体化

随着互联网技术在 20 世纪 90 年代的迅速发展和普及，包括广播电视在内的传统媒体行业开始迎接"新媒体化"带来的机遇和挑战。

所谓机遇是指，无远弗届的互联网平台为传统的广播电视节目提供了更加宽广的传播空间，使受众不必再受到电台和电视台编排节目的线性规律以及传统接收环境的约束。不但上网之后的节目便于保存和查阅，而且受众可以在任何时间、任何地点使用接入互联网的终端收听或观看，这无疑极大扩展和提升了广播电视媒体传播的范围和效率。因此，全球各大广播电视机构纷纷设立网站，建立网络节目库。例如，BBC 的官方网站 **BBC Online**（www.bbc.co.uk）于 1997 年全面启用，观众可以通过点播的方式观看已经在电视上播出的节目或专为网络传播制作的节目。CNN 的网站 CNN.com 则创立于 1995 年，除提供节目点播服务外，还聚合了一大批在

---

① Thomas L. McPhail, *Global Communication: Theories, Stakeholders, and Trends*, Wiley-Blackwell, 2010, pp. 316–317.

诸多领域有影响力的博客作者，如今 CNN.com 已经是全球范围内最具影响力的新闻网站之一。中国中央电视台的网络平台央视网（cctv.com）于 1996 年 12 月上线，提供中央电视台所有频道以及各省级卫视和地面频道的视频直播和节目点播服务。2019 年 11 月 20 日，中国中央广播电视总台还上线了专门的短视频分享网站"央视频"（yangshipin.cn），以回应视听传播社交化的趋势。中国广播电视业的新媒体化进程始终受到党和国家的密切关注，"融合"业已成为主流广播电视媒体在数字时代进行结构转型的关键词。2022 年 11 月 3 日，中宣部副部长、中央广播电视总台台长兼总编辑慎海雄在中央广播电视总台召开的学习宣传贯彻党的二十大精神视频会议上指出：总台要在深入理解党的二十大精神的基础上，持续深化"思想+艺术+技术"融合传播，推进全链条、全方位、全领域精品节目创新。①

挑战则意味着，互联网技术的发展不仅为广播电视的受众提供了更多的接收选择，也在很大程度上撼动了广播电视业的行业生态。一方面，越来越多的网络音视频内容是由普通用户自行生产并上传的，一些知名的广播电视机构也非常乐意通过这种方式吸纳越来越多的人为自己生产内容。例如，CNN 就在 2006 年 8 月推出了一个公民新闻平台 iReport，鼓励全球范围内的普通民众通过互联网将自己制作的新闻稿、图片和视频提供给 CNN，再由专业的编辑对这些素材进行必要的修改，符合播出条件的内容则会在电视频道或网站上直接播出，此举令 CNN "在理念上确立了将参与式新闻生产的新模式纳入传统新闻生产逻辑的稳定思路"，为其他同类媒体的新媒体转型"设立了典范"。② 另一方面，曾经只能作为传统电视媒体

---

① 《中央广播电视总台召开学习宣传贯彻党的二十大精神视频会议》，2022 年 11 月 3 日，央视网，https://www.cctv.com/2022/11/03/ARTIhGzvzJbhKVNoF224cUrt221103.shtml，2023 年 7 月 4 日访问。

② 常江：《"参与式新闻"的理念与中外实践——以 CNN iReport 和新华社"我报道"为例》，《中国记者》2014 年第 7 期，第 111 页。

内容的一个播放渠道的流媒体网站，如今也开始广泛涉足原创内容的制作。在中国，流媒体平台对电视节目制播的参与日益深入。例如，2022年的热播电视剧《人世间》的制片方之一就是爱奇艺，该剧亦在央视一套和爱奇艺网站同步播出；而越来越多拥有广泛观众基础的节目几乎完全由流媒体平台制作播出，如同样由爱奇艺推出的音乐综艺节目《乐队的夏天》（2019—2020）。

目前来看，广播电视的全面新媒体化已是不可逆转之大势，科技的进步对于广播电视媒体的影响将渗透至方方面面。从内容生产的方式到播出过程的各个环节，甚至媒体机构的收入构成和经营策略等，都将面临全面的冲击和考验。对此，我们会在第八章中进行详细的探讨。

思考题

1. 英国和美国分别形成了什么样的广播电视体制？
2. 广播新闻的繁荣发展是在哪些社会条件下实现的？
3. 结合史实说明广播对其听众产生的影响。
4. 电视是令人成为"瘾君子"的娱乐工具吗？为什么？
5. 哪些社会因素使得广播电视业走上了全球化的道路？

第二章　广播电视机构与体制

> **要　点**
>
> 1. 广播电视业的五种主要机构形态。
> 2. 广播电视业的五种基本管理模式。
> 3. 广播电视业的三种主流体制。

在现代社会中，广播电视是以机构（organization/institution）为主要形态存在与运作的，广播电视的各种媒介特征和文化属性也正是通过形形色色的广播电视机构才得以与社会结构和社会变迁保持紧密联系的。从世界上第一座电台诞生之日起，机构化的广播电视业就始终以令人瞩目的方式有机地参与人类社会的发展过程，并在某些特定的历史条件下发挥巨大的作用。

与此同时，世界各国历史、社会、文化和政治传统的差异，也使得广播电视机构在不同的国家和地区形成了不尽相同的体制（system）。不同体制下的广播电视机构在所有权、运营理念和管理方式等方面都存在明显差异，而国家则通过法律和制度等手段将其固化。经过近百年的发展，全球范围内已经形成了若干种不同的主流广播电视体制，每一种都有独特的理论和实践基础。

在本章中，我们将全面介绍全球广播电视业的机构类型、组织方式、代表性机构以及中西方广播电视机构形态的差异，并在此基础上呈现全球现存的三种主流广播电视体制的内涵和异同。

第一节　广播电视机构形态

"机构"一词在《剑桥词典》里的解释是"一群人有组织地共事以追求一个共同的目标"①。在社会科学领域，一切以人为基本构成要素的社会性实体都可被纳入"机构"的范畴。各个社会领域的机构构成了现代社会最基本的组织形式，维系并塑造着人的日常生活。比如，在衣食住行领域，人们必然需要相应的商业企业或公共部门等机构提供食宿、交通、商贸等服务；个人在成长的过程中，也势必要与学校、医院等提供教育和医疗等服务的社会机构打交道；在获取信息和娱乐等精神文化产品方面，新闻媒体、电影院、出版社等文化机构则会起到关键作用。总之，现代社会得以持续、平稳地运行，高度依赖各种社会机构的存在。

广播电视业也不例外。从人类历史上第一座广播电台 KDKA 在 1920 年诞生于美国匹兹堡开始，广播电视便主要是以一种媒体机构（media organization）的形式存在于社会当中的，而电台则是广播电视业最初的机构形态。随着电视技术的诞生和成熟，电视台也开始作为一种媒体机构大量出现，与电台共同构筑了当代广播电视业的主体行业格局。再后来，随着传播技术的继续发展和广播电视业内部分工的进一步细化，在电台和电视台之外又出现了很多新的机构形态，这些新的机构形态或专注于内容的生产，或侧重于传播渠道的搭建，或提供技术方面的支持，总之是以各自的方式去分化传统电台与电视台的某些职能。具体而言，当代的广播电视业

---

① 参见 Cambridge Dictionaries Online，http：//dictionary.cambridge.org/dictionary/british/organization，2022 年 5 月 1 日访问。

中存在五种主要的机构形态：电台与电视台、广播电视网、广播电视节目制作机构、广播电视技术服务机构以及流媒体网站。

一、电台与电视台

　　电台与电视台是历史最悠久、数量最大、形态最成熟的一类广播电视机构，是构成全球广播电视业的主体。一般而言，电台与电视台指以无线、有线或卫星等技术向大众传输视听内容的媒体机构。在世界上绝大多数国家，电台与电视台的设立均须得到政府的许可，并被分配相应的频谱资源。只传输音频内容的为电台，同时传输视频和音频内容的为电视台。

　　一国电台与电视台的数量和规模，视乎该国国土面积、人口体量以及经济与社会的发展程度而定。通常而言，国土面积越辽阔、人口越多、经济与社会发展程度越高，电台和电视台的数量也会越多，其对国土和人口的覆盖面也越广。如美国这般的超级大国，至2021年12月31日，全国共计拥有电台15 389座、电视台1758座，覆盖全国的广播电视网则主要有4个。[①] 中国也是广播电视大国之一，截至2023年3月，全国共有391家地级以上广播电视播出机构、33家教育电视台、2100家县级广播电视台。[②] 而在很多欠发达地区如撒哈拉以南非洲，受经济和政治因素掣肘，电台和电视台建设不但起步很晚，而且数量相当稀少。有学者统计，晚至1992年，撒哈拉以南非洲国家的电视信号覆盖率仍处于严重的失衡状态，一些国家电视信号的国土覆盖率甚至不足1%，人口覆盖率则不足10%，而博茨瓦纳、莱索托、乍得等国直至20世纪80年代末才出现第一座电视台。[③]

---

　　① 参见FCC website, https://www.fcc.gov/document/broadcast-station-totals-december-31-2021，2023年5月1日访问。

　　② 参见国家广播电视总局网站，http://www.nrta.gov.cn/col/col69/index.html，2023年5月1日访问。

　　③ Louise M. Bourgault, *Mass Media in Sub-Saharan Africa*, Indiana University Press, 1995, pp. 104-105.

第二章 广播电视机构与体制

电台与电视台的基本职能在于对视听内容进行生产和传输，这些内容被称为节目；而以固定时间和频率播出的广播电视节目，则被称为栏目。电台与电视台将制作完成的节目的电子信号通过适宜的手段和渠道传输至合法的接收终端（如收音机、电视机），即实现了最主要的机构目标。然而，在实际情况中，电台与电视台还有着更加复杂的社会功能，主要包括以下几个方面。

（1）信息传播。

在绝大多数国家，广播电视都首要地被视为一种新闻媒体。如报纸一样，广播电视也需借由新闻报道的方式为公众提供必要的信息服务。每当有重大事件发生，人们会自然而然地选择打开电视机，观看电视台提供的即时、连续的新闻报道，并通过对电视新闻的接受和理解形成自己对于事件的看法。[1] 近年来，由于新媒体的冲击，观众对于电视新闻的信任度正不断下降。如美国盖洛普（Gallup）公司 2021 年 9 月的调查数据显示：只有约 36%的美国民众表示自己对广播电视和报纸等传统媒体新闻有"基本的信任"，"非常信任"的则仅有 7%；相比之下，选择"毫不信任"的民众则达到 34%。[2] 但另一项调查结果也表明，电视仍然是美国人获取新闻的最主要来源，有 55%的受访者首选电视作为获取新闻时事的媒介，超过互联网（21%）和印刷媒体（9%）。[3] **广播电视新闻**（broadcast journalism）是一种重要而成熟的新闻类型，已形成综合报道（sack）、口播新闻（reader）、

---

[1] David Gauntlett, and Annette Hill, *TV Living: Television, Culture and Everyday Life*, Routledge, 1999, p. 17.

[2] 参见 Gallup website, https://news.gallup.com/poll/355526/americans-trust-media-dips-second-lowest-record.aspx, 2022 年 5 月 1 日访问。

[3] Lydia Saad, "TV is Americans' Main Source of News," July 8, 2013, Gallup website, http://www.gallup.com/poll/163412/americans-main-source-news.aspx, 2022 年 5 月 1 日访问。

配音新闻（VO）和同期声报道（SOT）等多种独特的报道手段。[①] 如今，制作和播出新闻节目的能力已是评价一座电台与电视台最重要的指标之一，"新闻立台"也是世界上很多知名度高、影响力大的主流电台与电视台所奉行的发展路径。在新闻节目上有所欠缺的电台与电视台，纵使拥有海量的受众，也很难成为令人尊敬的媒体机构。时任NBC总裁的罗伯特·赖特（Robert Wright）在其于1991年海湾战争期间发表的一次影响深远的讲话中指出："我坚信新闻对于NBC来说具有至关重要的意义。90年代的电视新闻就要以90年代而非70年代的逻辑为时代赋予意义。没有什么能比NBC的新闻成为90年代电视新闻业的标杆更让我高兴的事情了。"[②]

（2）提供娱乐。

收听收看广播电视节目是现代社会中的人放松身心、获取娱乐最主要的途径之一。一方面，大量的广播电视节目内容本身就有显著的娱乐色彩，如电视剧、广播剧、综艺节目等，观众可以直接从这些节目中获取感官享受；另一方面，人们在收听收看广播电视节目时，也往往处于较为私密和舒适的环境之中（如自己家中），无论是身体还是精神均处于高度放松的状态。从一般的综合性电台与电视台播出的各类内容的时长来看，娱乐节目总是远超新闻节目的。当然，这也势必会带来"**过度娱乐化**"的危险。例如，20世纪60年代，美国三大电视网就出现了娱乐节目数量泛滥、内容失当的问题，这导致联邦通信委员会在70年代前期收紧了对广播电视业的控制。[③] 在中国，广播电视调控管理部门也曾发布《关于进一步加强

---

① 参见 Associate Press, *Broadcast News Handbook: A Manual of Techniques and Practices*, McGraw-Hill, 2001。

② Penn Kimball, *Downsizing the News: Network Cutbacks in the Nation's Capital*, Woodrow Wilson Center Press, 1994, p. 63.

③ Mary Jackson Pitts, and Lily Zeng, "Media Management: The Changing Media Industry Adaptability," in John Allen Hendricks ed., *The Twenty-first Century Media Industry*, Lexington Books, 2010, p. 24.

上星综合频道节目管理的意见》《关于做好 2014 年电视上星综合频道节目编排和备案工作的通知》《关于把电视上星综合频道办成讲导向、有文化的传播平台的通知》等文件。这些规定被媒体统称为"限娱令",主旨即在于控制娱乐节目的播出量和播出时长,抑制过度娱乐化现象。

广播电视究竟应当提供什么形式和风格的娱乐内容,也是从广播电视诞生之日起便一直被社会各界热议的话题。正如有学者所批评的:"电视娱乐的使命是让你在无须辛勤劳作的情况下获得满足。于是,在关掉电视机以后,你不仅能够感受到看电视之前的那种百无聊赖的情绪,而且这种情绪可能会恶化为一种痛苦,因为你意识到你对生活的需求并没有真正得到满足,或只是得到了一种虚幻的满足。"[1] 而有人则提出,好的电视娱乐的标准应当向戏剧和文学等领域靠拢,"受众应当可以清楚地区分匠心独具的原创作品与粗制滥造的模仿之作之间的差别"[2]。在商业广播电视发达的国家,如美国,娱乐化始终是一个既严肃又严峻的问题。

(3) 传承文化、维系身份。

电台与电视台是现代社会中不可或缺的文化机构,不但肩负着传承社会文化的重要职能,还扮演着高度异质化的社会人群之"黏合剂"角色。如菲利普·施莱辛格 (Philip Schlesinger) 所言,电视为文化身份 (cultural identity) 的"复兴"和"确信"提供了充足的文化空间,令其观众产生群体的归属感。[3] 具体来说,电台与电视台不但要提供一定数量的文化类节目,如文化专题片、纪录片、科教节目、儿童节目等,以满足受众多样的文化需求,而且要努力营造一种既开放包容又不偏不倚的文化氛围,使其

---

[1] Shay Sayre, and Cynthia King, *Entertainment and Society: Influences, Impacts, and Innovations*, Routledge, 2010, p. 337.

[2] P. H. Tannenbaum, *The Entertainment Functions of Television*, Psychology Press, 2014, p. 96.

[3] Philip Schlesinger, "Media, the Political Order, and the National Identity," *Media Culture and Society*, 13 (3), 1991, pp. 297-308.

覆盖的广袤人群能够从中共享价值与道德上的认同感，为社会文化的良性互动与和谐发展做出贡献。在世界上大多数国家，无论是在立法层面还是在社会认知层面，电台与电视台均被认为负有严肃的文化责任，这不但意味着国家和社会往往对广播电视文化类节目的播出内容和时长有明确的要求，而且广播电视业自身也须不断努力去抵御过度娱乐化的侵袭。

例如，在美国，负责管理和调控全国广播电视业的联邦通信委员会就对各电视台的文化类节目播出的比例依法进行控制。在 20 世纪 60 年代初期电视节目内容最早出现过度娱乐化倾向时，联邦通信委员会主席**牛顿·迈诺**（Newton Minow）就于 1961 年 5 月 9 日在全美广播电视协会（NAB）会议上一次题为《电视与公共利益》（"Television and the Public Interest"）的演讲中，对当时的电视文化做出了严厉的批评。他这样说道："如果电视一心向善，那么没有什么比它更好，无论是戏院、杂志还是报纸；可如果电视一心向恶，也没有什么比它更糟……如果你的眼睛一直盯着电视荧屏的话，我可以确保你只能看到一片**广袤的荒原**（a vast wasteland）。"在这次著名的演讲中，迈诺尖锐抨击浅薄的综艺节目、轻佻的喜剧、暴力和色情内容以及无穷无尽的商业广告充斥着荧屏，并指出："电视与电视业的人应当对美国公众负责，充分尊重未成年人的需求，履行社会责任，促进教育和文化的发展，并须在节目制作和广告经营过程中保持庄重和文雅。"[1] 中国的《广播电视管理条例》（2020 年修订）也明文规定"广播电台、电视台应当提高广播电视节目质量，增加国产优秀节目数量"（第 32 条），"广播电台、电视台应当使用规范的语言文字"（第 36 条），明确了电台与电视台负有严肃的文化责任。

---

[1] 参见 Newton N. Minow, "Television and the Public Interest," address to the National Association of Broadcasters, Washington D. C., May 9, 1961。

二、广播电视网

在以美国为代表的一些国家，出于市场竞争的需要，电台与电视台之间往往依特定方式建立起更为紧密的关系，联结为覆盖范围更广阔的播放网络，这就形成了广播电视联播网（broadcast network），简称**"广播电视网"**。具体而言，广播电视网是广播电视业一种特殊的机构形态，指不同的电台与电视台以自愿的方式形成联合体，这些电台与电视台通过共同播出由专门的内容生产者提供的节目，来避免无效竞争和资源浪费，同时追求商业利益最大化。在幅员辽阔、人口众多、权力分散的国家，广播电视网无疑是一种极为有效的机构形态。例如，美国全国共有15 000多座电台和近2 000座电视台，其中很大一部分并不具备制作优秀节目和不断扩大播出网络的能力，若大家"各自为政"，则势必陷入频谱资源匮乏、节目内容无以为继、竞争格局混乱且市场配置低效的局面。此外，美国法律亦对个人或公司拥有电台和电视台的数目做出限制，电台与电视台的兼并行为受政策掣肘，这也决定了"协作"与"联播"成为美国电视业的现实选择。

1926年，美国无线电公司（RCA）创办的全国广播公司（NBC）整合了美国的第一个和第二个全国性广播网，分别为NBC"红网"和NBC"蓝网"，各网内都有一定数量的广播电台，共同联播NBC提供的节目；次年，哥伦比亚广播公司（CBS）成立，是美国的第三个全国性广播网。1943年，美国联邦政府以违反反垄断法为由，要求NBC将旗下的"蓝网"出售，后成为独立的美国广播公司（ABC），美国广播网"三分天下"的格局就此形成。而电视诞生之后，三大广播网又自然而然地升级为三大广播电视网，共同塑造了美国电视业从20世纪50年代至80年代末期的行业形态。[1] 全国范围内的很多电台和电视台均与这三大广播电视公司保持附属

---

[1] Douglas Blanks Hindman, and Kenneth Wiegand, "The Big Three's Prime-time Decline: A Technological and Social Context," *Journal of Broadcasting & Electronic Media*, 52 (1), 2008, pp. 119-135.

关系或合作关系,以确保其提供的节目能够实现对全国的覆盖。当然,这种高度集中的寡头垄断格局也使得新的竞争者愈发难以进入广播电视行业。如今,美国共有四个联邦通信委员会认定的全国性广播电视网(参见表 2.1),它们是全美电视业最主要的整合者和内容供应者。

表 2.1 美国四大广播电视网概况

名称	标志	创立年	备注
全国广播公司（NBC）	NBC	1926	美国历史最悠久的商业广播电视网
哥伦比亚广播公司（CBS）	CBS	1927	世界第二大广播电视机构,规模仅次于 BBC
美国广播公司（ABC）	abc	1943	隶属于迪士尼集团
福克斯广播公司（Fox）	FOX	1986	隶属于新闻集团

除美国外,加拿大、澳大利亚等国的广播电视业也以联播网为主要形态。这些国家的法律通常对各地方电视台播出电视网节目的数量做出一定的限制,以鼓励地方电视台立足于社区文化,为所在地区的受众提供更多的本地内容。但法律与行政的有形规制终究不及市场经济无形法则的力量强大。对于技术水平和制播能力均参差不齐的地方电视台来说,加入全国性的大型联播网是一种最有效、风险最低的经营选择。而在这些以联播网为主要形态的广播电视大国,也更易于形成竞争垄断或寡头垄断的市场结构,即由为数不多的几大公司控制全国的绝大多数电视播出资源。

三、节目制作机构

制作公司(production company)指专门为传媒业提供内容生产服务的机构。对于电台与电视台来说,将一部分节目委托给专业的制作公司来生产，或直接在节目贸易市场上购买制作公司生产的节目，自己只负责对播出系统的管理和运营渠道的维护，是一种降低风险并提升节目专业化程度的有效措施。这一广播电视业——尤其是电视业——特有的生产模式被称为**"制播分离"**。当然，有一些类型的节目从未实现制播分离，而一直由电台与电视台或广播电视网自己制作，如往往被视为立台之基的严肃新闻节目。

在欧美国家，节目制作公司始终是广播电视业主要的内容提供者，尤其是文化、娱乐类内容。节目制作公司具有目标明确、专业性强等优势，一家公司通常只专注于某一种或某几种类型的节目制作。例如，英国老牌电视机构英国广播公司（BBC）有超过25%的节目由独立的节目制作公司而非BBC自己的制作部门生产，在与BBC保持长期合作关系的制作公司中，Lion TV以擅长纪实类节目的制作而著称，Hat Trick则只出品娱乐色彩较强的喜剧类节目。[1] 在商业体制主导下的美国广播电视业，电视网几乎会将绝大多数电视节目的制作委托给附属的或独立的制作公司，或直接购买现有节目的播出权。而好莱坞的主要电影制片公司，也无一例外参与了电视节目的制作。如著名的华纳兄弟娱乐公司（Warner Bros.）即同时拥有专事电影制作和专事电视制作的部门，1994—2004年间热播的电视剧《老友记》（*Friends*）就是由华纳兄弟制作的，该剧的首轮播出方是NBC电视网。而风靡全球的电视真人秀节目《美国偶像》（*American Idol*）则由英国制作公司FrematleMedia和美国本土制作公司19 Entertainment共同制作，前者擅长综艺节目，后者则在音乐类节目制作领域有较强实力。以Netflix为代表的流媒体网站崛起后，更是成为重要的电视节目"买家"，不但大量订制、采购新节目，而且还低价购买大量电视台停播已久的旧节目的播放权以吸引年长的订户。

---

[1] Jeremy Orlebar, *The Television Handbook*, Routledge, 2011, p. 281.

中国的电视节目制作机构出现较晚，但发展十分迅速。中国第一家专业电视节目制作机构是成立于 1982 年的北京电视制片厂（后更名为北京电视艺术中心），专事国产电视剧制作，曾出品包括《四世同堂》《渴望》《北京人在纽约》《金婚》《甄嬛传》在内的多部知名剧集。随着市场经济改革的深化，越来越多的民营资本进入电视节目制作领域，专业制作公司遍地开花。如今，在中国的电视剧和综艺节目制播领域，制播分离已经是主流的生产模式，电视台越来越倾向于将一档节目拆分成几个部分，分别寻找专业制作公司分工完成。例如，2012 年首播的影响力巨大的电视综艺节目《中国好声音》即由星空华文传媒集团旗下的灿星制作公司生产，浙江卫视则是节目的播出方，制作方和播出方共担风险、分享利益。灿星制作、世熙传媒、中广天择、华谊兄弟、华录百纳等民营制作公司已经成为中国电视节目生产领域的活跃力量。截至 2013 年年底，中国持有《广播电视节目制作经营许可证》的民营企业超过 6000 家；2014 年，中央电视台播出的 20 余档综艺节目中有三分之一来自专业节目制作公司。[①]。

四、广播电视技术服务机构

广播电视业建立于现代科技发展的基础之上，对传播技术有很强的依赖性。不同类型的传输技术往往会对电台、电视台/网的内容生产和机构运营产生不同程度的影响，进而参与对整个行业格局的塑造。

目前来看，无线（broadcast）、有线（cable）、卫星（satellite）和互联网（internet）是广播电视节目实现传递和播出的四种主要技术手段。因此，在电台与电视台/网和节目制作公司之外，还存在大量的专业公司，它们利用自身在通信与传播技术领域的优势，以为播出方和受众提供质量更高、内容更丰富的技术支持为主要业务，并从中获取利益。比如，总部位于美国的**康卡斯特集团**（Comcast Corporation），就是全美规模最大、盈

---

① 杨雯：《你知道吗，这些节目是他们做的》，《中国新闻出版报》2014 年 4 月 3 日第 5 版。

利最多的无线通信与有线电视技术企业。至 2018 年，康卡斯特在美国和欧洲共有超过 5300 万订户，许多家庭使用康卡斯特的有线电视网络 Xfinity 收看电视节目。康卡斯特根据用户的实际需求，提供不同类型的服务，供其自由选择（参见表 2.2）。值得注意的是，在提供有线电视技术服务的同时，康卡斯特还拥有优质的电视网或电视频道资源，包括美国历史最悠久的广播电视网 NBC 和总部位于英国的天空传媒集团（Sky Group）。此外，这些以提供有线电视服务为主要经营范围的商业企业也均提供宽带互联网服务。统计数据显示，至 2021 年第三季度，康卡斯特和特许通讯公司（Chater Communications, Inc.，旗下拥有时代华纳有线电视公司）同时也是全美最大的宽带互联网服务商，两者分别拥有超过 3100 万和近 3000 万宽带互联网用户。[1] 随着传播技术的迅猛发展，传统广播电视技术将与互联网技术产生更具深度的融合。

表 2.2 康卡斯特 Xfinity 服务

服务名称	服务内容	收费
Basic TV	10 个频道	30.00 美元/月
Extra TV	125 个频道	49.99 美元/月
Preferred TV	185 个频道	59.99 美元/月
Preferred TV + Internet 300 Mbps	185 个频道 + 300 兆带宽网络	100.00 美元/月
Preferred TV + Internet 600 Mbps	185 个频道 + 600 兆带宽网络	109.99 美元/月
Preferred TV + Internet 1200 Mbps	125 个频道 + 1200 兆带宽网络	124.99 美元/月

在中国，广播电视技术服务公司大多为以地方政府为主体组建的国有

---

[1] "Comcast Reports 3rd Quarter 2021 Results," Bloomberg website, https://www.bloomberg.com/press-releases/2021-10-28/comcast-reports-3rd-quarter-2021-results，2022 年 5 月 1 日访问。

企业。在中国独特的"四级办广播、四级办电视"的制度影响下，广播电视技术服务公司也基本形成了以省（自治区、直辖市）、市、县为基本覆盖层级的技术网络。例如，广东省广播电视网络股份有限公司就是由广东省委、省政府批准设立的省属大型国有企业，缴费用户规模达1400万户，覆盖全省20个地市、68个县区[①]；而北京歌华有线电视网络股份有限公司（简称"歌华有线"）则是北京市政府批准成立的国有广电技术企业，其服务覆盖北京市的16个区，铺设光缆8万千米[②]。中国没有像康卡斯特这样全国性的商业广电技术企业。此外，在中国，广播电视技术服务企业与互联网企业之间的技术融合及业务兼并也受到严格的控制。内容生产机构与播出技术机构之间的关系，体现出中国和欧美国家广播电视业在管理制度和治理思路上的不同。

五、流媒体网站

伴随着传统广播电视业的数字化和新媒体化进程，一种新的机构类型逐渐发展成熟并在视听传播生态中扮演越来越重要的角色，这就是流媒体网站。[③]

流媒体（streaming media）是一种将不间断的信息流由内容生产者向终端用户进行实时传输的数字媒体技术。通过与宽带互联网的结合，流媒体不断超越接收终端和传输管道的技术限制，目前已经能够实现对高清视听符号的即时传输。因此，对于信息载量庞大的视听内容来说，基于流媒

[①] 参见广东省广播电视网络股份有限公司网站，https://www.gcable.com.cn/qygk/qyjs/index.html，2023年5月1日访问。

[②] 参见歌华有线网站，http://www.bgctv.com.cn/html/zqywgb/，2022年5月1日访问。

[③] 需要指出的是，作为一种具有通行标准的技术，流媒体被应用于多种形式的视听内容的传播。但从广播电视学的角度出发，我们在此仅关注提供具有节目形态内容的流媒体网站，暂不讨论UGC流媒体网站（如YouTube）和短视频网站（如抖音）。

第二章　广播电视机构与体制

体的"实时播出"模式业已逐渐取代曾经风靡多年的、以异时传输为形式的"下载"模式，其普及标志着整个视听传播过程数字化的基本完成。[①] 在 2020—2021 年间，由于新冠肺炎疫情的影响，大众居家时间显著增加，流媒体网站得到巨大发展。至 2020 年年底，全世界流媒体网站付费用户已达 11 亿人[②]，有力地塑造着"后疫情"时代的视听文化生态。因此，尽管我们不能将提供流媒体服务的网站视为一般意义上的广播电视机构，但它的迅速发展和主流化无疑代表着广播电视业发展的趋势。

在全球范围内，流媒体网站依其跟传统广播电视行业之间关系的不同分为三种类型：作为传统广播电视机构附属的流媒体网站、不同广播电视机构合作运营的流媒体网站，以及独立于传统广播电视机构的商业流媒体网站。

第一种类型的代表包括隶属于迪士尼集团的 Disney+（disneyplus.com）、隶属于华纳兄弟探索公司（Warner Bros. Discovery, Inc.）的 HBO Max（hbomax.com），以及隶属于湖南广播电视台的芒果 TV（mgtv.com），等等。这些网站的前身多为传统媒体机构的新媒体业务部门，其播出的内容以电视台自有知识产权节目为主、以采购或订制的外部节目为辅。比如，芒果 TV 在 2020 年推出的《乘风破浪的姐姐》即湖南广播电视台自主研发、制作和播出的真人秀节目，同时在湖南娱乐频道和芒果 TV 首播；而 HBO Max 则是华纳兄弟探索公司完全基于其旗下的老牌付费电视频道 HBO 的节目库建立起来的流媒体网站，其订户与 HBO 传统频道订户较为重合。由于依托拥有强大内容生产能力的传统广播电视机构，这类网站起点高、起步快，往往可以在极短时间内拥有稳固的订户群，如 HBO Max

---

[①] 常江：《流媒体与未来的电影业：美学、产业、文化》，《当代电影》2020 年第 7 期，第 4—10 页。

[②] "Global Streaming Subscriptions Top 1B During COVID," MarketWatch website, https://www.marketwatch.com/story/global-streaming-subscriptions-top-1b-during-covid-2021-03-18，2022 年 5 月 1 日访问。

尽管 2020 年 5 月 27 日才上线，但已在不到一年的时间里积累了 7680 万订户。① 不过，对于母机构的深度依赖也使得这类平台难以形成独立的生产体系与文化生态。

第二种类型以 Hulu（hulu.com）为代表，这个总部位于美国的流媒体网站由迪士尼和康卡斯特联合拥有，并与包括 NBC、ABC、Fox、Bravo、FX、PBS、Syfy、USA Network 在内的 60 余个电视网、电视频道建立了内容合作关系，为其在播及库存节目提供流媒体播出服务。截至 2022 年 4 月，Hulu 总共拥有 4560 万订户。② 由于跟诸多传统电视机构之间存在合作关系，Hulu 向其订户提供两种服务，分别为视频点播服务和直播电视服务，后者是大多数流媒体网站所不具有的优势。与此同时，相对分散的控制权也使得 Hulu 在自制内容方面拥有一定的自主性，比如其于 2017 年开播的网络剧《使女的故事》（*The Handmaid's Tale*）便同时在商业和艺术上取得了成功。

第三种类型以 Netflix（netflix.com）和 Amazon Prime Video（primevideo.com）等为代表，前者为总部位于美国的独立上市公司，后者则为电商巨头亚马逊所有。这类流媒体网站的显著特点是：并非脱胎于传统广播电视行业，其前身多为科技公司。例如，Netflix 就是美国流媒体技术的先驱，早在 2007 年便推出了基于互联网的视频点播服务；而中国代表性商业流媒体网站腾讯视频、爱奇艺也分别为腾讯、百度两家大型互联网集团所有。科技公司掌握的技术优势，尤其是在用户大数据和智能算法等方面的优势，能够为网站内容生产、节目采购和市场预测等活动提供可靠的决策依

---

① "HBO Max And HBO Rise To 76.8M Global Subscribers," Forbes website, https://www.forbes.com/sites/rosaescandon/2022/04/21/hbo-max-and-hbo-rise-to-768m-global-subscribers/?sh=59ad5fdb5391，2022 年 6 月 6 日访问。

② 参见 Statista website, https://www.statista.com/statistics/258014/number-of-hulus-paying-subscribers/，2022 年 6 月 6 日访问。

据。目前，无论是从规模、产值还是从盈利能力上看，Netflix 都是全世界最大的流媒体网站：其在全世界范围内拥有超过 2.2 亿订户，2021 年总营收 297 亿美元，净利润则超过 51 亿美元①，其盈利能力超过老牌跨国传媒集团迪士尼。而且，由于跟传统广播电视行业保持相对疏离的关系，这类流媒体网站通常拥有高度独立的内容和文化生态，在原创节目生产方面极为活跃且成绩卓著。在中国，原创网络剧的生产规模已超过传统电视剧。官方数据显示，2021 年全国制作发行电视剧 194 部，而上线的网络剧则达 232 部。② 对于一些目标观众相对年轻化的节目类型（如综艺节目、真人秀等）来说，流媒体网站甚至是比电视台更主流的播出渠道。一流商业流媒体平台自制的节目在品质与影响力方面不逊色于传统电视节目，比如在 2021 年第 73 届美国"黄金时间艾美奖"（Primetime Emmy Awards）中，最佳喜剧、最佳戏剧、最佳限定剧（limited series）等主要奖项均由 Netflix、Apple TV+等流媒体网站获得。

需要指出的是，与其他几类机构不同，流媒体网站通常拥有包括制作、播出、销售经营、技术支持在内的完整部门体系，自身就是一个相对独立的"小生态"，因此往往被视为有别于传统广电机构的新型"平台"（platform）。用于分析传统广播电视行业的概念和视角也须更新，以适应数字时代的新业态。③

---

① 参见 Netflix website，https://ir.netflix.net/ir-overview/profile/default.aspx，2022 年 5 月 1 日访问。

② 参见国家广播电视总局网站，http://www.nrta.gov.cn/art/2022/4/25/art_113_60195.html，2022 年 5 月 1 日访问。

③ Michael L. Wayne, "Global Streaming Platforms and National Pay-Television Markets: A Case Study of Netflix and Multi-Channel Providers in Israel," *The Communication Review*, 23（1），2020, pp. 29-45.

第二节　电台与电视台的组织结构

在广播电视业的所有机构形态中，电台与电视台是历史最悠久、体系最完善、社会影响力最大的一类，拥有十分完备和成熟的运作方式。而电台与电视台的运作又是建立在其独特的组织结构基础之上的。

一、组织结构类型

组织结构是指组织内部各构成要素以及这些要素之间相互作用的机制或形式，即整个机构的框架体系。电台与电视台是高度机构化的传媒组织，其组织结构的特征往往对其内容播出、渠道管理、社会影响等方方面面产生深刻的影响。具体而言，电台与电视台的组织结构包括部门的构成、层次的划分、管理权责的分配，以及各部门、各层次之间的关系。

不同国家和地区的电台与电视台拥有不尽相同的主流组织结构，甚至同一体制下的电台与电视台在不同的时期和不同的社会条件下也会采用不同的组织结构。具体而言，全球电台与电视台存在三种常见的组织结构类型：部门制结构、频道制结构、混合型结构。

所谓**部门制结构**，是指电台与电视台依播出节目的内容的不同种类而设置的组织内部架构。例如，我们会发现，无论其规模大小，绝大多数电视台都有新闻节目中心（部）、文艺节目中心（部）、社教节目中心（部）、电视剧中心（部）等部门，这就是典型的部门制结构。这种组织结构类型主要是以电视台的内容制播职能为依据的。依据不同节目类型设立中心或部门，可以提升各类节目制作播出的效率和专业性，避免产生同一类节目的制播由于要跟多个职能部门发生业务交叉而效率低下的问题。例如，美国 CBS 的新闻部既负责 CBS 的五档日播新闻栏目及一档周播时政谈话栏目的全部制作工作，同时还负责运营一个 24 小时的网络互动新闻频道（CBS News）。① 全世界规模最大的广播电视新闻部门为 BBC 的新闻部，其在全球范围内拥有 3500 名员工，其中约 2000 名为记者，负责 BBC 的国内、国际与线上新闻产品的采集与制作。②

所谓**频道制结构**，是指电台与电视台依播出渠道的不同种类而设置的组织内部架构。目前，由于传输技术的高度发达，绝大多数电台与电视台均可同时拥有多个频率或频道。不同的频率/频道或只播出某种特定类型的节目内容，如文艺频率、纪录片频道等；或面向特定的目标受众，如交通频率、少儿频道等。不进行受众细分且内容多样的频率/频道，则为综合频率/频道。采用频道制，便于电台与电视台的管理者对不同的播出渠道进行有效管理，从而提升节目的流通性和播出效果。表 2.3 呈现的是 BBC 现有的主要频道设置。作为全世界历史最悠久、结构最完善的广播电视机构之一，BBC 在频道管理上的丰富经验为许多电视台所推崇。

表 2.3　BBC 的频道设置

国内频道	国际频道
BBC 1（综合频道，双信号）	BBC World News（专业新闻频道）
BBC 2（专业频道，双信号）	BBC America（美国）
BBC 3（综合频道，年轻受众，数字）	BBC Canada（加拿大）
BBC 4（专业频道，知识分子，数字）	BBC Kids（加拿大儿童频道）
BBC HD（综合频道，高清，数字）	BBC Entertainment（娱乐频道）
BBC 1 HD（BBC 1 的高清版，数字）	BBC Lifestyle（生活频道）
BBC News（专业新闻频道，数字）	BBC Knowledge（科教频道）
BBC Parliament（国会新闻频道，数字）	UKTV（娱乐频道）
CBBC Channel（6 岁以上儿童频道，数字）	UK. TV（商业综合频道）

---

① 参见 CBS News website, https://www.cbsnews.com/live/，2023 年 5 月 3 日访问。
② Helen Boaden, "This Is BBC News," BBC website, http://news.bbc.co.uk/newswatch/ukfs/hi/newsid_3970000/newsid_3975900/3975913.stm，2023 年 5 月 1 日访问。

（续表）

国内频道	国际频道
CBeebies（6岁以下儿童频道，数字）	BBC Mundo（西班牙语频道）
S4C（威尔士语频道，数字）	Animal Planet（科教频道）
BBC Alba（苏格兰盖尔语频道，数字）	BBC Persian（波斯语频道）

所谓**混合型结构**，又称矩阵结构，在形式上体现为部门制与频道制两种组织结构类型的结合。对于那些规模巨大、实力雄厚、辐射力强的电台与电视台而言，播出内容与播出渠道如鸟之两翼、车之两轮，不可偏废，因而其内部管理也须兼顾内容部门设置与频道管理，使两者交叉、平衡，甚至重叠，最终目的在于从总体上提升节目播出的效率及专业程度。2016年时中国中央电视台的组织结构所采纳的就是一种典型的混合型结构。不难发现，尽管中国电视台数量众多，其内部组织结构亦十分多样化，但总体而言一个完整的中国电视台均包括以下四个职能单元：内容、经营、技术、党政。目前，绝大多数具有一定规模的电视台均在不同程度上采取了将部门制与频道制相结合的混合型结构，小型电视台或只拥有一个频道的电视台多采用部门制结构，而电台则多采用频道制结构。

二、栏目管理内容

广播电视媒体之间的竞争是多种多样的，但一切竞争归根结底都是节目或栏目的竞争。电台和电视台通过自己制作播出的栏目（节目）去吸引受众，并借此赢得稳定的经济收入和社会效益。因此，无论采用何种组织结构形式，电台与电视台的内部管理工作均要以栏目管理为基本落脚点。具体而言，电台与电视台的栏目管理包括如下几方面内容。

（1）栏目规划管理。

栏目规划主要包括设置多少栏目、设置哪些栏目、不同栏目在什么时间以什么频率播出等方面的管理事项。一个频道的各个栏目之间应当是有机联系、有序排列的,因而管理者需要进行科学合理的统筹安排。栏目规划的形式多种多样:有短期规划,即在某一个特定时期对于某一个或某一些栏目的规划,也有中长期规划,即站在栏目成长与平台发展的角度,对栏目的设置和运行进行有深度的长远规划;有针对具体栏目的局部规划,也有针对一部分栏目乃至全体栏目的总体性规划。例如,中央电视台从2001年开始,以其科教频道(CCTV-10)的开播为契机,对全台的社教栏目进行大规模的统筹规划,不但开播了《探索·发现》《百家讲坛》《讲述》《人物》《大家》等新栏目,也对《走近科学》《为您服务》《今日说法》《道德观察》等老牌社教栏目进行了相应的改版,以符合电视台对科教栏目的总体规划目标。

(2)栏目定位管理。

所谓**栏目定位**,即对栏目的特征和属性进行明确的设计,使之满足特定的宗旨和需求、拥有可被受众识别和记忆的明确的身份标识。具体而言,栏目定位包括但不限于功能定位、风格定位、形态定位、包装定位、目标受众定位、广告客户定位,等等。通过定位,一档栏目得以拥有一个严格而完整的运行框架,在日常运作中按照这些预先设计好的定位有的放矢地进行内容的生产与播出,避免目标混乱和盲目运营。例如,中央电视台著名栏目《百家讲坛》在创办之初曾因定位过于"曲高和寡"而长期收视惨淡,从2004年开始,中央电视台对其定位进行了调整:内容定位由广涉多个领域改为专攻文史领域;风格定位由邀请学养深厚却不善表达的主讲人改为邀请富于电视表现力的主讲人[1];受众定位从原来的知识阶层转变为"初中及以上文化水平的观众",因为初中受教育程度的人占全国人

---

[1] 郭丽娟、徐彦捷:《是做"秀",还是传承——谈名牌电视栏目〈百家讲坛〉》,《电影评介》2008年第8期,第79页。

口比重最大①。这一定位调整策略令《百家讲坛》的收视情况大为改观,成为中央电视台科教频道最受欢迎的栏目。

(3) 栏目日常运营管理。

一个栏目一旦拥有了明确的规划和定位,即可进入**日常运营**阶段。在这一环节中,栏目生产与播出活动的管理者需要建立起一整套行之有效的管理规范,以使栏目的日常运营活动符合机构为其设置的规划和定位。具体而言,栏目的日常运营管理包括每一期节目的策划、栏目所涉全部选题的遴选与审查、报道或制作节目所需的各项设备调度、栏目的内容及其舆论导向的把握,以及栏目播出的质量监督与调整,等等。可以说,栏目的日常运营管理规范是参与栏目日常生产活动的每一位广播电视从业者均须熟悉和遵从的,是电台与电视台制播活动的最基本的常规。例如,曾任中央电视台《焦点访谈》栏目总制片人的梁建增表示,尽管该栏目以"舆论监督"为特色,但在选题的遴选上却并非一味追求尖锐,"领导重视、群众关心、普遍存在"是判断一个素材是否可以作为栏目选题的重要政治标准,决定着一个选题的"做与不做"②;而具体的报道手段则是"软焦点硬道理,硬焦点软着陆",强调对于监督与批评分寸的把握,追求"含蓄而平稳"③。通过这种方式,《焦点访谈》得以在开播后 20 年里始终保持较为平稳的运营,并一直拥有较大的社会影响力。

(4) 栏目的资源配置管理。

电台与电视台既是文化机构,也是商业机构。无论资金来源为何、盈利方式怎样,电台与电视台均需要对各栏目的**资源配置**(包括成本消耗与

---

① 万卫:《谈〈百家讲坛〉的定位》,《电视研究》2006 年第 9 期,第 72 页。
② 梁建增:《度:〈焦点访谈〉成功的临界点》,《电视研究》2000 年第 1 期,第 50—51 页。
③ 余京津:《电视"传道者"——访"时空报道"、"焦点访谈"节目制作人梁建增》,《新闻爱好者》1996 年第 10 期,第 4—6 页。

经济效益）进行统筹管理，以尽可能用较少的投入获得最大的收益。因此，在栏目的日常运作中，对于人员数量和待遇、设备损耗、资金筹集与开销、财务核算、资源配置、收入分配方式、成本控制方式、收益管理方式等领域的管理，也是一项十分重要的工作。例如，1993年5月1日开播的中国第一个早间新闻杂志栏目《东方时空》，即采取了当时前所未有的"栏目承包制"，制片人在人事和财务上获得了相当大的权限，台里则不直接向栏目拨款，而令栏目通过安排广告时间的方式自收自支，电视台只履行必要的审核播出工作。与此同时，由于制片人获准面向社会招聘人员，栏目得以避开体制内僵化的人事制度的束缚，在短时间内集合了大量年轻、专业又对电视新闻饱含热情的从业者，这使得栏目内部呈现出前所未有的朝气，其所在的中央电视台新闻评论部甚至被学者称为"中央电视台新闻中心内部的经济特区"①。《东方时空》所取得的巨大成功令全国范围内的电视台均开始重视对栏目的资源配置与成本效益管理工作，一时间，"承包制"成为一种风靡全国的栏目管理手段。

（5）栏目收视/听管理。

尽管评价一个栏目传播效果的标准是多种多样的，但毫无疑问收听收视率是其中最重要也最基础的一种。事实上，绝大多数电台与电视台都会建立起栏目的**评价和淘汰机制**，对无法获得预期传播效果和社会效应的栏目做出关、停、转的处理。在商业电视极为发达的美国，停播收视率欠佳的栏目是长久以来的惯例，如在海外极受欢迎的美国电视剧《越狱》（*Prison Break*）就因在美国本土收视率长期位列50名开外而在播出四季之后被福克斯电视网停播。② 因此，电台与电视台或通过自己的收听收视调

---

① Yuezhi Zhao, *Media, Market and Democracy in China*, University of Illinois Press, 2009, p. 43.
② Michael Ausiello, "Breaking: Fox Cancels *Prison Break*," *Entertainment Weekly*, January 13, 2009.

查部门，或与专业的收视调查公司（如尼尔森、央视-索福瑞等）合作的方式，对其播出的栏目的收视情况进行科学的评估，并以之作为评价栏目的参考依据。

第三节　广播电视业的体制

体制，是指国家针对特定领域的社会机构所设计的总体性制度，以及依照上述制度运行的权力安排方式。当我们使用"体制"一词时，一般而言旨在强调制度对于个体或机构的自上而下的管理和控制。不同的社会领域往往有不同的主导性体制。不同国家的广播电视业有着不同的体制，有些国家甚至多种广播电视体制并存，广播电视业的体制往往由一国的政治、经济和文化体制决定。

总体来看，在文化传媒领域，国家对于广播电视业的管理和控制总是要严于书籍、报刊、互联网的，其法理依据就是前文提到过的**"频谱稀缺论"**，即广播电视业的运作需要使用公共通信资源，而这种资源在理论上是有限的，广播电视的管理者和从业者并非其所使用的通信资源的所有者，而是获得了国家和人民授权的受托人。那些损害了国家、公共与人民利益（包括违反了法律和主流道德标准）的广播电视机构，其运营权须被终止和收回。不过，从20世纪80年代开始，席卷西方世界的放松规制浪潮使得广播电视业所受控制大大削弱，一度严格的广播电视的体制开始呈现出更为复杂的重合与交叠趋势。

尽管人们对于世界上存在的广播电视体制有多种多样的划分方法，但总体而言，我们可将全球范围内现有的广播电视的体制区分为三种主要类型：国营体制、公营体制、商营体制。这三种体制并非泾渭分明，而是不断在相互影响和借鉴中自我调整，以适应新的时代精神与社会发展需要。

一、国营广播电视体制

所谓**国营广播电视体制**（state broadcasting system），是指广播电台和电视台为国家所有并由国家委派的代理人运作的体制。在这种体制下，电台与电视台只能由国家或获得国家授权的政府部门开办，而公共机构、私人和外国资本通常不准拥有电台和电视台；已经开办的电台与电视台被纳入国家行政体系，作为政府的组成部分或附属机构存在；一般而言，国家以财政力量确保电台与电视台维持生存，而电台与电视台则须完成国家交予的任务，如对政策律令的宣传等。

国营广播电视体制可以是某些国家的全国性体制，如中国、苏联、古巴等社会主义国家就实行全国性的国营广播电视体制。中国的《广播电视管理条例》（2020年修订）第10条明确规定，"广播电台、电视台由县、不设区的市以上人民政府广播电视行政部门设立，其中教育电视台可以由设区的市、自治州以上人民政府教育行政部门设立。其他任何单位和个人不得设立广播电台、电视台"，同时"国家禁止设立外商投资的广播电台、电视台"。国营广播电视体制也可以是某些国家的特定广播电视机构所实行的体制，如美国尽管是一个以商营广播电视体制为主的国家，却也存在如"美国之音"（VOA）这样的国营电台。国营广播电视体制通常高度强调广播电视服务于执政党和国家的基本角色定位：广播电视媒体不但应当扮演执政党的耳目喉舌的角色，而且其制播和经营活动也应符合国家利益的需要。在一些国家，专为对外传播而设立的电台与电视台多为国营体制，其不但由国家负责经费，而且往往不以营利为目的。如由俄罗斯联邦政府财政资助建立的电视台"今日俄罗斯"（RT）即自称非营利组织，其运作的宗旨在于呈现关于俄罗斯的日常生活的更为完整的图景，从而打破英美广播电视机构的垄断地位，为俄罗斯的国家利益服务。[1]

---

[1] Andrew Osborn, "Russia's 'CNN' Wants to Tell It Like It Is," *The Age*, August 16, 2005.

需要指出的是，国营广播电视体制并非社会主义国家的"专利"，亚洲、非洲、拉丁美洲等地区的一些发展中国家也存在较为完善的国营广播电视体系。例如，拉美国家哥伦比亚在1998年之前，就实行纯粹的国营电视体制，全国所有的电视台均归属于国家；而目前，该国则同时存在国营和商营两个广播电视系统，除三个国营电视网之外，还有两个由私人所有的商营电视网。在很多经济不发达且区域发展不平衡的国家，通过空中电波传输信号的广播电视被视为一种"为国家难以触及的偏远地区提供教育、审美和文化服务"的重要手段，因而国营体制被视为一种有利于社会发展的模式。[1]

在中国，起初所有电台与电视台的运作经费完全来自政府财政拨款，但20世纪70年代末80年代初，这一状况发生了改变，国营电台和电视台开始获准经营广告业务。数据显示，从1993年开始，中国电视业的广告收入已在数量上超过了财政拨款[2]；到了2000年前后，政府拨款在数量上已无法与产业性收入相比[3]。由是，中国的国营广播电视体制不再依靠财政拨款来维持，电台与电视台逐渐从非营利性的事业单位向"事业单位、企业化管理"的新模式转型。总体而言，中国的国营广播电视体制呈现出如下特征：一元体制，二元运作，国家最终控制，带有垄断性、准公共性和市场性。但无论中国的电台与电视台的经营和管理如何变革，其国有属性和宣传职能均不会发生改变，中国的国营广播电视体制实际上吸收了商营体制的很多特征。

在行政体系上，中国的电台与电视台共有中央、省（自治区、直辖

---

[1] Alan Albarran, *The Handbook of Spanish Language Media*, Routledge, 2009, pp. 66-68.

[2] 罗艳：《中国电视产业发展现状综述》，载郭镇之等编著：《第一媒介：全球化背景下的中国电视》，清华大学出版社2009年版，第161页。

[3] 常江：《〈新闻联播〉简史：中国电视新闻与政治的交互影响（1978—2013）》，《国际新闻界》2014年第5期，第121页。

市)、市(地、州、盟)和县(旗)四级,即以"**四级办广播、四级办电视、四级混合覆盖**"为方针,每一级电台与电视台只能由该行政层级上的政府部门开办,并须获得国家的批准。此外,每一座电台和电视台均在体制内拥有相应的行政级别,如所谓的"中央三台",即原中央人民广播电台、中国国际广播电台和中央电视台,均为副部级单位,三台于 2018 年 3 月合并组建的中央广播电视总台则为正部级国务院直属事业单位,其主要负责人由国家直接任命,代表国家行使对广播电视业的管理与经营权。

二、公营广播电视体制

所谓**公营广播电视体制**(public broadcasting system),亦称"公共广播电视体制",是指电台、电视台或其他广播电视机构由国家委托或特许特定公共机构运营的体制。在公营体制下,尽管国家是电台与电视台理论上的真正所有者,但通常不可对电台和电视台的日常播出和编辑方针进行干涉。为确保电台与电视台制播的节目符合公共利益而非屈从于政府或商业力量,公营体制下的电台与电视台一般而言既不直接从国家获得大量拨款,也不播放商业广告,其最主要的经费来源为受众直接缴纳的**视听费**(license fee)或广播税(broadcast tax),亦即,在实行公营广播电视体制的国家,享用了广播电视服务的居民须按月/年缴纳一定金额的费用以支持公营电台与电视台的运作,而这些电台和电视台则承诺制作播出无涉政党利益、不含商业广告或严格控制商业广告数量的优质节目。英国著名公共广播电视机构 BBC 在 2020—2021 财年的总收入达 50.64 亿英镑,其中有 37.5 亿英镑为英国民众缴纳的视听费,约占总收入的 74%。[1]

由于传统和制度的差异,不同国家征收视听费的方式和标准不尽相同。例如,英国仅对接收了广播电视信号的家庭征收视听费,那些只用电

---

[1] "BBC Group Annual Report and Accounts 2020/21," UK government website, https://www.gov.uk/government/publications/bbc-annual-report-and-accounts-for-202021, 2022 年 3 月 18 日访问。

视机看 DVD、玩电动游戏或收看网络节目的家庭无须缴费；德国实行"一揽子"征收方案，所有家庭、机构或企业，无论是否接收广播电视信号，均要缴纳每年 215.76 欧元的收视费；而日本则对拥有能够收到公共广播电视机构 NHK 节目信号的电视机的家庭收费，无论其是否收看 NHK 的节目。

一般而言，公营广播电视体制的运作需要遵守如下几个普遍性的原则：（1）本国任何地理区域的国民均能收到广播电视信号；（2）公营广播电视机构播出的节目须适于各类人群收听收看；（3）公营广播电视机构播出的节目须确保少数族裔的利益得以体现；（4）公营广播电视机构的运营致力于维护国族身份与社区情感；（5）公营广播电视机构要与特权阶层的利益保持距离；（6）公营广播电视机构直接从受众处获得运作所需资金；（7）公营广播电视机构致力于提供优质的节目而非追求收视率；（8）公营广播电视机构奉行开放性而非约束性的制播方针。[①]

由此可见，公营广播电视体制暗含一种平等主义的逻辑，即广播电视应当避免权力和资本的裹挟，在最大程度上维护公共利益；而视听费的征收制度则在经济上确保了公营电台与电视台的这种独立性。

西欧是公营广播电视体制最为盛行的地区。在 20 世纪 80 年代以前，西欧各主要国家奉行纯粹的公营广播电视体制，即国内所有的电台和电视台均为公营台，不允许建立商营台。但在全球性的新自由主义浪潮中，西欧各国政府也渐次放松了对商营广播电视机构的管制。目前，纯粹的公营广播电视体制已几乎绝迹，绝大多数公营广播电视传统深厚的国家都形成了"公营—商营"双轨体制，亦即，在一个国家里，既有公营电台与电视台，也有商营电台与电视台，前者延续公营广播电视体制的运行逻辑，以征收视听费为主要收入来源，而后者则主要依靠广告盈利。在商营广播电

---

① Marc Raboy, *Public Broadcasting for the 21st Century*, Indiana University Press, 1995, pp. 6–10.

第二章 广播电视机构与体制

体制占绝对主导地位的美国也存在公共广播电视系统，如全国公共广播电台（National Public Radio，NPR）和公共电视台（Public Broadcasting Service，PBS）。

一般而言，公营广播电视机构的发展和规划由政府委派的信托委员会（Trust）制定，而机构的日常运营工作则由信托委员会任命的执行机构（如董事会）直接负责；无论是政府还是信托委员会，一般而言均不可直接干预公营电台与电视台的编辑方针。例如，BBC 的信托委员会共包括 12 名委员，由首相提名、女王委任产生，但这 12 位委员不得参与 BBC 的管理工作，而是由一个执行董事会（executive board）具体负责。美国的公共电视节目发行机构 PBS 的日常管理工作甚至与美国政府不发生任何关系，其 27 位理事会（board of directors）成员（含总裁）完全由 PBS 遍布全美各地的会员电视台及理事会内部成员选举产生，每位理事会成员任期三年，且没有工资，完全是一种公共服务。[1]

不过，公营广播电视体制从诞生之日起便面对来自多方面的挑战，尤其是饱受商营广播电视机构的冲击和侵袭。在全球范围的放松规制浪潮的作用下，政府不再是公营体制的强有力的捍卫者，而公营广播电视机构若因自身问题而出现公信力受损的状况，其最主要的收入来源——视听费的征收就可能受到影响。例如，在日本，2013 年年中的一系列法院判决加大了对于逃缴视听费的国民的惩罚力度，此举引发了日本国民的普遍不满。有人表示抗议，称拒缴视听费是因为 NHK 的内容并不像其宣称的那样"中立"。[2] 时任英国保守党党魁的格兰特·沙普斯（Grant Shapps）也在 2013

---

[1] 参见 PBS website，http://www.pbs.org/about/about-pbs/board-directors/，2022 年 5 月 1 日访问。

[2] Andrew Miller, "Court Ruling Orders Anyone with a TV-equipped Device to Pay NHK's Public Broadcasting License Fee," *Japan Today*, July 1, 2013, http://www.japantoday.com/category/national/view/court-ruling-orders-anyone-with-a-tv-equipped-device-to-pay-nhks-public-broadcasting-license-fee，2022 年 3 月 18 日访问。

年 10 月猛烈批评 BBC 正在奉行一种"暗箱操作、铺张浪费与倾向性报道"的文化，并声称这一状况若不能得以改善，BBC 有可能失去征收视听费的权力；在此之前，BBC 已因一系列丑闻而公信力大损。不过，在很多人看来，尽管"公营广播电视的光荣岁月已经一去不复返了"，但其"为全体国民提供寓教于乐内容的服务意识，及其看重公共利益而非收视率的评价体系"，仍然代表着一种理想的广播电视体制。[①]

三、商营广播电视体制

所谓**商营广播电视体制**（commercial broadcasting system），是指电台与电视台为财团或个人所有和经营，并以盈利为首要目的的广播电视体制。在这种体制下，尽管开办无线电台和电视台仍须获得国家的许可，但获得许可之后的一切经营活动便完全按照现代商业企业的方式运行，无论是国家还是公众均不可对合法的经营活动进行干涉。在商营体制下，电台和电视台依靠商业广告、节目销售、收取订阅费等经营行为获得收入，而国家则通过现有的宪法、法律和行政规章对其进行约束和管理。美国是世界上最主要的实行商营广播电视体制的国家，其境内的绝大多数广播电视机构均有极高的商业化程度，尤其电视业，是当之无愧的全球第一电视产业。以广告收入的数据为例。2009 年第一季度，全美主要电视网平均每 30 秒黄金时段的广告价位达 9.48 万美元；2010 年第三季度，广告收入最高的节目为 NBC 的《周日橄榄球之夜》（*Sunday Night Football*），其 30 秒广告价位高达 41.5 万美元。[②]

有学者指出，美国的商营广播电视体制并非一种"自然而然的发展"，

[①] Robert W. McChesney, "Public Broadcasting: Past, Present, and Future," in Michael P. McCauley, et al., eds., *Public Broadcasting and the Public Interest*, M. E. Sharp, 2003, p. 11.

[②] Terence A. Shimp, and J. Craig Andrews, *Advertising, Promotion, and Other Aspects of Integrated Marketing Communications*, South-Western, 2013, p. 333.

而是"关于广播电视的形态与内容的尖锐斗争的结果"①，这指的是，美国社会对于商营体制的强调始终与该国对传媒的自由与责任之间关系的争论密切相关。长久以来，在美国的文化传统中，捍卫传媒业的私有与商营是确保政府无法直接干预言论自由与新闻自由的必由之路，"与其让媒体机构放弃其逐利的欲望，不如鼓励其更积极主动地为公共利益服务"②。因此，商营广播电视体制是建立在两个观念基础之上的：第一，国家和政府不得以任何方式干涉、破坏言论自由，而私人拥有电台与电视台可以有效避免上述情况的发生；第二，广播电视机构应当建立完善的自律与他律机制，以使自身的运作能够对其所有者的自私本性予以遏制，从而更好地履行服务于公共利益的社会责任。③ 美国的全国性广播电视规制机构联邦通信委员会（FCC）负责广播电视运营商的执照审核、管理与发放工作，根据美国现行的法律和制度对全国范围内的电台和电视台做出评价，以检验其经营行为是否符合公共利益，而对于那些破坏了公共利益的电台和电视台，FCC会做出吊销执照的处罚。如1966年，美国密西西比州一家名为WLBT的电台即被FCC吊销了执照，原因在于该电台播出了一些带有种族主义色彩的节目。④ 美国《1996年电信法案》更明文规定，若广播电视执照的申请者被证明是一个"在道德上卑劣的人"，那么FCC完全可以拒绝给其颁发执照。⑤ 因此，尽管商营体制赋予了电台与电视台较大的自由空间，但其仍须时刻留意，确保播出的节目不触犯现有的制度与主流价值。

商营体制在为美国培育出全世界最为繁荣的广播电视产业的同时，也

---

① Anthony R. Fellow, *American Media History*, Wadsworth, 2013, p. 448.
② Victor Pickard, *America's Battle for Media Democracy: The Triumph of Corporate Libertarianism and the Future of Media Reform*, Cambridge University Press, 2014, p. 167.
③ Clement E. Asante, *Press Freedom and Development*, Greenwood Publishing Group, 1997, p. 25.
④ John R. Arnold, *The Telecommunications Act of 1996: Effects on Local Radio and Television Programming and the Public Interest*, UMI, 2007, p. 14.
⑤ Leah Edwards, *Entertainment Law*, Cengage Learning, 2003, p. 124.

带来了一些极为严肃的问题，其中最为人们所警惕的就是广播电视行业的兼并和垄断。美国虽有全世界最大的广播电视市场，但无论是制片行业还是播出行业均呈现出高度集中的状况，四个全国性的广播电视网几乎垄断了所有的优质播出资源，新的广播电视机构加入竞争的可能性微乎其微；而这屈指可数的广播电视网又无一例外地分别隶属于不同的跨国传媒集团，通过自由竞争来确保传播自由的理想在很多人看来已经破灭。大的传媒集团为维护自身的垄断地位并持续获得高额利润，不断以种种公开或隐晦的方式与政府达成"共谋"关系，从而造成了"富媒体、穷民主"的分裂景象。[①] 此外，逐利的本质也导致了广播电视节目的泛娱乐化乃至低俗现象。一项 2002 年的调查显示，美国黄金时段播出的全部电视剧中有 82%包含暴力内容[②]；另一项 2005 年的统计则表明，美国黄金时段播出的电视剧中有 75%包含与性有关的内容，且与性有关的场景数量比 1998 年增长了将近一倍[③]。因此，美国商营广播电视节目所产生的消极社会影响始终受到社会各界的关注。

在社会各界的压力下，1967 年，美国总统林登·B. 约翰逊签署了**《公共广播法案》**（Public Broadcasting Act），美国成立了全国性的非营利广播公司——公共广播公司（Corporation for Public Broadcasting，CPB），并于 1969 年创办了公共电视节目发行机构 PBS 和公共广播电台 NPR。此举旨在仿效西欧公共广播电视体制，在美国建立起同时独立于商业利益和政府干预的公共广播电视系统。但实际上，无论是 PBS 还是 NPR，均与一般意义上的公共广播电视机构有很大的不同——两者制作或播出的绝大多数节目都是教育类节目，其与传统的商业广播电视网之间并非真正意义上的竞

---

① 参见 Robert W. McChesney, *Rich Media, Poor Democracy: Communication Politics in Dubious Times*, New Press, 2015.

② Bill Yousman, *Prime Time Prisons on U.S. TV*, Peter Lang, 2009, p. 34.

③ R. Murray Thomas, *Sex and the American Teenager: Seeing through the Myths and Confronting the Issues*, R & L Education, 2009, p. 43.

争关系。一如曾任 CBS 总裁的弗兰克·斯坦顿（Frank Stanton）所言："公共广播电视只是做了我们在当下根本不愿意去做的事情而已。"[1]

广播电视业的机构与体制界定了广播电视媒介在具体的社会结构中与其所处的制度环境之间的关系。广播电视业形态、模式与风格的形成主要受到三方面因素的影响：广播电视机构提升运作效率与专业性的内在需求、国家对于广播电视媒介的属性与角色的设定，以及受众对于广播电视媒介所具备的功能的期待与塑造。在全球化格局日趋明朗的当下，一度泾渭分明的各类广播电视体制之间也在不断发生着融合，实际上形成了一种趋同性的趋势。例如，国营体制下的电台与电视台逐渐吸纳商营体制的一些元素以提升效益与竞争力，商营体制下的电台与电视台则越来越多地强调"公共性"以遏制市场和资本的力量可能带来的消极影响，一些经济欠发达国家和地区更是将国营体制视为使广播电视服务于国家发展的一种有效手段。冷战时期形成的泛政治化的媒介制度分野，如今正让位于一种更加务实的思维方式。而在这个过程中，中国的广播电视业自改革开放以来在机构与体制上的种种变迁，尤其值得我们进行深入的思考与辨析。

> 思考题

1. 广播电视业存在哪几种主要的机构形态？
2. 什么是广播电视网？
3. 电台与电视台是如何对栏目进行日常管理的？
4. 国营、公营和商营三种广播电视体制各有什么特点？
5. 如何看待中国广播电视业的体制改革？

---

[1] Indrajit Banerjee, and Kalinga Seneviratne, *Public Service Broadcasting in the Age of Globalization*, AMIC, 2006, p. 34.

第三章　广播电视产业与经营

> **要　点**
>
> 1. 广播电视产业的基本特征和基本结构。
> 2. 广播电视产业链的构成。
> 3. 西方广播电视业的寡头垄断格局及其影响。

在现代社会，广播电视具有多重属性，不但是宣传与文化机构，还是一个可以通过经营活动来获取经济利润的产业。广播电视产业具有高投入、高收益、高风险的特征，因而极易吸引资本实力雄厚的巨型跨国公司参与竞争，是盈利规模最为可观的行业之一。[①] 数据显示，2021年全球广播电视产业总产值达到3745.5亿美元。2022年全球广播电视产业总产值达到4074.1亿美元。[②]

目前，尽管世界上存在不同的广播电视体制，但即使是国营和公营体制下的广播电视机构，也在不同程度上从事着丰富的经营活动。在商营传

[①] Mike Budd, Steve Craig, and Clay Steinman, *Consuming Environments: Television and Commercial Culture*, Rutgers University Press, 1999, p. 43.

[②] 参见 The Business Research Company, "TV and Radio Broadcasting Global Market Report 2023," https://www.thebusinessresearchcompany.com/report/tv-and-radio-broadcasting-global-market-report, 2023年8月5日访问。

统极为深厚的美国，广播电视的产业属性是与生俱来的，其盈利的能力在很大程度上决定着一家广播电视机构的生死存亡，因而在过往不到一个世纪的历史中，美国不但建立起了极为完善且充分的国内广播电视产业体系，还借助国力的强盛和英语的优势将自己的节目和其他衍生产品销往世界各地。而在1979年以前的中国，广播电视并无产业属性，是十分纯粹的事业单位，其经济来源为全额国家拨款，没有任何盈利的压力；但从1979年新闻媒体获准经营广告业务开始，中国广播电视业的产业成色日渐显著，"事业单位、企业化管理"成为中国广播电视业发展的基本思路。至2021年，全国广播电视业总收入已达近1.15万亿元，同比增长24.68%[1]，是全世界增长速度最快的广播电视产业体系之一。

因此，掌握全球广播电视的产业属性及其经营方式，实乃我们理解广播电视媒介与社会之间关系的一条必由之路。本章对广播电视产业的基本知识和分析框架做出了清晰而扼要的介绍。

第一节　广播电视产业概况

所谓产业（industry），是指在一个经济体中，运用资金与劳动力从事商品与服务生产活动的各种行业。在现代经济体系内，人们对产业进行了不同门类的划分。其中，第一产业是指直接从自然环境中开采资源的行业，如农业、矿业、渔业等；第二产业是指对初级产品进行加工的行业，主要包括工业和制造业；第三产业又称服务业，即专事提供服务的行业，如零售业、医疗业等；第四产业则是指进行科学研究或技术开发的行业，一般包括大学、科研机构等。其中，传媒业一般被视为第三产业，即服务

---

[1] 《广电总局：2021年全国广播电视行业统计公报》，2022年4月25日，网易网，https://www.163.com/dy/article/H5R49SMA0519CS5P.html，2022年5月6日访问。

业的一部分,而"广播电视产业是全球文化产业繁荣发展的一部分,以高度的竞争态势、产品与服务的多样化以及消费者对产品的易获取程度为主要特征"[1]。在中国,2009年国务院发布的《文化产业振兴规划》明确将包括广播电视在内的文化传媒业列入第三产业,提出"要紧紧抓住转企改制、重塑市场主体这个中心环节,抓好广播电视节目制播分离改革,大力推动行政管理体制改革和政府职能转变,建立统一高效的文化市场综合执法机构",从而进一步强化了中国广播电视业从"事业"向"产业"转型的合法性。

尽管对于将广播电视业作为一个产业,目前已无争议,但广播电视产业与其他产业,包括同为服务业的其他种类的文化传媒产业,有相当程度的不同,因此我们将首先对广播电视业的基本产业特征进行介绍,并在此基础上对广播电视产业的各个组成部分及其相互关系进行详细的呈现。

一、广播电视产业的基本特征

作为产业的广播电视业,既具备所有产业的一般性特征,也具备一些由其自身的技术与文化属性带来的独特性。广播电视产业中的生产者的商品和服务生产、销售模式与消费者对商品和服务的购买模式,均与传统产业(如制造业、零售业)和其他文化传媒产业(如电影业、出版业)不尽相同,因此我们首先须对广播电视产业的基本特征加以考察。

(一)市场失灵

所谓**市场失灵**(market failure),是指传统广播电视缺乏向用户收费或直接从用户身上获取利润的有效机制。这也就是说,在传统广播电视产业内,消费者消费了商品,却没有为其消费行为直接付费的明确渠道。广播电视的传播模式以家庭、私人接受为主,其主要产品即节目在一般情况下

---

[1] Joseph Lampel, Jamal Shamsie, and Theresa K. Lant, *The Business of Culture: Strategic Perspectives on Entertainment and Media*, Psychology Press, 2006, p. 120.

无法依数量和品质被直接定价并令受众付费购买（付费点播电视除外）。尽管公营广播电视或商营有线电视也可以通过直接向受众收取视听费或订阅费的方式获得利润，但这种收费机制与某一节目自身的市场价值没有直接关系，且时常带有强制性的色彩。即使日益主流化的流媒体播放平台，也是以订阅（subscription）为主要收费机制的，订户以按月（或季度、年）付费的方式购买平台上所有节目的观看权，而非为每一个节目单独付费。因此，广播电视业在很多情况下，无法像制造业、零售业、金融业等传统行业一样，通过对产品进行售卖来获得直接的利润，而需要使用更复杂的方法来产生利润。

（二）双重商品

毋庸置疑，广播电视业生产的最主要的商品是节目。但由于缺少直接从用户（受众）处收费的有效机制，广播电视业不得不建立一种**双重商品**（double products）机制，即除了节目之外，还有一种商品，那就是受众的注意力（attention），而后者是可以给广播电视业带来直接利润的商品。一般而言，广播电视可通过制作一定数量、一定质量的节目，来吸引尽可能多的受众的注意力——时常以收听收视率的形式来体现，在一些仍然通过广告收入盈利的流媒体网站则体现为播放量或点击量；尔后，再将这些被吸引的受众的注意力作为一个新的商品，向最终的购买者——广告商进行销售，以换取来自广告商的利润。因此，对于大多数电台与电视台而言，广告收入始终是最主要的收入来源之一；而收听收视率尽管无法用于完全准确地评价一档节目或一个栏目的全部价值，却是衡量广播电视业的第二个商品——受众的注意力的最适宜的指标。这是广播电视业内长期流行的"收听收视率崇拜"现象的根源所在。受"双重商品"规律影响，传统广播电视机构普遍更加重视那些具有高购买力的受众群体（比如高收入群体、城市青年群体等），因为他们的注意力拥有更高的广告售卖价值。也正是出于这个原因,"受众老龄化"被视为传统广播电视行业的一个重要的生存危机。

(三)边际成本为 0

所谓**边际成本**(marginal cost),是指每一单位新增生产的产品或购买的产品带来的总成本的增量。例如,可口可乐公司生产一瓶可乐的成本可能并不低,但该公司在生产了 1000 瓶可乐后,再生产第 1001 瓶的时候,成本可能就变得很低了,因为此前形成的巨大的生产规模,使得生产所需的各种原材料采购价格均已大大降低;同理,开设一家超市的成本可能并不低,但一旦发展起了拥有多家分店的连锁超市,经营成本就会大大降低,因为所有分店可以共享采购与物流配送系统以节约成本。因此,一般而言,在产业经济中,生产规模越大,边际成本越低。而广播电视业的情况极为特殊,在传输技术网络搭建完善的情况下,其生产边际成本为 0,也就是说,对于电台和电视台而言,当它多向额外一个受众传输其所播出的节目时,是不会产生任何新的成本的。某个电视节目拥有 1 万名观众和拥有 100 万名观众,对于该电视台来说所需投入的资金都是固定的,"制作一档电视节目所需花费的成本与该节目最终吸引的观众数量毫无关系……无论最终有多少观众看了这档节目,已消耗的成本都是固定不变的"[①]。于是,广播电视节目便天然地以吸引尽可能多的受众为使命,因为获得更多受众并不需要更多成本投入,却能够提升利润。在边际成本为 0 的产业属性的情况下,广播电视产业呈现出典型的规模经济(economies of scale)的特点,亦即,随着节目吸引受众的规模的增大,向每个受众提供节目服务的成本会急剧下降,而通过售卖这些受众的注意力获取的广告利润也就会相应地急剧上升。流媒体网站的经营模式也遵循边际成本为 0 的

---

① Bruce M. Owen, and Steven S. Vildman, *Video Economics*, Harvard University Press, 1992, p. 24.

产业规律。流媒体网站的盈利能力取决于其能在多大程度上建立特定规模与品质的节目库以吸引付费订户。

（四）范围经济

所谓**范围经济**（economies of scope），是指同时生产多种产品的成本和风险均低于只生产一种产品的成本和风险。同样以可口可乐公司为例，尽管由于人们对于碳酸饮料有一种一般性的消费需求，因而其生产是一种规模经济，即产量越大、平均成本越低，但考虑到不同的人可能会对饮料的口味和功能有不同的需求，故该公司不可能始终只生产一种产品，于是我们在市面上看到了各种低糖或无糖的可乐，以及其他碳酸饮料。通过这种方式，可口可乐降低了单一产品可能带来的风险。由于广播电视节目的消费者（受众）拥有极为多元且驳杂的心理与文化需求，其对广播电视节目的消费也非如衣、食、住、行领域的刚性消费，故广播电视产业是一种十分典型的范围经济。为降低风险成本，电台和电视台往往需要播出多种内容、风格、取向和趣味的节目，以同时吸引不同类型的观众群。对于流媒体网站来说，确保自身节目库足够多元更是至关重要——由于流媒体网站通常不以售卖广告为主要收入来源，因此每一个观众，无论其购买力如何，都是平等的付费用户。甚至有研究表明，传统媒体产业逻辑中的"购买力不强"的一些群体，在流媒体生态下往往有着很强的为内容付费的意愿。[1] 世界上不存在只播放一个节目或一档栏目的电视台，即使那些专业性的频率和频道，也往往要追求节目类型的多元性，以吸引更多观众。

上述四个基本特征决定了广播电视产业运作过程的基本逻辑：以一定数量和品质的节目吸引尽可能多的受众的注意力，将所获得的注意力作为商品进行二次售卖，同时尽可能追求节目播出与编排的多元性和多样化，

---

[1] Sijie Lu, et al., "Do Larger Audiences Generate Greater Revenues Under Pay What You Want? Evidence from a Live Streaming Platform," *Marketing Science*, 40（5），2021, pp. 964-984.

以降低成本和风险。这些基本的产业特征又势必会对广播电视业的内容生产、编辑方针和播出管理等机制产生巨大的影响。

二、广播电视产业的基本结构

产业拥有复杂而精细的肌理，其内部各个部分相得益彰、协调一致，共同为最终的目标——获得利润服务。一切产业都是由一些基本要素构成的，每一个要素都扮演着相应的角色、发挥着特定的功能。成熟的广播电视产业共包括四个主要的构成部分，每个部分都在整个产业结构中具有不可替代的地位。

（一）引导性产业：节目产业

所谓**引导性产业**，是指在整个产业中居于主体地位并对其他部分起支配作用的产业。引导性产业的存在与发展对产业的其他组成部分的存在与发展具有决定性作用，并在很大程度上标志着整个产业的基本特征与演进方向。广播电视产业中的引导性产业就是广播电视节目产业。尽管广播电视主要通过对受众注意力的售卖来获得广告利润，但一定数量和品质的节目却是吸引受众注意力的必要前提，因而广播电视业的一切经营活动都要以节目的生产和播出为先决条件。广播电视业的竞争表面上是受众注意力（收听收视率）的竞争，本质上则是节目和栏目的竞争。

例如，对于无论哪个国家的电视业来说，娱乐节目和电视剧都是吸引受众注意力的最主要的节目类型，因而各电视台对于优质娱乐节目和电视剧的竞争简直可以用"白热化"来形容。资料显示，在20世纪90年代后期，由于湖南卫视综艺节目《快乐大本营》的成功，国内很多省级卫视"一窝蜂地推出了千篇一律的娱乐节目……效颦之态、学步之姿处处可见"[1]；至于电视剧领域，中国省级卫视刚刚完成上星的2000年前后，

---

[1] 伍素芬、董石才：《浅议"雷同"与"上星"》，《中国广播电视学刊》1999年第7期，第34页。

曾经出现过20多个卫视频道轮番播放香港TVB的金庸武侠剧《天龙八部》和《鹿鼎记》的独特"景观"。这一状况最终导致2004年国家广播电影电视总局出台了旨在避免恶性竞争的调控政策。美国的情况亦大同小异，"电视网会为任何一个能够迅速吸引大量年轻观众的节目展开激烈的竞争"[①]。

（二）支柱性产业：广告产业

所谓**支柱性产业**，是指在产业总产出中占有最大份额的产业，即整个产业最主要的经济来源部门。一个产业通常是由多个环节和要素构成的，通过协调运作共同为最终的盈利服务。但其中总有一个环节是产生利润的最直接、最主要的环节，对于传统广播电视产业来说，这个环节就是广告经营环节。尽管全球广播电视业拥有多种盈利模式，且新的传播技术的发展也在不断创造着新的创收方式，但广告始终是广播电视业最重要的经济来源。

在商业广播电视高度发达的美国，广告收入始终是全行业最主要的经济来源。2012年的数据显示，在全美主要电视网的年度总收入中，84.4%来自广告经营。[②] 电视广告的繁荣发展甚至对美国的电视节目制播产生了影响。20世纪60年代，电视网每个小时内播出正常节目的时间平均为51分钟，其余9分钟为广告；而到2008年，每个小时内播出正常节目的时间降至44分钟，广告时间则增至16分钟；2009年，美国电视观众每看10

---

① Susan Eastman, and Douglas Ferguson, *Media Programming: Strategies and Practices*, Cengage Learning, 2012, p. 76.

② Pew Research Center, "The State of the News Media 2013: An Annual Report on American Journalism," http://www.stateofthemedia.org/2013/network-news-a-year-of-change-and-challenge-at-nbc/network-by-the-numbers/#fn-12986-3, 2022年5月6日访问。

个小时电视，其中有约 3 个小时是广告时间。① 在"唯广告独尊"的盈利需求下，不但各类电视节目都要根据上述时间安排设计单集的时长，就连在电视上播出的电影，也要根据上述比例做出相应的删减，以免因时间过长而侵占广告时间。不过，随着流媒体生态的不断成熟和广播电视产业在多种经营领域的探索，广告收入占广播电视业总收入的比例的确处于缓慢下降的状态；订阅费收入、多种经营收入、节目销售收入等利润来源，则日趋成为广播电视业新的增长点。2021 年的数据显示，美国电视行业的年度总收入达 2104 亿美元，其中广告收入为 843 亿美元，占比约为 40%，其余 60% 则来自包括订阅费在内的其他经营性收入。②

（三）基础性产业：网络与技术产业

所谓**基础性产业**，是指为产业内其他组成部分的发展提供基本条件和服务的产业，其既不直接生产产品，也不直接产生利润，但却为产品的生产和利润的产出提供了保障。对于广播电视产业来说，其基础性产业就是网络与技术产业，即那些确保节目内容的传输与接收过程得以顺畅完成的部门。

广播电视是现代科技的产物，其行业发展亦高度依赖传播与通信技术的支持。在奉行国营广播电视体制的国家，政府负有为广播电视网络与传输技术提供政策与资金支持的义务。如在中国，从 1998 年开始实施的**"广播电视村村通"**工程和 2012 年启动的**"户户通"**直播卫星电视服务，均为国家主导的对于广播电视基础产业的扶持和引导行为，其目的在于使

---

① 参见 Lawrence R. Samuel, *Brought to You By: Postwar Television Advertising and the American Dream*, University of Texas Press, 2009。

② 参见 nScreenMedia website, https://nscreenmedia.com/us-tv-industry-revenue-2021-in-one-page/#:~:text=The%20US%20television%20industry%20was,increasing%20$12.3%20billion%20over%202020，2022 年 5 月 6 日访问。

广播电视信号可以覆盖更为偏远地区的民众，使更多的国民能够享受这项服务；其最终的效果是，截至 2015 年年底，广播电视信号覆盖了全国绝大多数 20 户以下的已通电自然村。再如，20 世纪 90 年代初期，在美国总统比尔·克林顿和副总统艾伯特·戈尔的主导下，美国政府大力推动了所谓**"信息高速公路"**计划，即以政府投资和鼓励民间投资的方式建设一个覆盖全国的高速信息通信网，此举使得美国的电子通信技术，包括同步卫星、数字电视、互联网、无线电、多媒体传输等，均在短时间内得到巨大提振。信息高速公路计划令美国广播电视业的发展得到了长足发展，带宽的扩容令有线电视用户能够接收到多达 500 个电视频道，互动电视、点播电视和互联网电视等新的行业增长点亦纷纷出现。[①] 随着网络和通信技术在广播电视产业革新中扮演日益重要的角色，越来越多网络供应商开始介入内容生产和平台运营，重塑行业生态。比如，前文提到的康卡斯特最初只是有线电视和宽带网络供应商，如今却成为几乎涵盖所有内容门类的跨国传媒集团。而中国最大的电信公司中国移动也于 2014 年创办全资子公司咪咕文化科技有限公司，介入数字视听内容市场的竞争，并成功获得了 2020 年东京奥运会、2021—2022 赛季法国足球甲级联赛和意大利国家足球甲级联赛的转播权。

（四）先导产业：数字化产业

所谓**先导产业**，是指对产业内其他部分或元素具有带动和引导作用的产业，亦即某一产业发展到特定的历史阶段所必须先行发展的产业。因此，同一个产业在不同的发展阶段会有不同的先导产业。对于当下的全球广播电视业来说，最主要的先导产业是数字化产业。

所谓数字化（digitization），实际上是整个文化传媒产业正在经历的一

[①] Preston Gralla, *How the Internet Works*, Que Publishing, 1998, p. 61.

种历史转型。对于广播电视产业来说，数字化有两方面的含义：信号传输方式的数字化，以及主流接受方式的数字化。前者对应着从模拟电视向数字电视的转型，后者则对应着从电子终端接受向数字智能终端接受的转型。

长期以来，广播电视信号是以模拟（analog）方式传输的，这种信号传输方式具有易受干扰、色度畸变、亮色串扰、大面积闪烁、清晰度低、噪声多等缺点。因此，早在20世纪80年代中期，全球广播电视业即开启了由模拟信号向数字信号转换的进程。与模拟信号相比，数字信号能够在同样的带宽内同时传输多达3—4倍容量的节目，不但有更多节目可供观众选择，而且其抗噪声、抗干扰能力和清晰度均远高于模拟信号。因此，世界上很多国家都制定了明确的时间表，以努力完成全国广播电视信号系统的**数字化转型**（digital switchover）。

由于数字信号具有诸多显而易见的优势，亦是广播电视媒介发展到当下阶段的瓶颈与遭遇的顺理成章的解决方案，因此数字化转型成为全球广播电视产业需要优先发展的先导产业，很多国家的政府甚至以十分强硬的法令和政策去推动广播电视业的数字化转型。例如，印度于2011年通过的《有线电视网络（法规）修订案》[The Cable Television Networks (Regulation) Amendment Act]，强制全国所有有线电视网络在2014年12月之前完成从模拟信号向数字信号的转换。而2003年中国国家广电总局公布的《广播影视科技"十五"规划和2010年远景规划》则对电视数字化发展提出了明确的时间表：到2005年，直辖市、东部地区地（市）以上城市、中部地区省会市和部分地（市）级城市、西部地区部分省会市的有线电视完成向数字化过渡；到2008年，东部地区县以上城市、中部地区地（市）级城市和大部分县级城市、西部地区部分地（市）级以上城市和少数县级城市的有线电视基本完成向数字化过渡；到2010年，中部地区县级城市、西部地区大部分县以上城市的有线电视基本完成向数字化过渡；2015年，西部地区县级城市的有线电视基本完成向数字化过渡。不过，这一工程的推进由于受到种种客观因素的影响面临多种阻碍。

至于主流接受方式的数字化，则意味着数字智能设备（如智能电视机、智能手机、平板电脑等）对传统二极管电视接收器的取代。早在20世纪80年代，在数字电视发展领域先行一步的日本即已推出第一代智能电视接收器（intelligent television receiver），这种电视机内置自带内存的LSI芯片，从而使对更高清晰度电视画面的流畅显示以及对节目之外其他类型信息的接收成为可能。进入21世纪后，随着全球范围内广播电视信号传输的数字化转型渐次完成，世界各国均开始大力推动智能电视接收器的发展，其形态最初体现为"传统电视机+机顶盒"的组合，后逐渐演化为互联网电视一体机。因此，这种新型终端与其说是"电视机"，不如说是"拥有强大音视频播放功能的家用电脑"——它们往往采用通行的操作系统（如Android、iOS、WebOS等），因此可以接入开放互联网，让用户获取传统广电网络之外的海量内容。

从广义上看，智能电视接收器的功能也可以以应用（App）形式装载于其他智能终端上，如智能手机、平板电脑等。这种完全基于开放互联网的内容服务也被统称为OTT服务（over-the-top media service）。在音视频内容产业，OTT服务与传统广播电视最本质的区别在于：前者往往不需要专门申领牌照，所受法律限制也更小。在中国，根据规定，无论何种类型的智能电视机均不得提供电视直播服务，而必须与拥有互联网电视牌照的传统广电机构合作。目前，中国仅有七个互联网电视牌照持有者，分别是未来电视、百视通、华数TV、南方传媒、芒果TV、国广东方和银河互联。

作为先导产业，智能电视正处于研发、生产和销售的急速发展阶段。数据显示，2020年，全世界智能电视机的市场总需求达到2.689亿台，且

111

这一需求预计以年均 20.8% 的速度持续增长。[1] 至 2020 年年末，全球 34% 的家庭拥有智能电视机，这一比例 2026 年预计达到 50%。[2]

需要指出的是，广播电视产业的上述四个组成部分并不能涵盖整个产业的全部内容，它们是广播电视产业的主干和骨架。对于广播电视产业结构的理解，关键在于把握产业内部不同部门在整个产业中扮演的特定角色，以及彼此之间的联动关系。

三、广播电视产业链

所谓**产业链**，是指产业中各个部门之间基于一定的技术或经济关联，并依据特定的逻辑关系和时空布局关系，客观形成的链条式的关联形态。在具体的生产实践中，产业链体现为产品如何完成从生产到流通再到销售获利的整个线性过程。在过去一个多世纪的发展中，广播电视产业已经形成了环节完备、逻辑完整的产业链。具体而言，广播电视业的产业链包括内容制作、节目发行、节目传输和衍生产品开发四个主要环节。

（一）内容制作环节

由于节目产业是广播电视产业的引导性产业，所以节目制作（production）也自然而然成为广播电视产业链的基础环节。一般而言，广播电视产业需要不断在数量和质量两个维度上对节目制作过程予以优化和改善，以确保节目能够持续不断吸引受众的注意力。

一般而言，广播电视**节目来源**包括三个：一为播出机构的自制节目，

---

[1] 参见 Grand View Research website, https://www.grandviewresearch.com/industry-analysis/smart-tv-industry#:~:text=The%20global%20smart%20TV%20market, is%20driving%20the%20market%20growth，2022 年 5 月 6 日访问。

[2] 参见 Broadband TV News website, https://www.broadbandtvnews.com/2021/07/20/global-smart-tv-ownership-to-exceed-50-by-2026/，2022 年 5 月 6 日访问。

如电视台每天播出的新闻节目和谈话节目等；二为播出机构从专业制片公司订制或购买的节目，如一些制作精良、成本高昂的娱乐节目、电视剧、影片等；三是由其他组织、机构和个人资助、赠送或无偿提供的节目，如驻外使馆或其他文化交流机构赠送给当地电视台的本国宣传片等。其中，前两者是广播电视节目的主要来源。总体而言，电台广播业较为固守制播合一的内容生产模式，绝大多数节目为电台自制；而在电视广播领域，制播分离则为大势所趋，即电视台逐步将除新闻、时政等节目外的绝大多数节目交由专业的制片公司完成，通过订制或选购的方式获得节目，其主要职责为对节目进行播出的控制和管理。流媒体网站则采用十分多元化的内容生产模式，既在市场上大量购买节目，也积极参与原创节目制作，但较少涉足新闻、时政、财经等严肃资讯类内容。

制播分离理念与实践在全球范围内日益普及；与此同时，也有一些电视台采取了不同的做法，即通过播出极高比例的自制节目，避免与其他电视台分享优质资源，如中国的湖南卫视。这种局面主要是中国电视业独特的产业结构导致的——在"四级办电视"和"省级台上星"两大制度的作用下，全国电视产业长期处于播出（平台）资源过剩的状态，因此一个节目可以同时在多个频道首播。

在寡头垄断格局更为明显的美国电视业，通常不会出现这种情况。由于几大电视网势均力敌，故其在选购节目时均极为慎重，这使得订制模式更为流行，即节目制作公司并不是在把一整季（season）的节目全部制作完毕后再将其推向市场，而是先制作若干集的"试播集"（pilot）供电视网评价和挑选，电视网会对其满意的节目做出订购的决定，制作方再根据合同继续进行节目的制作。而且，即使被电视网订购了的节目，制作方也不是一次性制作完毕再统一播出，而是实行"边拍边播"的策略，这样制作方可以随时根据观众的反馈对节目的内容和风格做出调整。如 2004—2012 年间播出的热门电视剧《绝望主妇》（*Desperate Housewives*），其试播集曾被

CBS、NBC、Fox、HBO、Showtime 等电视网和有线台拒绝，最后 ABC 接受了该剧，使之避免了胎死腹中的命运。

（二）节目发行环节

所谓节目发行（distribution），是指节目制作方将制作完成的节目的播出权推销或售卖至播出平台的环节。对于广播电视业来说，最主要的播出平台当然就是电台频率与电视频道。但除此之外，还存在其他的平台，如音像制品发售网站、流媒体网站等。

在具体形式上，广播电视节目发行包括**自主发行**和**代理发行**两类。自主发行即节目的制作方同时也是节目的发行方，其直接将自己制作完成的节目推销或售卖至各播出平台。代理发行则是指节目制作完成后，制作方委托专门的发行公司负责发行事宜，制作方和发行方则以分账或抽取佣金的方式分享利润。由于广播电视节目的制作和播出周期均远长于电影，难以如电影一样形成制作与发行环节相互剥离的产业格局，故广播电视节目的国内发行基本上以自主发行为主，代理发行则主要存在于国际发行领域。例如，20 世纪 80 年代，澳大利亚广播公司（ABC）即曾通过一家名叫"波特曼全球"（Portman Global）的英国发行公司，将自己的节目成功输出至一些欧洲国家[①]；2015 年 10 月，两个著名的制片公司"狮门"（Lionsgate）和"天舞"（Skydance）合资成立了一个国际发行公司，专事美国电视节目的海外代理发行[②]。在中国，中央广播电视总台全额投资的中国国际电视总公司是全国实力最为雄厚的国际广播电视节目发行机构。

一般而言，广播电视节目的发行分为多个轮次，即多轮发行模式。在

[①] Stuart Cunningham, and Elizabeth Jacka, *Australian Television and International Mediascapes*, Cambridge University Press, 1996, p. 117.

[②] Dave McNary, "Lionsgate, Skydance Team on Global TV Distribution," *Variety*, October 5, 2010.

第三章　广播电视产业与经营

正常情况下，首轮发行的目标为广播电视台或广播电视网。在传统平台播出完毕后，节目还可做第二轮、第三轮乃至第 n 轮的发行。在后面这些轮次中，节目可以被售卖给影响力较弱的播出机构如地方电视台，也可以被售卖给非传统播出机构如流媒体网站，等等。一些制作精良的节目往往拥有极为旺盛的生命力，其发行轮次越多，制作方获得的利润也越多。在中国，最具市场潜力的电视剧的首轮播出权往往为少数几个实力雄厚的卫视台和爱奇艺、腾讯视频等流媒体网站购得，而那些实力较弱的电视台则更愿意购买热播剧的二轮、三轮播出权，因其价格更为低廉。例如，军旅题材电视连续剧《亮剑》仅 2007 年国庆期间就被全国十余个卫视频道同时播放；该剧第三轮播出权居然仍能卖到 18 万元一集的"天价"，成为名副其实的"长销剧"。① 而在美国独特的广播电视网体系之下，则形成了一种名曰**"广播联卖"**（broadcast syndication）的独特发行方式，意指节目制作方在不经过各大广播电视网的情况下，直接对外销售广播电视节目播放权。由于广播电视网实力雄厚，且热门节目的首轮播映多由订购产生，故广播联卖成为二轮乃至多轮发行的常见手段。比如，CBS 首轮播出的热门电视剧《生活大爆炸》（*The Big Bang Theory*）就通过联卖的方式，在包括 TBS 在内的多个知名电视频道进行了二轮播出，反响很好。一些知名度较高的谈话（脱口秀）节目，则更倾向从首轮售卖起即实施联卖。比如，开播于 2003 年的《艾伦秀》（*The Ellen Degeneres Show*）即采用了首轮联卖的方式，其首播权在全美总共出售给超过 250 座电视台②；而老牌脱口秀节目《今夜娱乐》（*Entertainment Tonight*）也是自始至终采用联卖的方式发行的。

---

① 周毅晖：《电视节目重播的分析研究》，《东南传播》2008 年第 1 期，第 98 页。

② 参见 *The Ellen Degeneres Show* website，http：//www.ellentv.com/page/2009/08/21/when-its-on/，2022 年 5 月 6 日访问。

(三) 节目传输环节

所谓**节目传输**（transmission），是指借助特定技术手段将节目由播出平台传送至接收终端的过程。目前的节目传输技术主要包括四种：无线传输、有线传输、卫星传输与互联网传输。

从接入方式看，有线接入是目前城镇家庭的主流电视信号接收手段。由于有形线缆比无线电信号和卫星信号更稳定、抗干扰能力更强，故即使以无线或卫星方式播出的节目，在入户时也往往被转入有线系统。因此，我们要区分作为播出平台的有线电视和作为接收方式的有线电视。而无线和直播卫星接入方式，则多用于交通不便或经济落后的边远地区，这些地区由于铺设线缆不便且成本高昂而必须借助无线通信资源来实现电视信号的覆盖。电台广播则基本只采用无线和卫星两种接入方式，因其早已脱离家庭接收环境，以车载收听和移动收听为主。

一般而言，通过有线或直播卫星接入来收取节目信号的家庭，需要向技术提供方缴纳一定的费用来购买服务，这部分收入在广播电视产业总收入中所占比例仅次于广告收入。有线电视和卫星电视运营商通常会提供多种多样的服务包（service package）供用户选择，不同的服务中包含有不同数量和品质的频道资源，用户可以根据自己的需求选购。由于向民众提供人人可接入的无线广播电视节目被视为一项必需的公共服务，故用户在使用有线网络仅接收开路发射且不加密的电视台信号时，不需要付费或仅需要付极少的费用，这种有线接入服务一般被称为"基本有线"（basic cable）。若用户想要收看 HBO、Cinemax、Showtime 等不含广告的收费频道，则须按月或按年缴纳收视费。中国也已存在 100 多个付费频道，仅中央电视台就开办了第一剧场、央视文化精品、怀旧剧场、老故事、足球风云等 20 多个面向全国播出的付费频道。

至于互联网传输，目前主要包括两种方式：一为电台和电视台建立机构网站和网络节目库，供大众下载或在线收听收看自己的节目；二为流媒体网站通过电脑浏览器和基于智能接收终端的各种应用，向免费或订阅用户播放自制或拥有授权的节目。至于这些服务是否收费，具体情况不一而足。一般来说，承担公共服务职能的国有或公共广播电视机构应为民众提供免费的节目，无论通过何种方式传输；而商业电视机构和流媒体网站则大多采用订阅制，向用户收取高低不等的费用并提供相应品质的内容服务。

（四）衍生产品开发环节

在传媒经济学领域，**衍生产品开发**（franchise/franchising）是指将同一知识产权借由特许经营等手段拓广至两个或两个以上媒介，并以此来深入挖掘产品的市场潜力、提升行业盈利能力的经营方式。例如，将一部受欢迎的电视动画片改编成电影并在影院上映，或将一部电视剧的剧本改编为小说公开出版发行，甚至将电视节目中的人物形象做成玩具销售，都属于衍生产品开发范畴。对于广播电视业而言，衍生产品开发正日趋成为一个重要的下游盈利环节，其主要经营方式包括图书出版与电影改编授权、服装玩具形象授权、音像制品授权、影视旅游资源开发等。

在传媒产业发达的国家，衍生产品开发所创造的利润是十分惊人的，其中，儿童市场的衍生产品销售前景尤其可观。数据显示，仅 2021 年，全世界范围内就有 19 个娱乐节目或荧屏人物形象的特许授权营收超过 200 亿美元，其排名前 10 位的节目或形象中有 5 个属于迪士尼集团。[1] 在中国，儿童电视节目也是衍生产品授权的"主力军"，如热播动画片《喜羊羊与灰太狼》至 2022 年年中已推出 10 部电影、12 部网络短剧、5 部舞台剧以及不计其数的授权图书。

除有形衍生产品外，广播电视还可在无形衍生产品领域发力，其中一

---

[1] "Revenue of selected media franchises worldwide as of August 2021," 2021 年 8 月 18 日，https：//www.statista.com/statistics/1257650/media-franchises-revenue/，2023 年 5 月 4 日访问。

个极具发展潜力的领域就是旅游业。由于电视节目外景拍摄的过程对拍摄地有推介作用,因此很多节目组会与外景地的旅游管理部门合作,获得后者的支持,并利用节目带来的宣传效应获益。近些年风靡中国的户外真人秀节目,便使得国内外很多被节目组选为外景拍摄场所的景区骤然成为旅游的热点地区。比如,热播户外亲子真人秀节目《爸爸去哪儿》就带火了北京灵水村、宁夏沙坡头、云南普者黑等一系列以往鲜为人知的古镇、古村落;尤其是,2014年《爸爸去哪儿》第二季与新西兰旅游局及新西兰航空公司的深度合作使得该国迅速成为吸引大量中国游客的热点地区,中国游客在新西兰平均停留的时间和平均消费的金额均较以前有大幅度提升。[1]在一些学者看来,衍生产品开发不但是广播电视产业未来的一个重要的增长点,拥有极大的商业潜力和盈利空间,而且其在文化上也将对传统广播电视行业产生深远的影响,"衍生产品绝不仅仅是原有产品的同类复制或原有品牌向其他领域的延伸,在衍生产品生产与再生产的过程中,权力、意义和价值也在不断发生着新的碰撞"[2]。

总体而言,围绕着"节目"这个核心产品,广播电视产业形成了一条涵盖节目制作、发行、传输与衍生产品开发的完整的产业链条。而经济利益和商业价值就在这一链条上不断被生产出来。

第二节 广播电视市场体系

所谓**市场**(market),既是指从事交易活动的场所,也是人类交易行为的总称。在广义上,所有产权发生转移、交换或售卖的活动,都可以被视

---

[1] 张雪松:《新西兰影视元素主题游风靡旅交会》,《新京报》2014年11月19日第D14版。
[2] Derek Johnson, *Media Franchising: Creative License and Collaboration in the Culture Industries*, New York University Press, 2013, p. 64.

为市场活动，而交易的商品既可以是有形的物品（good），也可以是无形的服务（service）或信息（information）。市场的形成有赖于三个基本条件的满足：第一，市场经济的基本规律，如价值规律、供求规律、竞争规律等，拥有制度上的保障；第二，市场运行的基本原则，如自愿让渡原则、等价交换原则、公平竞争原则等，为交易主体所普遍认同；第三，一般性的市场道德规范，如诚实守信等，为交易主体所普遍遵守。

由于交易主体和交易对象的多元性特征，多数产业都会形成内容、结构、规模、交易方式不尽相同的多个市场。对于广播电视产业来说，市场体系主要包括节目市场、资本市场和人才市场三个组成部分。

一、广播电视节目市场

广播电视**节目市场**即以广播电视节目为主要流通商品的市场。节目市场是广播电视业制播分离理念最直接的产物。制播分离将除新闻、时政节目之外的大多数节目剥离给专业的制作公司生产，这就使得节目的生产方与播出方之间形成了一种交易关系。在这种关系中，制作公司是卖方，而播出平台是买方。

广播电视产业中最典型的有形节目市场就是各类广播电视节与广播电视节目展。具有世界性和区域性影响力的代表性广播电视节展如表 3.1 所示。

表 3.1　代表性世界广播电视节展

名称	创办时间	举办国家	简介
MIPTV	1963	法国	每年 4 月举办一次，通常被称为"戛纳春季电视节"，是电视节目、电影、数字与音视频内容的综合性交易会展；目前全世界影响力最大的广播电视节目交易市场之一；拥有两个分会展，分别是针对节目模式交易的 MIPFormats 和针对纪录片交易的 MIPDoc，在主会展正式开始前两天举办

(续表)

名称	创办时间	举办国家	简介
MIPCOM	1985	法国	每年9月或10月举办一次，通常被称为"戛纳秋季电视节"，是全球性的广播电视节目与节目模式（format）的综合性交易会展；还拥有一个名为MIPJunior的分会展，专事儿童及青少年节目的交易活动
NATPE	1963	美国	每年1月举办一次，是专事广播电视节目与数字媒体内容的交易活动
班芙世界传媒节（Banff World Media Festival）	1980	加拿大	原名"班芙界电视节"（Banff World Television Festival），每年6月举办一次，不仅提供全球性电视节目交易市场，也组织电视节目的评奖活动（Banff Rockie Awards）
爱丁堡国际电视节（Edinburgh International Television Festival）	1976	英国	每年8月举办一次，吸引全球范围内约2000个电视台/网与制片公司的代表参加；主要为国际电视传媒业界交流思想、培育人才、建立合作的平台，并不直接承担节目贸易职能，但全球范围内很多最新、最热门的电视节目会选择在电视节上放映，以吸引来自世界各地的参会者的关注
上海电视节（Shanghai Television Festival）	1986	中国	每年举办一次，是亚洲地区规模和影响力最大的综合性电视节展之一，其功能多元，内容包括评奖（白玉兰奖）、节目与设备市场交易、电视产业创投、论坛等
四川电视节（Sichuan TV Festival）	1991	中国	每两年举办一次，为具备节目与设备交易、评奖（金熊猫奖）、展览、论坛等功能的综合性电视展会
中国国际影视节目展（China International Film and TV Show）	2003	中国	每年举办一次，是亚洲地区规模最大的影视节目、技术设备交易展会，同时兼有高层论坛和影视颁奖活动

除以展会为代表的有形的节目交易市场外，还存在大量其他形式的节目交易行为。比如，电视台与制作公司可以通过战略协作的方式来完成节目的整体交易。上海文化广播影视集团旗下的专业财经传媒机构第一财经（CBN）就曾与宁夏卫视和澳门广播电视股份有限公司（澳广视）开办的澳门资讯台达成合作协议：这两个频道可以在特定时段同步转播上海第一财经频道和东方财经频道播出的节目。同样，美国的全国性电视网与其附属台、合作台之间的关系，也是一种协议式的节目交易行为，附属台与合作台须按照协议在规定时段播出电视网提供的节目和广告，同时也获得一定量的本地广告时段，在协议之外的时间则可播出自制的本地节目。

中国的电视节目市场是从 20 世纪 90 年代中后期开始形成的，其主要契机是省级电视台卫星频道的纷纷开播。骤然过剩的全国性播出平台对于优质节目，尤其是黄金时段播出的电视剧，产生了十分强烈的需求，故一个带有强烈卖方市场色彩的全国电视剧交易市场得以形成。节目的制作主体亦日趋多元化，大量民营资本开始进入电视剧市场，与脱胎于国营体制的节目制作机构展开竞争，这使得中国电视剧的数量和质量都得到显著提升。表 3.2 呈现的是中国代表性电视剧制作机构的概况。

表 3.2　中国代表性电视剧制作机构的概况

名称	性质	创办时间	代表电视剧作品
北京电视艺术中心有限公司	国营	1982	《四世同堂》《渴望》《编辑部的故事》《北京人在纽约》《贫嘴张大民的幸福生活》《幸福像花儿一样》《金婚》《永不放弃》《甄嬛传》
中国电视剧制作中心有限责任公司	国营	1983	《红楼梦》《西游记》《三国演义》《水浒传》《努尔哈赤》《末代皇帝》《唐明皇》《太平天国》《文成公主》《苍天在上》《十七岁不哭》《家春秋》《以时代的名义》《只要你过得比我好》
海润影视制作有限公司	民营	1993	《有你才有家》《亮剑》《长恨歌》《血色浪漫》《玉观音》《重案六组》《一双绣花鞋》《一米阳光》《永不瞑目》《北上广不相信眼泪》

（续表）

名称	性质	创办时间	代表电视剧作品
北京金英马影视文化有限责任公司	民营	1993	《上海探戈》《风云》《绝代双骄》《黑洞》《国家公诉》《情定爱琴海》《生活秀》《公主复仇记》《美女也愁嫁》
华谊兄弟传媒股份有限公司	民营	1994	《士兵突击》《醋溜族》《鹿鼎记》《蜗居》《倚天屠龙记》《我的团长我的团》《风声传奇》《天一生水》《月牙儿与阳光》
北京荣信达影视艺术有限公司	民营	1995	《人间四月天》《雷雨》《红楼梦》《大明宫词》《橘子红了》
北京中北电视艺术中心有限公司	国营	1995	《对手》《京都纪事》《太祖秘史》《前清秘史》《孝庄秘史》《皇太子秘史》
北京光线传媒股份有限公司	民营	1998	《新马大姐》《屋前屋后》《中国兄弟连》《新上海滩》《都是爱情惹的祸》《好好过日子》
北京小马奔腾文化传媒股份有限公司	民营	1998	《历史的天空》《甜蜜蜜》《空巢》《狙击手》《我的兄弟叫顺溜》《我是特种兵》《三国》《龙门镖局》
北京鑫宝源影视投资有限公司	民营	1998	《婚姻保卫战》《落地，请开手机》《奋斗》《裸婚时代》《拿什么拯救你，我的爱人》《像雾像雨又像风》《马文的战争》《我的青春谁做主》《北京青年》《老有所依》《青年医生》
北京慈文影视制作有限公司（慈文传媒）	民营	2000	《射雕英雄传》《神雕侠侣》《七剑下天山》《西游记》《老房有喜》《5号特工组》《半生缘》《花千骨》
北京华录百纳（千成）影视股份有限公司	国营	2002	《汉武大帝》《贞观之治》《双面胶》《王贵与安娜》《媳妇的美好时代》《永不磨灭的番号》《金太狼的幸福生活》《咱们结婚吧》《美丽的契约》
辽宁民间艺术团有限公司（本山传媒）	民营	2003	《刘老根》《马大帅》《乡村爱情》《樱桃》《乡村名流》
浙江华策影视股份有限公司	民营	2005	《鹿鼎记》《推拿》《一克拉梦想》《薛平贵与王宝钏》《天龙八部》《倾城之恋》《新九品芝麻官》

第三章 广播电视产业与经营

从表 3.2 中不难看出，民营制作机构已经成为中国电视剧行业的重要生产主体，再加上大量涉足真人秀和娱乐节目生产的制作机构，充分证明了中国的电视节目市场正处于繁荣发展态势。为避免节目市场出现恶性竞争，2004 年，国家广电总局规定，一部电视剧的首播权至多可以同时由四家省级卫视联合购买。从 2015 年 1 月 1 日开始，新的"一剧两星"政策正式实施，即同一部电视剧的首播权最多只能由两家省级卫视共同购买。此举使得省级卫视购剧成本增加了一倍，同时亦刺激了各电视台自制剧、定制剧和独播剧战略的发展。

二、广播电视资本市场

资本市场（capital market）是指市场主体（包括企业、机构、个人等）筹措资金的市场。一般而言，资本市场的运作方式包括直接投资、银行借贷和公开募股等主要类型。资本市场的参与主体则包括两类：一为寻求资本者，通常以企业为主；二为投资者，即希望通过借出或购买企业资产而获得利润的个人或机构。

在奉行商营体制的国家，由于盈利前景光明，广播电视机构往往可以较为容易地获得投资，并依自身经营业绩给投资者带来相应的回报。例如，一家名为格雷洛克（Greylock Partners）的投资公司从 20 世纪 60 年代开始即持续向方兴未艾的有线电视机构如大陆有线电视公司（Continental Cablevision，后更名为 MediaOne，为康卡斯特的子公司）投资，在很长时间内并未获得理想的回报，但随着有线电视行业的迅猛发展，这项投资从 90 年代开始成为该公司获利最多的项目：格雷洛克以 1000 万美元的投资获得了超过 4000 万美元的收益，回报率高达 4 倍。[1] 但在国营和公营体制下，电台和电视台即使全部或部分地采纳了公司的组织形式，也通常被赋

---

[1] Spencer E. Ante, *Creative Capital: Georges Doriot and the Birth of Venture Capital*, Harvard Business Press, 2008, p. 225.

予较为强烈的文化机构色彩，其运营所需资金时常以多种手段筹措，包括财政拨款、社会捐赠、视听费、经营性收入等。

在中国，长期以来政府是广播电视产业的重要投资主体。但随着改革开放和广播电视产业化进程的深化，国有广播电视机构逐渐获准在不改变自身宣传工具属性的前提下，将一部分业务剥离为独立的企业，公开上市招股，以吸纳社会资金助益产业发展。中国广播电视业内最早的上市公司是上海市广播电视局借筹建东方明珠广播电视塔的契机，于1992年8月8日正式挂牌成立的**上海东方明珠（集团）股份有限公司**，而1998年湖南省广播电视厅成立的湖南电广实业股份有限公司（后更名为**湖南电广传媒股份有限公司**，简称"电广传媒"）于1999年3月25日正式在深圳证券交易所挂牌上市。目前，中国证券市场广电板块已有多家上市公司，包括东方明珠、中视传媒、电广网络、天威视讯、中信传媒等。除募股、上市外，借贷也是广播电视机构融资的一种重要手段。例如，湖南广播影视集团下属的上市公司"电广传媒"在1998—2008年间曾先后两次向国家开发银行申请贷款，共计获得贷款29亿元，用于发展数字电视等新兴业务。[①] 而政府在广播电视产业资本市场中扮演的角色，则日趋由投资主体向融资引导者转换，即通过对广播电视产业融资政策的制定和调控，规划并调节广播电视机构获得资金的方式。

三、广播电视人才市场

人才市场，亦称劳动力市场（human resources market），是指产业中的人员供求关系市场。由于广播电视业隶属于第三产业中的文化创意产业，所以人才是影响产业发展的极为重要的生产要素。

[①] 张燕：《传媒上市公司的投资能力分析——以电广传媒为例》，《新闻界》2009年第1期，第25—26页。

在商营体制下，广播电视从业者均为广播电视机构的雇员，可以依协议规定实现自由的流通，其收入亦由市场杠杆调节。数据显示，1994年，美国电视台新闻主播的平均年收入为54 875美元；在广播电视产业发达地区，电视新闻主播的平均年收入则可达233 000美元；而新入行的、拥有本科学历的年轻电视记者的平均年收入则仅有18 000美元。[1] 同时，越是知名的广播电视从业者，其在不同平台之间的流动能力也越强。例如，从1993年开始担任《CBS晚间新闻》（*CBS Evening News*）主持人的著名华裔新闻主播**宗毓华**（Connie Chung）（图3.1）曾先后跳槽至ABC、CNN和MSNBC等主流电视机构。至于国营和公营体制下的广播电视从业者，则往往要面对更为平均主义的从业环境。例如，英国BBC早间新闻栏目《BBC早餐》（*BBC Breakfast*）前主播苏珊娜·瑞德（Susanna Reid）因不满BBC的薪酬待遇，于2014年跳槽至英国商营电视台ITV担任《早安英国》（*Good Morning Britain*）的主播。商营电视台提供给知名从业者的薪酬可高达公营台的数倍。

图3.1 宗毓华

在中国，由于电台和电视台长期以来的事业单位属性，20世纪90年代以前，几乎不存在真正意义上的广播电视人才市场，这一状况成为广播电视产业发展的一个重要掣肘。但从90年代开始，中国广播电视业人才市场的改革开始进入飞速发展的阶段，"大锅饭""铁饭碗"式的固化的事业单位编制开始向劳务派遣制、聘用制、公司化管理转型。中央电视台新闻评论部从1993年年底开始面向社会公开招聘编辑、记者和主持人，开启

---

[1] Judith Marlane, *Women in Television News Revisited: Into the Twenty-first Century*, University of Texas Press, 1999, pp. 174-175.

了中国广播电视业"第二用工制度"的先河,此举令该部成为当时整个行业内最具活力的部门。其后,全国广播电视业的人事制度开始逐渐松动。如今,大多数电台和电视台均已全面实施合同聘用制、竞聘上岗制、双向选择制,优秀的从业者也获得了在不同平台间流动的自由,以寻求更有利于自身发展的空间。那些才华、能力俱佳的从业者即使没有广播电视业的"编制",也可以加入知名广播电视机构工作。数据显示,在2005年年初,中央电视台总计与5684名"编外人员"签订了劳务合同,这些人员被称为"企聘员工",其中不乏如罗振宇、张越、王志、李佳明等知名从业者。①

总体而言,人才市场的形成和完善是全球广播电视产业的大势所趋。"人才是一切机构的发展的基本保障,广播电视业若要巩固行业基础,就必须要尊重人才;尽管留住人才并不容易,但其对于行业的成功而言却是至关重要的。"② 而对于中国广播电视业正在持续经历的产业化改革来说,人才市场的形成与发展不但扮演了重要的角色,而且将对改革在未来的走向产生持续的影响。

第三节 广播电视业的集中和垄断

在全球广播电视产业发展过程中,行业的兼并、集中和垄断现象十分引人关注。在广播电视产业一些内在特征以及西方国家政策力量的塑造下,一种以寡头垄断为主要特色的广播电视业市场结构在以美国为代表的西方国家逐渐成形。

---

① 朱文:《央视的编外名人们》,《瞭望东方周刊》2005年12月1日。
② Walter McDowell, and Alan Batten, *Understanding Broadcast and Cable Finance*, Focal Press, 2013, p. 74.

一、西方广播电视业的寡头垄断格局

在这一部分，首先介绍产业经济学的另一个概念："**市场结构**"（market structure）。所谓市场结构，是指市场中生产者与消费者、所交易商品的数量和规模以及信息自由流通的程度之间的一种构成关系。总体而言，市场结构包括六种主要类型（参见表3.3）。

表3.3 市场结构的主要类型及特征

市场结构	卖方准入门槛	卖方数量	买方准入门槛	买方数量
完全竞争（perfect competition）	无	多	无	多
垄断竞争（monopolistic competition）	无	多	无	多
寡头垄断（oligopoly）	有	少	无	多
买方寡头垄断（oligopsony）	无	多	有	少
垄断（monopoly）	有	一个	无	多
买方垄断（monopsony）	无	多	有	一个

一般而言，完全竞争被视为一种理论上的理想的市场结构，即无论对于卖方还是买方而言均无准入门槛限制，并且生产者和消费者的数量也多到足够形成充分竞争以使价格维持在较为合理的水平。但在西方国家广播电视产业的实际发展中，**寡头垄断**却成为更常见的市场结构。这主要由下述三个原因造成：第一，开办和运营电台及电视台均需要极为雄厚的经济实力，故卖方准入门槛很高，有能力进入市场的卖方数量必然不会很多；第二，如前文所述，广播电视业是规模经济，即以吸引尽可能多的受众的注意力为盈利的根基，故其对消费者即受众通常不能设定准入门槛，而应当成为面向社会全体成员的产业；第三，广播电视节目消费为一种时间消费，而受众所拥有的消费时间始终是有限的，这也在很大程度上制约着节目制播的数量和规模，以免造成资源浪费。这样一来，寡头垄断就成了一

种最为适宜的市场结构。

当然，在西方国家，广播电视业的寡头垄断市场结构还有一个重要的政策背景，那就是从 20 世纪 80 年代开始盛行的新自由主义浪潮及其带来的传媒业的放松规制。这一浪潮与美国里根政府和英国撒切尔政府的执政方针有密切关系，所谓的"里根革命"（Reagan Revolution）实质上就是以"自由与繁荣"之名，逐步取消所有干预工商业发展的主要规制和制约因素。[①] 放松规制思路在美国的《1996 年电信法案》中达到了巅峰，这部旨在取代《1934 年通信法》的新法典，不但大大放宽了对于一家公司在美国所能拥有电视台数量及其信号覆盖范围的上限设定，而且正式允许传媒企业进行跨机构、跨行业兼并。于是，从 1996 年开始，以美国为中心出现了一场席卷西方世界的传媒业兼并浪潮，其直接结果就是多个大型跨国传媒产业集团的形成。而作为传媒业重要组成部分之一的广播电视业，也大多为这些"传媒航母"所有，传媒业各个领域和市场得以迅速打通，无论是经营规模还是盈利能力均大大提升。依 2021 年《财富》杂志的全球企业 500 强排名，美国已经形成了包括迪士尼集团、新闻集团、派拉蒙环球（Paramount Global）、AT&T、康卡斯特在内的多个具有全球影响力的跨国传媒集团。这些传媒集团往往跨越几乎全部的媒体形态，是名副其实的"巨无霸"。例如，迪士尼集团不但拥有全美最大的全国性电视网之一 ABC，同时还控股视频网站 Hulu 和体育传媒公司 ESPN，其电影制作与发行公司也为全球性的巨头之一；另外，迪士尼的触角还广泛深入唱片业、戏剧业、出版业、互动媒体等领域，更不要说其遍布全球各地的迪士尼乐园。美国的广播电视台/网则几乎无一例外地分别隶属于那些大型跨国传媒集团，成为其全球战略的一个有机组成部分。表 3.4 展示了康卡斯特子

[①] Luigi Esposito, "Neoliberalism and the Transformation of Work," in Vicente Berdayes, and John W. Murphy, eds., *Neoliberalism, Economic Radicalism, and the Normalization of Violence*, Springer, 2015, p. 93.

公司 NBC 环球（NBC Universal）截至 2022 年 5 月所拥有的部分广播电视机构与平台。

表 3.4　NBC 环球拥有的广播电视机构与平台情况（截至 2022 年 5 月）

机构/平台类型	机构/平台名称
全国性电视网	NBC
节目制作公司	NBC Studios、E! Studios、Telemundo Studios
有线电视频道	Syfy、USA Network、Bravo、E!、Oxygen
付费电视频道	Olympic Channel、Universo、G4、DreamWorks Channel
流媒体网站	Peacock、Hayu
电视新闻频道	CNBC、MSNBC

广播电视业的兼并和垄断使得节目生产和播出市场的竞争者数量越来越少，真正意义上的自由竞争绝难实现。比如，AT&T 拥有的华纳传媒（Warner Media）旗下不但拥有电视网和有线电视频道，还拥有华纳兄弟等影视制片公司，这也使得节目市场的充分竞争不可避免地受到集团利益的干扰。即使拥有强大的公营体制传统的英国，目前也仅存在六个主要的全国性广播电视机构：英国广播公司（BBC）、独立电视台（ITV）、四频道电视公司（Channel 4）、五频道电视公司（Channel 5）、天空英国（Sky UK）以及 UKTV。其中，UKTV 为 BBC 所有，而天空电视台则隶属于全球最大的传媒集团之一——康卡斯特，这使得英国电视业的寡头垄断色彩亦极为显著。

除了在市场竞争中形成的垄断外，还存在一种形式的垄断，那就是**行政垄断**，即政府将某一行业的垄断经营权授予某些机构，以避免这些机构在市场中受到竞争者的系统性挑战，从而确保其充分行使法律或制度预设的职能。在奉行国营体制和公营体制的国家，广播电视业或多或少带有行政垄断的色彩。例如，北欧国家丹麦在 20 世纪 80 年代之前只有一个全国性的电视台丹麦广播公司（Danish Broadcasting Corporation，丹麦语缩写为

DR），这一绝对垄断格局就是在国家禁止开办商营电视台的严格律令下形成的；而中东国家沙特阿拉伯则至今仍禁止创办私人电视台，只有五家电视台得到沙特政府的许可，拥有在其国内开办电视频道的资格。一般而言，施行行政垄断政策的目的在于抑制商业力量可能的对广播电视媒体的文化属性或宣传职能构成侵袭，从而使之更好地服务于公共利益、国家利益和社会发展。

在很多批评者看来，寡头垄断格局极易导致对广播电视文化多样性的破坏，屈指可数的"卖家"完全可以通过种种联合与共谋的手段，压制其他竞争者与"非主流"节目形态的成长，从而令广播电视业呈现出"保守的、一味取悦绝大多数人趣味"的趋同性特征。① 更尖锐的批评来自传播政治经济学理论家。如**赫伯特·席勒**（Herbert Schiller）（图 3.2）曾指出，美国的传媒产业虽然拥有表面上的经济自由和言论自由，但对经济利益的贪婪追求却导致其不可避免地成为现有不平等体制的维护者，大众传播实际上成为美国政府在全球范围内推行"文化帝国主义"的帮凶。② 而另一位学者罗伯特·麦克切斯尼（Robert Mc-Chesney）则声称："若要实现真正意义上的民主，必须首先对传媒体制进行系统性的结构改革"，因为"全球性的新自由主义浪潮已经使得传媒成为一种反民主的力量"。③

图 3.2　赫伯特·席勒

---

① Els de Bens, *Media between Culture and Commerce*, Intellect Books, 2007, p. 43.

② 参见 Herbert I. Schiller, *Mass Communications and American Empire*, Westview Press, 1992。

③ Robert W. McChesney, *Rich Media, Poor Democracy: Communication Politics in Dubious Times*, The New Press, 2000, p. 1.

二、新媒体对广播电视业市场结构的影响

互联网和流媒体技术的普及对西方广播电视业高度集中乃至垄断的格局产生了显著的影响，这种影响主要体现在：借助新技术进行节目生产和传播的广播电视机构与新型音视频内容制播机构，得以在一定程度上突破传统电信与广播政策对产业格局的塑造，从而实现"从边缘发声"。

在全世界范围内，各大流媒体网站早已开始涉足原创节目的生产与播出，如 Netflix 就曾推出《纸牌屋》(*House of Cards*)、《女子监狱》(*Orange Is the New Black*)、《王冠》(*The Crown*) 等广受欢迎的自制剧，成为美国网络节目制播领域的先驱。"当 Netflix 决定以在线方式向美国家庭传输电视节目时，传统电视机构感受到了前所未有的威胁，因为 Netflix 无须像传统电视那样将大量资金用于发展一整套用于信号传输的基础架构，就可以将自己的产品直接送到消费者手中。"[①] 而流媒体视听传播生态的成熟，也在客观上破坏了各国传统意义上的电视节目准入壁垒，如中国的电视节目如今可以直接通过开放的视频分享网站实现对外传播，而不必像过去一样必须通过"频道落地"的方式进入外国市场。

同样被传媒巨头视为威胁的，还包括基于用户生成内容（user-generated content，UGC）技术的各类视频分享网站，尤其是谷歌（Google）旗下的 YouTube。由于 YouTube 在诞生不到十年的时间里便积累了大量忠实的用户，并对传统电视业的观众群体构成了分流，尤其抢夺了传统电视业的广告份额，所以其经营行为始终受到全国性电视网的打压。例如，旗下一度拥有 Fox 电视网和社交网站 MySpace 的新闻集团，曾禁止用户在 YouTube 发布 Fox 的节目及 MySpace 网站的链接，但由于此举招致了用户的愤怒和

[①] John Hinshaw, and Peter N. Stearns, *Industrialization in the Modern World: From the Industrial Revolution to the Internet*, ABC-CLIO, 2013, pp. 247–248.

背弃，因此最后新闻集团只好转而与 YouTube 建立合作关系。[①] 在新技术的冲击下，对于传统电视产业的盈利来说至关重要的"受众注意力"也正在逐渐被在线音视频服务所分流。皮尤研究中心（Pew Research Center）的调查显示，从 2007 年开始，美国人平均用于观看线上视频的时间已超过观看电视网节目的时间，而 YouTube 的用户中有 32% 表示自己在看电视上花费的时间越来越少。[②] 2021 年的调查数据则显示，54 岁及以下的美国人花费在收看传统电视上的时间不足花费在观看流媒体节目上时间的三分之一，只有 55 岁及以上年龄段的美国人收看传统电视的时间（45%）长于观看流媒体节目的时间（40%），这意味着哪怕传统电视网仍保持着较高的收视水平，也不得不面对最有商业价值的消费者日渐流失的严峻现实。[③]

新媒体的冲击固然难以动摇传统广播电视业内存在的寡头垄断格局，但网络原创节目和流媒体网站所带来的视听内容接受方式的革命，或可在一定程度上解决传统广播电视产业格局产生的文化同质化等问题。不过，也有批评者尖锐地指出，以 YouTube 为代表的视频网站尽管对传统电视产业的垄断地位提出了挑战，却也不能被简单视为"文化民主"的象征，因为如同传统电视一样，在线视频"始终缺乏真正意义上的多元化观点交换的机制"，"只是一种新的文化商品化形式"。[④] 对于新媒体技术对传统广播电视产业的影响，我们需要进行持续和深入的观察。对于广播电视新媒体化的前沿动态，将在第八章中展开深入讨论。

---

① Adam Penenbert, *Viral Loop: The Power of Pass-it-on*, Hachette, 2010, p. 172.

② "YouTube vs. the Boob Tube," *Pew Research Center*, February 9, 2007, http://www.journalism.org/numbers/youtube-vs-the-boob-tube/，2022 年 5 月 6 日访问。

③ 参见 eMarketer website, https://www.emarketer.com/content/us-adults-across-age-groups-prefer-streaming-services-cable-tv，2022 年 5 月 6 日访问。

④ Michael Strangelove, *Watching YouTube: Extraordinary Videos by Ordinary People*, University of Toronto Press, 2010, p. 191.

> **思考题**

1. 广播电视产业具有哪些基本特征？
2. 广播电视产业通常以什么方式盈利？
3. 广播电视产业链是怎样构成的？
4. 目前全球广播电视节目市场的概况如何？
5. 如何看待寡头垄断市场结构对广播电视业的影响？

第四章　广播电视的内容生产

> **要　点**
>
> 1. 媒介内容生产的代表性理论。
> 2. 广播电视节目的基本类型及各自的特征。
> 3. 广播电视节目的基本生产流程。

如果我们将广播电视媒介视为现代社会的重要信息与文化生产机构，那么其最主要的产品就是内容（content）。广播电视媒介的内容以特定的符号形式承载信息与文化，并借助自身在社会传播系统中的流通，将信息与文化向整个社会领域扩散。对于在现代社会中生活的人们而言，接收和消费广播电视媒介提供的内容不但是获取资讯、知识和娱乐的重要途径，而且是社会生活不可或缺的构成要素。因此，对于广播电视内容及其生产机制的考察，是我们理解广播电视媒介与社会和社会中生活着的人们之间的关系的必要途径。通过向社会与受众提供内容的方式，"广播电视得以对社会的核心价值、共同利益以及那些最重要的事务做出反应，进而实现对社会的整合"[1]。

---

[1] Gray Graham, et al., *Content Is King: News Media Management in the Digital Age*, Bloomsbury Publishing USA, 2015, p. 56.

第四章　广播电视的内容生产

广播电视对内容的生产既遵从大众传媒内容生产的一般模式，也因其自身的技术、机构与产业特性而形成了诸多鲜明的特点。在对这一机制进行考察的过程中，须首先确立三个观念上的前提，如此方可在科学的体系内形成准确的理解：第一，广播电视媒介的内容生产是社会化的生产而非个体化的生产，这意味着我们要将广播电视的内容视为特定机制、流程和体系运作的产物，而非简单的个人智力与体力劳动的成果；第二，广播电视的内容在本质上是一种文化产品，其生产机制与一般性的物质产品的生产机制有显著的不同；第三，广播电视的内容生产不是孤立的过程，受到多种社会因素的影响和制约。

在本章中，笔者将首先对媒介内容生产的一般性机制与过程进行全景式的探讨，尔后再针对广播电视内容及其生产者的类型与特征做出具体的介绍。

第一节　媒介内容生产的基本观念

"**内容生产**"（content production）是媒介社会学领域的一个拥有广泛影响力的概念，被用以描述媒介内容得以生成的各种社会过程和社会机制。媒介社会学家对这一概念的最初使用，是对经典新闻学研究思路的一种反拨。在经典新闻学里，作为大众媒介最重要的内容形态之一的新闻（news），被广泛视为新闻从业者依据一些普遍性的规范、标准和法则"创作"（create）出来的，这些法则包括客观性原则、新闻价值规律、通行的新闻伦理与道德准则、新闻制作的技能等。但社会学家并不这样认为，他们用"生产"而非"创作"这些字眼，来凸显新闻内容生成的社会属性。正如英国学者拉尔夫·奈格林（Ralph Negrine）所说的："新闻的生产过程是在一个规模巨大、层级分明、技术复杂、追逐利润的机构体系中发生的，而新闻记者只不过是这个机构体系的一个组成部分，他们的活动时刻在折射并维护整个体系的利益需求。"[1] 正因如此，迈克尔·舒德森才指出："研究新闻的社会科学家所使用的语言，时常令新闻记者质疑并误解。"[2] 当社会学家频繁使用诸如"制造"（make）、"建构"（construct）、"塑造"（shape）这样的字眼来描述新闻生产的过程时，新闻从业者的个体劳动似乎被抹杀并藏匿于媒介机构及其社会语境的逻辑之下了。

当然，媒介社会学并不否定个体视角，它只是更倾向从中观的层面对影响媒介内容生产的种种结构性因素做出解释。在这个过程中，经典新闻学所信奉的一些理念性或操作性的信条也被置于"机构"的视野内加以剖析乃至解构。而媒介社会学分析的使命则在于，建立一套关于媒介内容生产的科学的分析体系，令我们对媒介内容的观察和理解得以与具体的社会过程结合起来。

在这一部分，我们主要介绍三位社会学学者——迈克尔·舒德森、盖伊·塔克曼和帕梅拉·休梅克（Pamela Shoemaker）关于媒介内容生产的基本观念。

一、舒德森：内容生产的社会学

在一篇影响深远的论文中，美国社会学学者迈克尔·舒德森提出，我们需要从三个视角来对大众传媒的内容生产（主要是新闻生产）机制进行理解：政治经济学视角、社会组织视角和文化人类学视角。

在政治经济学视角下，媒介的内容生产是一个深受媒介机构的政治经济结构影响的过程。媒介机构的所有权归属、经济来源、与政府的关系、与广告商的关系等因素，均会在媒介内容本身及其被媒介机构"制造"出

---

[1] Ralph Negrine, *Politics and the Mass Media in Britain*, Routledge, 2003, p. 105.

[2] Michael Schudson, "The Sociology of News Production," *Media, Culture and Society*, 11 (3), 1989, p. 263.

来的过程中得到体现。在美国的商营广播电视体制下，由于电台和电视台主要通过广告经营获得收入，故其与广告主之间的关系就成为影响节目内容的一个十分重要的因素。例如，在 2012 年美国大选期间，两位总统候选人贝拉克·奥巴马（Barack Obama）和米特·罗姆尼（Mitt Romney）分别在电视台投放了金额达 4.04 亿美元和 4.92 亿美元的政治广告，那些接受了广告投放的电视台则会在立场上支持投放广告的候选人。[1] 而在国营广播电视体制下，电台和电视台的所有权归国家，因此其新闻报道等内容生产活动须符合国家利益。即使是作为欧美公共广播电视机构典范的 BBC，其相对于英国政府的独立性在一些学者看来也仅仅是"理论上的"——尽管政府并不参与 BBC 的日常运营工作，但对 BBC 的经营方针和发展方向起主导性作用的信托委员会成员是由政府提名任命的。另外，英国政府也能通过各种手段对 BBC 的编辑方针施压，使其新闻报道活动尽可能符合政府的利益。[2]

在**社会组织视角下**，媒介的内容生产活动受到媒介机构的各项特征与因素的影响，包括传媒行业通行的职业理念或价值标准、传媒机构固有的政治倾向与政治立场、内容生产部门的组织构成与部门结构等。例如，美国知名电视新闻频道福克斯新闻（Fox News）以其鲜明的保守派立场著称，因而该频道在时政新闻的制作和播出中明显支持共和党，并通过各种手段打压民主党；而其在美国最主要的竞争对手 MSNBC 则与之相反，是电视媒体中民主党的最主要支持者。在 2007 年民主党党内总统候选人提名竞选期间，福克斯新闻台曾试图组织一场两位候选人奥巴马和希拉里·克林顿的电视辩论，但遭到民主党的严词拒绝，原因就在于该频道"一贯的

---

[1] "Mad Money: TV Ads in the 2012 Presidential Campaign," *The Washington Post*, November 14, 2012.

[2] Roberta Pearson, and Philip Simpson, *Critical Dictionary of Film and Television Theory*, Routledge, 2005, p. 529.

偏颇立场";而共和党的全国大会也曾公开抨击 MSNBC，指其"用自由主义污染并统治了有线电视网络"①。特定广播电视机构特有的政治倾向对其内容生产的影响不可谓不显著。

  在**文化人类学视角下**，媒介的内容生产活动受到既定社会文化、习俗和交流所使用的符号系统的影响，亦即媒介的内容生产行为其实是一种浸润在文化土壤之中的行为。例如，一项针对新西兰土著民族毛利人（Māori）新闻记者的研究显示，其民族传统文化对于真实、客观、理性等基本观念的理解与西方国家现行的新闻专业主义有显著的不同，这种不同对毛利新闻记者的新闻生产活动产生了巨大的影响。② 而另一项针对非洲国家乌干达的布干达族（Buganda）新闻记者的研究也显示，该民族历史传统与文化习俗中存在的大量与中国文化较具亲缘性的因素，使得来自这一民族的新闻记者在从事中国事务报道的过程中时常采用与西方主流媒体极为不同的视角和方法。③ 此外，还有学者指出，家庭伦理剧之所以成为中国最受欢迎的电视剧类型之一，是因为与中国社会所普遍奉行的一些儒家价值观密切相关，这种价值观强调"家庭是一个自洽的价值系统，而家庭的稳定对于生活和社会的美好而言至关重要"④。

  舒德森的"三视角"说并未对影响媒介内容生产的具体社会因素进行归纳，但为我们观察和分析广播电视的内容生产机制提供了一套行之

---

  ① Jeffrey P. Jones, *Entertaining Politics: Satiric Television and Political Engagement*, Rowman & Littlefield, 2010, p. 60.

  ② Folker Hanusch, "Cultural Forces in Journalism: The Impact of Cultural Values on Māori Journalists' Professional Views," *Journalism Studies*, 16 (2), 2015, pp. 191–206.

  ③ Jiang Chang, and Hailong Ren, "How Native Cultural Values Influence African Journalists' Perceptions of China: In-depth Interviews with Journalists of Baganda Descent in Uganda," *Chinese Journal of Communication*, 9 (2), 2016, pp. 189–205.

  ④ Ying Zhu, *Television in Post-reform China: Serial Dramas, Confucian Leadership and the Global Television Market*, Routledge, 2008, p. 3.

有效的理论框架。最重要的是，舒德森建立起了一套非中心化的媒介研究思路，即反对就媒介论媒介，强调将媒介视为庞大而细密的社会系统的一个组成部分，并在媒介与社会系统其他部分的勾连与互动之中对其进行观察和阐释。

二、塔克曼：媒介内容与社会现实的相互建构

美国社会学家盖伊·塔克曼在其代表著作《做新闻》中，提出了带有强烈批判性色彩的观点：媒介内容是在社会因素的影响之下被生产出来的，而且媒介内容的生产过程也强化了既存社会结构的合法性，因而是现有社会体制的有力维护者。例如，新闻媒体在选择将某些机构（如政府），视为主要的信息源的同时，必然也要维护这些机构所提供的信息的权威性，长此以往，这些机构在社会权力结构中的权威性也会得到提升。由此可见，媒介内容并不是对社会现实的被动、机械的反映，而是对社会现实具有强大的反作用力，这种交互关系共同维系着现有社会结构的稳定。

"建构论"对传统新闻学的一些核心理念进行了尖锐的质疑。比如，被西方新闻从业者奉为圭臬的专业主义（professionalism）在塔克曼看来只是一种"策略性的仪式"（strategic ritual），是缺乏实际功效的文化形式，其在营造一种表面上的客观的假象的同时，也令支配性的观点占据主流话语，抹杀乃至消弭了处于言论"边缘"地带的异见。[①] 所谓的新闻价值（news values/news worthiness）也不是放之四海而皆准的行业标准，而是从事新闻生产或影响新闻生产的多方力量相互协商的结果。例如，在一档电视新闻节目中，新闻的编排本应严格依照新闻价值规律来进行，但实际上，栏目编辑往往要综合比较多方面的观点和力量才能做出最终的决定，因而最终的编排顺序往往是权力的产物而非新闻价值规律作用的结果。

---

① 参见 Gaye Tuchman, *Making News: A Study in the Construction of Reality*, Free Press, 1980。

中国影响力最大、观众人数最多的电视新闻栏目《新闻联播》就是一个典型案例：该栏目自 1978 年诞生以来，始终保持较为固定的编排顺序（参见表 4.1），成为中国社会的一种媒介化的政治仪式。只有在极为特殊的情况下（如出现重大突发事件时），才会临时打破这种固化的编排。[1]

表 4.1　《新闻联播》固化的编排顺序

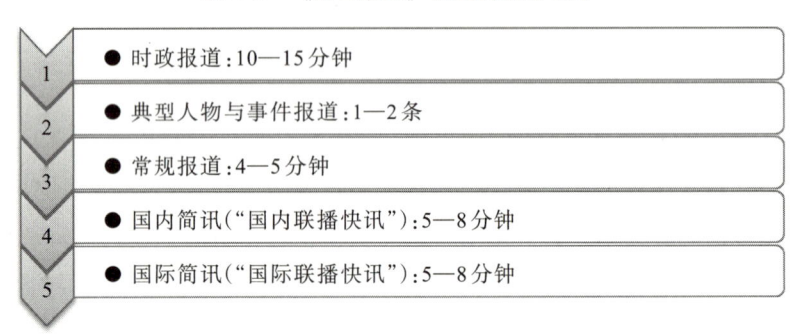

1	● 时政报道：10—15 分钟
2	● 典型人物与事件报道：1—2 条
3	● 常规报道：4—5 分钟
4	● 国内简讯（"国内联播快讯"）：5—8 分钟
5	● 国际简讯（"国际联播快讯"）：5—8 分钟

媒介内容与社会之间相互建构的关系，为我们考察广播电视内容生产机制带来了一种紧迫感：广播电视是当代社会最重要的传播系统之一，其节目的制作和传播不仅是一种简单的生产经营活动，也对其所处的社会的结构与生态有着实际的影响。正如有学者指出的："媒介的内容是社会意义（social meaning）的一个强大的来源，其通过不断生产和传播关于知识的各种形式和话语，在社会成员的日常交流行为中扮演了至关重要的角色。"[2]

三、休梅克：影响媒介内容的社会因素

在前人的研究的基础上，社会学家帕梅拉·休梅克系统地归纳了影响媒介内容的具体社会因素，从而为我们考察媒介内容生产提供了一个可以

---

[1] Jiang Chang, and Hailong Ren, "Television News as Political Ritual: Xinwen Lianbo and China's Journalism Reform," *Journal of Contemporary China*, 25（97），2016, pp. 14-24.

[2] Eoin Devereux, *Understanding the Media*, SAGE, 2003, p. 11.

直接使用的分析框架。在休梅克看来，影响媒介内容的社会因素，从微观到宏观，主要由如下五个因素构成：媒介从业者个体、媒体常规、媒介机构、外部因素和意识形态（参见表4.2）。

表 4.2　影响媒介内容的五个社会因素[①]

社会因素	具体内容
媒介从业者个体	性别与族裔；背景与个性；态度、价值观与信仰；职业角色与道德水准……
媒体常规	新闻价值判断；迎合受众的手段；主流叙事模式；传播方式……
媒介机构	内部结构；宗旨与目标；政治与价值倾向；所有权；收入来源……
外部因素	信息源；政府；市场；技术；受众……
意识形态	主导性意识形态；国家对媒体的社会控制；权力的构成；霸权现状……

尽管上述对于影响媒介内容生产的诸项社会因素的归纳是在美国的社会体系背景下做出的，但其层次和内容的全面性也为我们分析中国社会体系下的广播电视内容生产机制带来了启发。中国的电台和电视台是国家所有的文化与宣传机构，国家自然是对其内容生产机制产生影响的重要因素；而在广播电视产业化转型的浪潮中，广告商和受众因直接决定着电台和电视台的经济收入而构成了影响内容的另一支强大力量。除此之外，作为一个拥有悠久历史和深厚传统的国家，中国社会的各种文化传统、风俗习惯、审美风格等，也会对广播电视的内容施加影响；伴随着数字与智能传播技术在广播电视行业的普及，原有的内容生产机制不断被颠覆与修正以适应新的传播环境，技术作为促进媒介内容形态变革的重要动力正

[①] Pamela J. Shoemaker, and Stephen D. Reese, *Mediating the Message：Theories of Influences on Mass Media Content*, Longman, 1996.

在受到越来越多的人重视。因此，在当下中国，国家、市场、文化与技术构成了影响广播电视内容生产机制的四个支柱性的因素。

以前些年中国电视荧幕上频繁出现的抗日战争题材电视剧为例。这一类型的电视剧因迎合了中国民间的流行情绪而拥有较大的盈利空间；但在制作和播出过程中，由于出现了剧情荒谬、格调低俗等问题而受到了国家管理部门的严格调控。再如，中央电视台的主流新闻栏目《晚间新闻》在2014年年初开始将大数据技术运用于新闻制作和呈现，改变了原有的新闻生产方式，这既是受到新技术影响与驱动的机制革新，也是出于提升节目收视率、获取更高广告收益的内在需求。[①]

因此，以休梅克提出的分析框架为基础，我们应当对影响广播电视内容生产的各种社会因素予以全面的考察，而且要将这种考察置于特定的社会语境之下。我们在分析广播电视内容生产的问题时，既要避免将其视为一个自然而然的个体化创作的过程，充分意识到广播电视内容的生产是一种社会化的生产，也要将对这一问题的阐述与特定的社会语境紧密结合，对那些被宣称具有普遍性的价值和标准保持严肃的审视。

第二节　媒介内容生产的批判性考察

与美国媒介社会学学者相比，深受马克思主义影响的欧洲文化与媒介理论家对媒介的内容生产机制持更为尖锐的批判态度。他们并不强调对影响媒介内容生产的具体要素进行归纳和分析，而更多试图对媒介内容生产机制背后隐藏的权力关系和意识形态意图进行揭露和批判，并主张以一种"革命"的姿态重建民主化的社会信息与文化的生产系统。在这一领域，

[①] 常江、文家宝、刘诗瑶：《电视数据新闻报道的探索与尝试——以中央电视台〈晚间新闻〉"据"说系列报道为例》，《新闻记者》2014年第5期，第74—79页。

第四章 广播电视的内容生产

最具代表性的理论观点包括德国法兰克福学派的文化工业理论和法国哲学家路易·阿尔都塞（Louis Althusser）的"意识形态国家机器"理论。

一、法兰克福学派：文化工业理论

法兰克福学派是在两次世界大战之间以德国法兰克福大学社会研究所为中心形成的一个新马克思主义理论家群体，其主旨思想既反对资本主义又反对苏联的霸权主义，主张通过对社会理论的探索来找寻人类社会发展的新道路。[①] 法兰克福学派的基本理论观点对现存的资本主义制度持尖锐的批判立场，因而也被人们视为当代"批判理论"（critical theory）最重要的代表。

法兰克福学派的**西奥多·阿多诺**（图4.1）和马克斯·霍克海默（Max Horkheimer）是较早对资本主义社会大众传媒的内容生产展开批判性考察的学者，他们在1944年出版的《启蒙辩证法》（*Dialectic of Enlightenment*）一书中，明确以"文化工业"（culture industry）这

图4.1 西奥多·阿多诺

一表述来形容资本主义社会大众媒介的生产机制。在他们看来，电影、广播节目、杂志等大众传媒生产出来的内容是毫无个性的标准化内容，其主要作用在于令受众在获得娱乐的同时变得慵懒而被动，从而丧失对资本主义制度进行反思和反抗的能力。在资本主义制度之下，文化工业生产出来的媒介内容具有两个显著的特点：一是同质性，即各种内容无论是在形式还是在风格上都极为相似，同时排斥另类内容出现的可能，一旦一种类型的内容被证明具有流行潜质，各机构就会对其进行大量的模仿生产；二是

[①] David Held, *Introduction to Critical Theory: Horkheimer to Habermas*, University of California Press, 1980, p. 14.

可预见性，即内容不具备令人感到"陌生"或"震惊"的艺术效果，时常让受众看到开头就能猜到结尾，从而在接受的过程中获得一种心理上的安全感和对现状的满足感。对于文化工业来说，生产这样的内容无外乎为了获取财富、追求利润；但文化工业所产生的实际的社会效果，却是将大众牢牢地捆绑在市场和消费体系之上，从而维护资本主义制度得以存在和发展的基础。在法兰克福学派另一位代表人物赫伯特·马尔库塞（Herbert Marcuse）看来，沉迷于资本主义文化工业中的人变成了一种"单向度的人"（one-dimensional man）。"那些试图超越既有话语和行为范畴的观念、愿望和理想，要么被摒弃，要么被纳入现存的体系"①；而真正的自由、创造力和快乐是无法通过文化工业来获得的，人类对于自身的救赎必须在高雅艺术的引导下来完成②。

尽管文化工业理论从诞生之日起就不断受到批评和修正，但其对资本主义制度下的大众传媒内容生产机制的批判性考察，无疑令人们深刻认识到了看似无害的流行娱乐的操纵性本质。有专事英国电视剧研究的学者即曾指出，尽管BBC播出的电视剧数量繁多、品种多样，但这些剧集的情节、风格乃至长度都极为相似，均"小心翼翼地不去冒犯或逾越任何社会区隔"③。至于电视新闻，尽管表面上秉承"客观中立"的报道法则，但实际上只不过是将当下社会的权力结构的"神话"以一种"中立"的方式加以呈现，从而使受众认为这种结构也是自然而然的。④ 为了持续不断地获取利润，广播电视机构须对自身播出的内容进行精心的设计，以使之符合资本主义文化工业生产体系的要求：每集电视剧的长度需要严格固定下

---

① Herbert Marcuse, *One-dimensional Man*, Beacon Press, 1964, p. 132.

② 参见 Theodor Adorno, and Max Horkheimer, *Dialectic of Enlightenment*, Stanford University, 2002。

③ George W. Brandt, *British Television Drama*, CUP Archive, 1981, p. 22.

④ Jonathan Bigness, *Media Semiotics: An Introduction*, Manchester University Press, 2002, p. 124.

来，以便于广告的插播；各种故事和剧情的结局需要指向观众所能普遍接受的美好与和谐的状态，以免给其带来不愉快的观感而导致收视率下降；那些不能持续吸引观众并带来丰厚广告收入的"枯燥的"节目，则会在淘汰机制下被无情关停；一档新的节目在播出之前，要经过反复的调查和测试，以确保不会对社会现状构成破坏和侵犯……这一切对于广播电视机构而言固然是趋利避害的举动，但其背后的深层逻辑则是通过与现存社会权力结构的"合作"来追求共同的利益。在这种利益体系下，广播电视的受众是最主要的"受害者"，他们以为自己拥有了文化消费的能力和自由，但他们真正的自由却已经被组织严密、无远弗届的文化工业体系所吸纳和消弭了。正如阿多诺所说："（在文化工业的影响下）不止个体（individual），就连个体性（individuality），也已经变成了一种社会产品。"①

二、阿尔都塞：作为意识形态国家机器的媒介

另外一位对资本主义大众传媒的内容生产做出批判性考察的重要人物是法国哲学家**路易·阿尔都塞**（图4.2），其在媒介与文化领域做出的最主要贡献，是对"意识形态"这一概念的重新挖掘和界定。

在阿尔都塞看来，社会结构是由三种实践构成的：经济实践、政治实践和意识形态实践。**意识形态**并不是对社会经济基础的被动反映，而是经济基础得以存在的必要前提，人们的观念、价值、欲望乃至喜好，都是通

图 4.2　路易·阿尔都塞

---

① 转引自 Deborah Cook, *The Culture Industry Revisited: Theodor W. Adnorno on Mass Culture*, Rowman & Littlefield, 1996, p. 2.

过意识形态实践的方式被"灌输"至大脑的，人的主体性也是意识形态实践的结果。意识形态通过自身独特的实践方式，持续维系着现下社会机构的存在，即"社会政治经济结构的再生产"。因此，意识形态不是构筑于"上层建筑"领域的观念楼阁，而是由"**意识形态国家机器**"（ideological state apparatuses）生产出来的一系列实践，这些意识形态国家机器通过不断对人进行"询唤"（interpellation）的方式，实现对现有社会结构的周而复始的再生产。而作为被询唤对象的人，则通过一种虚幻地反映自己的实际生存状况的想象而顺从于意识形态国家机器的上述实践，从而不自觉地成为既存社会制度的维护者。[1]

在阿尔都塞看来，大众传媒就是一种十分重要的意识形态国家机器，其向受众提供的各种各样的内容就是对受众的一种"询唤"。典型的意识形态国家机器还包括家庭、教会、学校等。具体而言，受众对广播电视节目等媒介内容的接受，就相当于认可了自身为广播电视媒介的意识形态实践的对象，从而将自己纳入了对现有社会结构进行再生产的"工程"，他们从这些节目中获得对于自身处境的"想象性的理解"，而这种理解最终服务于对现存制度的维护。例如，风靡全球的美国电视剧尽管题材多样、制作精良，但在意识形态上却始终在迎合不同历史条件下的主流思潮和话语，其故事情节往往通过对超越阶级和种族的友情的塑造来隔绝"真正的生活"，这一"去激进化"策略使得美剧作为一种"温和的、只拥有表面效度的现代文化的媒介样本，在最大程度上与不同的社会制度和文化传统兼容"。[2] 此外，亦有西方学者指出，当下的流行电视剧仍以现实主义为主要美学风格，这与工业资本主义的发展历史是大体一致的，因而其极易令

---

[1] Louis Althusser, "Ideology and Ideological State Apparatuses," in Louis Althusser, *Lenin and Philosophy and Other Essays*, Monthly Review Press, 1971, pp. 121–176.

[2] 常江、田浩：《作为文化的美剧：主流类型、工业、意识形态》，《深圳大学学报（人文社会科学版）》2020年第2期，第14—22页。

观众产生可信赖的真实感，甚至被观众视为组织日常生活的参照系，令观众从观念到行为均符合"现实主义"的逻辑，自然也就符合工业资本主义所推崇的逻辑，这也是一种意识形态的询唤。[①]

广播电视的内容是意识形态的直接承载物，其生产和传播的过程就是现代社会的一种典型的意识形态实践，不仅是对社会现实的呈现，也是对社会现实的一种积极的参与。如同塔克曼强调媒介内容与社会现实之间相互建构的关系一样，阿尔都塞也强调，包括大众传媒在内的"文化机构"并不只是对社会政治经济结构的虚弱的反映，这些机构无时无刻不在通过意识形态实践，有力地维护着现存的社会权力结构。

第三节 广播电视节目及其生产机制

不同类型的大众媒介拥有不同的内容形态，而对于广播电视媒介来说，最主要的内容形态就是节目。因此，我们对于广播电视内容生产机制的探讨，主要就是针对广播电视节目生产机制的探讨。

所谓**节目**（program），是指广播电视及其他类型的视听媒体（如流媒体网站）播出的，具有特定内容和形式的，可供人们感知、理解或欣赏的作品。一条电视新闻是一个节目，一部广播剧是一个节目，一场电视文艺晚会也是一个节目。由于传统广播电视具有线性播出的媒介特征，因此节目的播出往往采取较为固定的方式，以便于受众的阅听。于是，我们便将那些具有固定长度和固定风格并以较为固定频率播出（一般包括每日播出、每周播出、工作日播出、休息日播出等种类）的节目，称为"栏目"（series）。一般而言，流媒体网站的节目播出无须遵循固定频率，比传统广播电视更加自由。在第二章中我们曾讲到，栏目是广播电视机构日常运营

---

① Catherine Belsey, *Critical Practice*, Routledge, 2002, p. 162.

与管理工作的中心，不同的广播电视机构之间的竞争归根结底也是栏目之间的竞争。

一、广播电视节目的类型

广播电视节目数量庞大、内容繁多，盖因广播电视受众有着丰富多样的需求和审美趣味。因此，在发展历程中，广播电视的节目形成了一些较为固定**形态上的类型**（type），如新闻节目、娱乐节目、谈话节目等；而同一种形态的节目又依题材和风格的差异形成了**叙事或美学上的类型**（genre），如电视剧形态中又有剧情类、喜剧类等类型的划分。在此，我们着重讨论前者，即形态上的类型，亦可简称为"形态"。

由于不同的社会、体制和机构时常对节目形态采用不尽相同的分类标准，加之人们在不同语境下谈论广播电视节目时也会采取不同的分类方式，所以并不存在一套放之四海而皆准的、全面而完整的节目分类体系。大致而言，我们可以采用如下几种方式对广播电视节目进行形态上的分类，参见表4.3。

表4.3 广播电视节目形态分类方式

分类标准	节目形态
功能	新闻节目、娱乐节目、教育节目、服务节目、文化节目……
内容	经济节目、军事节目、科技节目、体育节目、音乐节目……
形式	信息节目、专题节目、谈话节目、晚会节目、综艺节目……
结构	单一类节目、综合类节目、杂志类节目……
受众	少儿节目、女性节目、老年节目、农民节目、对外节目……

在表4.3中，不同的分类标准之间并不是泾渭分明的关系，彼此间有着大量的重叠与交叉。例如，同为新闻节目，在形式上，《新闻联播》属于信息节目，《新闻调查》则属于专题节目，中国环球电视网（CGTN）播出

的新闻节目若按受众来划分，则属于对外节目。另外，美国电视业中极为繁荣的谈话节目，即"脱口秀"（talk show），从功能上看既包括新闻类，也包括娱乐类和文化类。因此，对于一档广播电视节目或栏目的形态的判定，要依照所采纳标准的不同而做出具体的分析。但概而言之，我们可以大致将所有广播电视节目松散地划分为纪实类和非纪实类两种大的形态。前者包括新闻、纪录片、真人秀、专题节目、谈话节目等基于社会事实或真实表达制播的节目；后者则涵括各种广播剧、电视剧和文艺节目等，其共同特点是采用了虚构、抽象、升华等创作手段。下面将对四种主要的广播电视节目形态进行扼要的介绍，它们是新闻节目、电视剧、综艺节目和真人秀。

（一）新闻节目

广播电视新闻（broadcast news/broadcast journalism）是现代新闻业的一个重要的组成部分，是指以广播电视作为传播媒介的新闻；而广播电视新闻节目就是依照特定的机制和方针完成的标准化的广播电视新闻产品。与报纸、杂志等印刷媒介的新闻相比，广播电视新闻拥有显著的优势：一方面，广播电视新闻可综合运用声音、图像、语言、文字等多个符号系统来承载新闻的内容，因而更为直观、生动，也往往更具感官上的冲击力；另一方面，借助广播电视媒介实况转播的技术优势，广播电视新闻在时效性和现场感等方面均可达到其他媒介难以企及的程度，其对于重大事件的现场实况报道至今仍是新闻受众获取关于此类事件的信息的首要途径。

广播电视媒介在发展历程中形成了极为深厚的新闻传统。主要的电台和电视台莫不将新闻节目视为立台之根基；所有的综合性电台与电视台，无论大小均无一例外拥有自己的核心新闻栏目；一些实力雄厚的机构还会设立专门的新闻频率和新闻频道，对新闻栏目进行系统性、集中性的规划和打造。表4.4呈现的就是美国著名电视新闻频道美国有线电视新闻网

（CNN）的主要新闻栏目。一般而言，以简讯为主要形式、以口播为主要传播方式的信息类新闻栏目多为日播，甚至每日播出多次；而深度报道、调查性报道、新闻评论、新闻脱口秀等栏目，则因制作耗时而以较低的频率播出，如每周播出一次；至于对突发性事件的专题报道或实况报道，则大多根据实际情况灵活安排，必要的时候亦可打断正常的节目播出程式。

表 4.4　CNN 主要新闻栏目概况（2022 年 6 月）

名称	频率	播出时间（美东时间）	简介
Early Start	每个工作日播出一次	05:00—06:00	早间信息类新闻栏目
New Day	每个工作日播出一次	06:00—09:00	早间信息类新闻栏目
CNN Newsroom	每日播出多次	09:00—11:00 13:00—16:00	以滚动播出的形式，播出较为"软性"的新闻和突发新闻
The Lead	每个工作日播出一次	16:00—18:00	播出国内、国际和政治、财经、讣闻、体育、娱乐等领域的报道
The Situation Room	每个工作日播出一次	17:00—19:00	晚间综合性新闻杂志栏目
Erin Burnett Outfront	每个工作日播出一次	19:00—20:00	对当天发生的新闻按重要性排出前 7 位，并逐一进行深度分析与评论
Anderson Cooper 360°	每个工作日播出一次	20:00—21:00	对当天发生的若干重要新闻进行深度报道，并邀请专家评论
CNN Tonight	每个工作日播出一次	21:00—22:00	夜间信息类新闻栏目
State of the Union	每周日播出一次	09:00—10:00	时政新闻类脱口秀栏目
Fareed Zakaria GPS	每周日播出一次	10:00—11:00	公共事务新闻类脱口秀栏目
Reliable Sources	每周日播出一次	11:00—12:00	国际新闻类脱口秀栏目

第四章　广播电视的内容生产

　　从播出方式上来看，目前广播电视新闻节目以全部直播或部分直播为主流，即主播在演播室内进行现场口播，节目中插播的影音资料则为记者发自新闻现场的实况连线讯息或者预先录制好的现场或评论内容。直播既然是广播电视媒介相对于其他媒介最显著的优势，自然也就成了广播电视新闻最具魅力的特征。由于受到历史、政治与技术等因素的掣肘，在中国电视新闻领域，直到 1992 年 3 月 1 日才开始进行常态化的直播，最重要的新闻栏目《新闻联播》则从 1996 年 1 月 1 日才开始直播。1997 年是中国电视新闻业在直播领域实现全面突破的一年。中央电视台对香港回归庆典的 72 小时直播收视率最高达 91.6%，最低也有 18.4%，直播节目的观众满意率则达 92.2%。[①] 直播产生的强大反响令"现场"这一对于电视新闻而言至关重要的元素日益为中国电视新闻从业者所重视。一位曾在 20 世纪 90 年代深度参与中央电视台大型直播活动的电视记者甚至认为"现场直播是对观众最大程度的尊重"，是"一个社会民主程度和文明程度不断提高"的体现。[②] 在广播电视新闻生产的理念与实践上，中国从 20 世纪 90 年代中后期开始逐渐向"国际标准"靠拢。

　　进入 21 世纪以来，中国主流广播电视媒体积极参与重大突发事件、媒介事件的新闻直播，不但积累了丰富的经验，而且产生了显著的社会效应。2008 年 5 月 12 日，汶川发生特大地震。中央人民广播电台在第一时间推出了全天 24 小时直播特别节目《汶川紧急救援》，中央电视台也推出了直播特别节目《关注汶川地震》，这两档节目在当时成为国内外新闻媒体获取震区新闻的主要信息源。2021 年 7 月 1 日是中国共产党建党 100 周

[①] 雷蔚真、胡百精：《对香港回归直播报道的收视调查与引申思考》，《电视研究》1997 年第 10 期，第 7—10 页。

[②] 何绍伟：《97 年电视现场直播：新形态 新挑战 新问题》，《电影艺术》1998 年第 3 期，第 19 页。

年纪念日，中央广播电视总台使用了大量技术先进的空中作业平台、AI 追踪拍摄设备和智能转播车，对在天安门广场举行的庆祝大会进行了全球直播。

（二）电视剧

所谓**电视剧**，是指主要以电视为媒介播映的演剧形式，是一种适应电视传播特点、融合戏剧与电影艺术表现方法而形成的现代艺术样式。除传统电视平台外，电视剧还可通过音像制品、视频网站等渠道进行播放。在不同的国家，电视剧的内涵也不尽相同。在美国，并不存在一种与汉语"电视剧"一词对等的表述，而常见的"电视戏剧"（TV drama）、"电视喜剧"（TV comedy）、"迷你剧/限定剧"（mini-series/limited series）均被宽泛地视为拥有独立地位的节目类型，主流电视奖项的评选对电视戏剧和电视喜剧也分设不同的奖项，这与中国的情况有一些不同。

目前，电视剧主要包括连续剧和系列剧两种子类型，曾经拥有较大影响力的单剧、短剧较为少见。其中，中国的电视剧以连续剧为绝对主流，美国的电视剧则以系列剧居多。中美两国的电视剧的播出方式也截然不同。中国的主流播出方式为连续播出，即将一部完整的电视剧以每天固定若干集的频率一次性播完。美国则盛行**季播制**，一般而言以每年 9 月中旬至次年 4 月下旬为一个播出季，采用边拍边播、每周播出一集的方式，持续播出 20 集左右，是为一季；而每年的 5—8 月则为休播期，直到 9 月再继续播出新一季。电视剧形态和播出方式的不同使得中美两国形成了迥异的电视剧文化。例如，中国的电视剧的集数多在 30—60 集之间，便于观众在两星期至一个月内将其集中看完，以维持较高的关注热度；而美国的电视网则可依照受众反馈随时调整剧情及演员安排，寻求对长期忠实观众的培养，因而连续播出十余季（年）、总容量达数百集的电视剧十分常见（参见表 4.5）。

表 4.5　美国代表性电视剧容量

剧名	类型	首播机构	首播年份	总容量
一家大小（All in the Family）	喜剧	CBS	1971—1979	9 季 210 集
豪门恩怨（Dallas）	戏剧	CBS	1978—1991	14 季 357 集
欢乐酒店（Cheers）	喜剧	NBC	1982—1993	11 季 270 集
洛城法网（L. A. Law）	戏剧	NBC	1986—1994	8 季 171 集
法律与秩序（Law & Order）	戏剧	NBC	1990—2010	20 季 456 集
X 档案（The X-Files）	戏剧	Fox	1993—2002	9 季 202 集
老友记（Friends）	喜剧	NBC	1994—2004	10 季 236 集
人人都爱雷蒙德（Everybody Loves Raymond）	喜剧	CBS	1996—2005	9 季 210 集
白宫风云（The West Wing）	戏剧	NBC	1999—2006	7 季 156 集
反恐 24 小时（24）	戏剧	Fox	2001—2014	9 季 205 集
绝望主妇（Desperate Housewives）	喜剧	ABC	2004—2012	8 季 180 集
广告狂人（Mad Men）	戏剧	AMC	2007—2015	7 季 92 集
摩登家庭（Modern Family）	喜剧	ABC	2009—2020	11 季 250 集
极品老妈（Mom）	喜剧	CBS	2013—2021	8 季 170 集

电视剧是目前所有电视节目中形态与播出比例最为稳定的一类节目。2015 年上半年，电视剧是中国全部电视频道收视比例最高的节目，省级卫视 40% 以上的收视量来自电视剧。[1] 尼尔森调查公司的数据也显示，那些拥有鲜明的叙事性色彩的节目，尤其是电视剧，是美国几大电视网用于争夺观众的最主要的"武器"，一部受欢迎的黄金时段电视剧可以轻易吸引超过 1000 万观众收看。[2] 如果说制作新闻节目是电视台和电视网确立自身

---

[1] 李红玲：《2015 电视剧收视新特点》，2015 年 10 月 16 日，"综艺报"微信公众号，https://mp.weixin.qq.com/s?_biz=MjM5NTg1OTYwNA==&mid=213405396&idx=1&sn=14630bc6a105b6fa06a905659ae937db&chksm=2fbef32f18c97a392cd661a0aace9451e35eba7b36e39a3f32e6368b7c66690882cd07dd3473&scene=27，2023 年 5 月 5 日访问。

[2] Michael Curtin, and Jane Shattuc, *The American Television Industry*, Palgrave Macmillan, 2009, pp. 1–2.

在信息传播领域的权威性的主要方式，那么选择、购买和播出优质电视剧则是电视机构持续吸引观众注意力并获得稳定收视量的重要手段。

（三）综艺节目

综艺节目（variety show）是指一类同时包含了多种性质的文艺、表演和娱乐内容的综合性广播电视节目形态。这类节目因在有限的时间和空间内给观众提供密集的感官刺激而成为所有电视节目中娱乐化色彩最为强烈的一种类型。综艺节目包括许多子类型，如选秀类、益智类、相亲类、时尚类、明星类、文艺晚会等。

在西方国家，广播电视综艺节目源于音乐剧、舞台剧、杂耍等现场表演艺术。被移植到广播电视媒介平台以后，这类节奏感和娱乐性极强的节目立刻成为最受欢迎的节目形态之一。美国 CBS 早期最著名的电视综艺节目《埃德·沙利文秀》(*The Ed Sullivan Show*) 曾风靡 20 余年，经久不衰，不但拥有一大批忠实观众，而且将包括"猫王"[埃尔维斯·普雷斯利（Elvis Presley）]和披头士乐队（The Beatles）在内的流行音乐人"打造"为风靡全球的文化偶像。而选秀节目（talent show）则是综艺节目中最受欢迎的一个子类型，这类节目因对"草根"艺人的强大的挖掘和培育能力而成为当代社会最重要的"造星机器"。例如，从 2007 年开始热播至今的《英国达人秀》(*Britain's Got Talent*) 在英国国内曾取得过高达 64.6% 的收视份额[1]，更曾令其貌不扬且有学习障碍的平民歌手"苏珊大妈"（Susan Boyle）一举成名。美国著名的电视选秀节目《美国偶像》从 2002 年首播以来，始终牢牢占据全美电视收视冠军的宝座，有人评价道："《美国偶像》的价值与'美国梦'（American Dream）是融为一体的……是一种娱乐领域的政治仪式。"[2]

---

[1] Alastair Jamieson, "Susan Boyle Could Be in Priory Clinic for Weeks, Says Doctor," *The Telegraph*, June 3, 2009.

[2] Katherine Meizel, *Idolized: Music, Media, and Identity in American Idol*, Indiana University Press, 2011, p. 113.

中国的电视综艺节目起步较晚。中央电视台于 1990 年 3 月 14 日首播的《综艺大观》是这种节目形态在中国的滥觞，湖南卫视于 1997 年 7 月 11 日创办的《快乐大本营》则是中国综艺节目全面转向娱乐化的标志。从 2004 年开始，选秀类综艺全面进入中国人的视野。湖南卫视于 2005 年播出的第二届《超级女声》则将这类节目的影响力推至巅峰。该节目的收视率长期维持在 10% 以上，稳居全国同时段节目收视率的第一名；其总决赛的广告报价高达每 15 秒 11.25 万元，超过中央电视台综合频道所有时段的广告报价[①]；其投票环节收到了 900 多万条手机短信；其独家冠名广告主"蒙牛酸酸乳"的销售额同期增长了 2.7 倍[②]。2012 年首播的《中国好声音》所取得的巨大成功则令一度因国家相关管理政策而沉寂的选秀类综艺节目重新走上了影响力的巅峰。

各电视台对综艺节目的旺盛需求使得这类节目的"模式"（format）成为一种极富国际流通性的创意产品，一些本土市场不大但创意产业发达的国家成为综艺节目模式的重要输出源。例如，《中国好声音》的模式源自荷兰的《荷兰之声》（*The Voice of Holland*），而英国娱乐公司 Syco 研发的节目模式"达人秀"（Got Talent）则被成功输出至 58 个国家和地区，成为吉尼斯世界纪录认可的"全世界最成功的电视节目模式"[③]。除综艺节目外，真人秀也是模式流通和贸易极为繁荣的节目形态。

（四）真人秀

所谓**真人秀**（reality show），是一种强调对真实情境不加干涉并忠实呈

---

① 郭学文：《〈超级女声〉热播的传播学解析》，《东南传播》2006 年第 1 期，第 42 页。
② 孙音：《从"超级女声"看新娱乐经济》，《沪港经济》2005 年第 10 期，第 13 页。
③ Catriona Wightman, "*Got Talent* Wins Guinness World Record, Is Most Successful Reality Show," *Didital Spy*, April 7, 2014, http://www.digitalspy.com/tv/britains-got-talent/news/a562780/got-talent-wins-guinness-world- record-is-most-successful-reality-show/，2022 年 7 月 1 日访问。

现的电视节目。这类节目尽管像纪录片一样推崇对事物的自然面貌予以客观再现，但制作者却可通过对规则的设定和对各种后期技术的使用来制造戏剧性乃至冲突性的效果。比如，很多竞赛类的真人秀节目都会设计人员淘汰机制，以此来激发参与者之间的竞争乃至矛盾。另外，很多真人秀节目都会设置一个名为"自白"（confessional）的环节，即令参与者直接对着镜头讲述自己的想法和观点，以增强节目在情绪上的感染力。需要指出的是，作为一种电视节目形态，真人秀的边界始终较为模糊，很多即使基本符合真人秀概念的节目，如游艺节目，通常也不被归入真人秀范畴；而选秀类的综艺节目则因其对竞争和淘汰等元素的强调在很多情况下被视为真人秀。

目前公认的出现最早的成熟的真人秀节目是荷兰于 1991 年播出的《28 号》（*Nummer 28*），这种节目形态在全球范围内的巨大成功得益于《幸存者》（*Survivor*）和《老大哥》（*Big Brother*）两档节目在全球多个国家的热播。《幸存者》的模式由英国制作人查利·帕森斯（Charlie Parsons）为一家名叫 Planet 24 的制作公司研发，其主要模式是将一些参赛者置于与世隔绝的封闭区域内，并令其相互竞争以获取钱和奖励，每期节目结束前由全体参赛者投票决定将一个人淘汰出局，直至最后仅剩一个人为冠军。《老大哥》则由荷兰著名电视制作人约翰·德·摩尔（John de Mol）研发，其模式是令一些参赛者住进一幢与外界隔绝的房子中，并用监控录像和录音记录其全部言行，能够平安闯过所有淘汰轮次并最终留在房子中的那个人即获胜者。这两个风靡全球的节目模式界定了电视真人秀的一些基本特征：人为设置情境、严格的竞赛和淘汰机制、通过全景式记录与呈现来满足观众的窥视欲、对冲突性和戏剧性因素的重视。这两种模式从 2000 年开始被美国 CBS 引入播出，风靡至今。美国甚至出现了一些颇具影响力的真人秀专业频道，如曾以播放音乐电视著称的 MTV，即从 2000 年前后开始转型为一个几乎只播真人秀的频道[1]，该频道曾播出过收视率极高但极具

---

[1] 参见 Annett Hill, *Reality TV: Audiences and Popular Factual Television*, Routledge, 2005。

争议性的真人秀节目《泽西海岸》(*Jersey Shore*)。

2012年前后，真人秀节目开始在中国电视荧屏上大放异彩。与欧美国家相比，在中国，代表性电视真人秀节目如《爸爸去哪儿》《奔跑吧兄弟》《歌手》《向往的生活》等，在气质上深受传统文化的影响，更多强调家庭、友朋、社群的情感因素，以及健康、积极、公益等符合和谐社会理念的设计，其竞争性和冲突性则被大大削弱。国家更对带有猎奇色彩乃至低俗倾向的真人秀节目进行严格管控，如深圳卫视于2014年5月9日首播的"产房真人秀"《来吧孩子》仅播出了一期，就因伦理、尺度等方面的争议而遭停播，直到大幅度调整后才在12月25日复播。

二、广播电视节目的基本生产流程

在发展变迁的过程中，广播电视机构已形成了一整套完善的内容生产流程。具体而言，包括如下四个主要阶段。

（一）策划构思

策划构思是广播电视节目生产的第一个环节，是节目的生产者对于节目的形态、风格、主题、内容、目标受众等构成元素进行创意、酝酿、讨论和定位的过程。这个过程通常由负责节目日常生产与运营工作的总制片人组织完成。除此之外，在策划构思阶段，主创团队人员需要制订拍摄计划、组建拍摄团队、拟定日常运营的各项规则，并获得上级决策者的许可。在很多情况下，制作者还需要在这一阶段制作若干期试播集，以供上级决策者审阅并测试观众反应。这一阶段要一直持续到节目正式获批以及完全敲定各项运营细节为止。

策划构思是广播电视节目生产机制的基础，这一环节的周密性与科学性决定着一档节目乃至一个频道未来的命运。例如，北京电视台曾于2002年推出中国第一个面向青少年观众的专业频道，并为该频道的开播创办了相当数量的新节目。当时的北京电视台总编辑透露，在频道开播以前，台里曾进行了长达八个月的论证工作，在受众细分的总体指导思路下，先后召开了几十场专家论证会、观众座谈会、阅评员研讨会及改版策划会，因而才实现了极强的针对性。① 这些新节目在开播后很短时间内取得了良好的收视表现，足见策划构思的周密性对于节目传播效果的巨大影响。

一档节目一旦获得批准，就必须要依规定好的时间和频率播出。这时，节目的基本内容、风格与形态元素均已完全确定，节目的生产也进入常规性流程。这一流程主要是由前期录制、后期制作和平台播出三个环节的循环往复构成的。

（二）前期录制

所谓**前期录制**，即通过录音、摄像等记录手段，将节目由想法和创意变为实实在在的听觉与视觉素材的过程。这一工作需要直接从事节目日常生产工作的主要人员——编导、主持人、记者、摄像师、灯光师、音响师等亲身参与。在摄制过程中，一些相关的环节也需要专门的人员协调处理，包括布景设计、拍摄现场规划与安排、非新闻节目排演、各种人员物资调配等。例如，中国的周播电视新闻栏目《新闻调查》2023 年 6 月 3 日播出的一期节目《追问养老诈骗》的制作团队共 17 人，包括专职制片人、编导、记者、摄像、录音、编辑等。②

（三）后期制作

后期制作是广播电视节目生产的第三个阶段，其主要工作是对前期录制获得的声音与视觉素材进行编辑、加工和包装，使之符合播出的技术标准和美学需要。一般而言，后期制作包括画面粗编、文稿撰写、配音（含

---

① 张晓爱：《以首都特色推动频道专业化——北京电视台频道专业化整合要点》，《中国记者》2002 年第 2 期，第 58 页。

② 参见央视网《新闻调查》专区，http://tv.cctv.com/lm/xwdc/，2023 年 7 月 2 日访问。

解说词、音效、音乐)、精编合成（含混录、字幕、动画、特技等）以及宣传文案或宣传音视频资料制作等环节。需要注意的是，即使大多数以直播为播出方式的节目，也需要后期制作工序。例如，当下的新闻节目虽以直播为主，但也仅限于对新闻主播在演播室内的口播或评论员在演播室内的评论部分的直播，节目中播放的新闻片则须预先制作完成。

由于节目录制过程中存在不可预知的因素，故后期制作就成为整个节目生产机制中可控性最强的一个环节。为提升节目制作的精良程度、增强节目的奇观性和冲击力，当下的电视节目均十分重视后期制作工作。电视剧和综艺这样的娱乐节目自不待言，就连在理念上对"真实""不加修饰"至为推崇的真人秀，也高度依赖后期编辑工序来制造戏剧性和冲突感，"后期的工作将碎片化的细节缝合为一个整体，不但能够把故事讲得更清晰、更有意思、更有效率，也能够让观众从中获得明确的意义"[1]。

(四) 平台播出

完成后期制作的节目方可进入**平台播出**的环节。一般而言，电台和电视台是节目播出的首要平台。但随着传播技术环境和受众接收方式的不断变化，广播电视节目如今拥有了越来越丰富的播出渠道。例如，流媒体网站日益成为广播电视节目的一个重要播出平台。广播电视机构往往会选择在本机构的网站上推出节目链接以供没能在播出时收听收看到节目的受众点播，如中国中央电视台和湖南卫视就将自己的节目资料全部上传至自己的网站，同时推出手机视频应用供移动终端用户使用；而更常见的选择则是与用户更多、访问量更大的流媒体网站合作，在略晚于主平台播出的时间播出或与主平台同步播出，这就确保了所有能够接入互联网的用户均能

---

[1] Shay Sayre, and Synthia King, *Entertainment and Society: Influences, Impacts, and Innovations*, Routledge, 2010, p. 260.

获得节目，以此规避广播电视内容"转瞬即逝"的劣势，如中国著名节目制作公司华录百纳即在全球最大的视频网站 YouTube 上设立了自己的节目专区，将其制作的一些经典电视剧如《汉武大帝》《媳妇的美好时代》以及最新推出的电视剧上传至该平台，面向全世界观众播出。①

由于广播电视的传播是一个完整的链条，故只有在节目成功播出之后，其内容生产的全部过程才算最终完成。

三、广播电视媒体从业者

广播电视的内容生产固然遵循特定的逻辑、拥有完整的流程，但各项具体职责的履行与具体工作的完成，则须依靠广播电视媒体从业者的实际工作。在这一部分，我们将对五类广播电视媒体从业者的工作职责进行扼要的介绍。

（一）制片人

制片人（producer）通常是一档节目全部生产工作的总负责人，不但主导着从策划构思到平台播出整个生产流程的运营和统筹，也要负责全栏目组的人、财、物等资源的管理和调配，"在节目制作的'生意'和'创意'之间扮演了至关重要的中介角色"②。一些规模比较大的栏目组中甚至还存在分工更为详细的制片人群体：总揽全局的总制片人、负责具体管理工作的执行制片人、担任制片人副手的副制片人等。在电台或电视台，制片人通常由台里直接委派或通过竞聘方式产生，其拥有的权力也依不同机构的情况而不尽相同。但在纯粹制播分离的行业环境下，制片人实际上就是自立门户、自定题目、自产自销、自负盈亏的独立制作公司的负责人。前文提到过的真人秀《幸存者》和《老大哥》的研发者帕森斯和摩尔，就

---

① 参见 YouTube website，https://www.youtube.com/user/hlbnchina，2022 年 7 月 1 日访问。
② Bernadette Casey, et al., eds., *Television Studies: The Key Concepts*, Routledge, 2008, p. 221.

是这样的情况。制片人的工作职责主要包括如下五项：为栏目提供或争取必需的资金、选拔任命栏目制作团队人员及管理者、协调不同部门之间的关系以确保节目的正常生产、对选题和脚本等内容进行审核、对制作的进度予以计划和监督执行。[1]

（二）编导

在中国，广播电视业通常将编辑（editor）、导演（director）和导播（broadcast director）合称为"**编导**"。尽管这三项工作的内容并不相同，但由于中国广播电视业的人员分工并不像西方电视业那样明确，故实际上一位编导要同时具备上述三项业务能力。编导是广播电视节目日常生产最主要的参与者。编辑和导演承担着节目的现场录制、叙事和节奏的具体设计、素材的制作与修整等最直接的生产职责。而导播则在大量直播类节目（如重要典礼的现场直播）和不挂带录制的各类节目（如电视文艺晚会）中发挥重要作用：电视导播通过对视频切换台的操纵在录制现场完成节目的初编，其任务是指挥摄像师进行不同角度与景别的拍摄并现场决定将画面切换给哪个机位拍摄的镜头（图4.3）；而电台导播则扮演着主持人与听众之间交流的中介角色，不仅负责选取适宜的听众来电接入直播间，也要帮电台主持人拨通嘉宾电话以完成节目的交流环节。

（三）主持人

主持人（host/presenter）是广播电视节目中以模拟面对面交流的方式直接与受众对话和沟通的角色，其中新闻栏目的主持人亦称"主播"（anchor）。由于广播电视节目以固定频率、长期播出为主要传播方式，故在节目中设计一个可为受众明确感知、记忆乃至喜爱的稳定元素便显得尤其重

---

[1] Gerald Millerson, and Jim Owens, *Television Production*, Focal Press, 2009, p. 19.

图 4.3　电视导播工作现场

要，主持人这一角色遂应运而生。在符号层面上，主持人与其主持的节目应当是"合而为一"的，即主持人自身的形象和气质应完全符合并代表栏目的形象和气质；在生产机制中，主持人扮演的角色却并不完全相同，有的节目的主持人并不参与策划、采访、编辑和制作等过程，有的节目的主持人则深度参与乃至引导整个节目的生产，有的主持人甚至同时担任栏目的制片人。如 1986 年 9 月 6 日开播、风靡全球 25 年的知名美国脱口秀节目《奥普拉·温弗里秀》(*The Oprah Winfrey Show*) 的主持人奥普拉·温弗里就是这样一位"强势"主持人，她主导着整个节目的全部制作过程。[①] 而消息类新闻栏目的主持人一般只负责播报和现场交流工作，不参与或仅有限地参与节目的制作。此外，亦存在专事新闻稿朗读的一类特殊的主持人——"播音员"(announcer)。主持人既是一档节目的人格化象征，也是节目与受众进行沟通的主要中介，是广播电视传播过程中重要的把关人。

---

① Lacey Rose, "America's Top-earning Black Stars," *Forbes*, January 29, 2009.

第四章　广播电视的内容生产

（四）记者

记者（journalist/reporter）是广播电视新闻采集与现场报道工作的直接承担者，他们的声音或形象直接出现在节目当中，或以"面对面"口语表达的方式向受众描述新闻现场与叙述新闻经过，或通过对新闻当事人的现场采访来补充、扩展自己已获得的信息，丰富受众对新闻事件的理解。由于广播可以使用电话线路进行现场音响报道，故广播记者从广播新闻诞生之日起便已出现；但真正意义上的电视记者的出现则是在 20 世纪 70 年代便携式电子新闻采集（Electronic News Gathering, ENG）系统发明之后的事。广播电视新闻节目的日常生产高度依赖记者的新闻敏感度、选题策划能力、现场沟通技巧、语言表达与形象气质等多方面的特质，而记者的专业水准也在极大程度上决定了一档新闻节目的制作水平。在英美等西方国家，很多著名新闻栏目的主持人都是拥有丰富行业经验的记者，如美国著名电视新闻主播沃尔特·克朗凯特在担任《CBS 晚间新闻》主播之前，曾经有近 30 年的记者从业经历，"只有在地方台的新闻工作中积累了足够多的经验，一个电视记者才有机会成为电视网的新闻主播，成为这个行业最耀眼的明星"[①]。

（五）摄像师

摄像师（camera operator）是电视节目生产的重要参与者，电视节目制作所需要的全部视听素材，无论是从新闻现场采集的影音资料还是在演播室内录制所得的现场视频，均由摄像师通过对摄像机的操作来获取。摄像师的工作对于电视节目的制作而言，既是一种技术上的支持，也是一种美学上的创作。因此，优秀的摄像师是能够熟练使用摄像机的"技师"，更是出色的电视节目所需要的优质画面素材的直接生产者，需要同时具备扎

---

① Christopher H. Sterling, ed., *Encyclopedia of Journalism*, SAGE, 2009, p. 83.

实的技术、艺术和文化功底。不同类型的节目，如新闻、综艺节目、真人秀、纪录片等，会对摄像师提出不同的要求。

在广播电视节目的日常生产实践中，上述从业人员须在既定机制和规范的框架内密切配合、各司其职，才能优质、高效地在规定期限内完成对节目的生产。图 4.4 以中央电视台新闻频道的一条新闻片的生产流程为例，展现了各职能人员在节目生产中的具体工作方式。

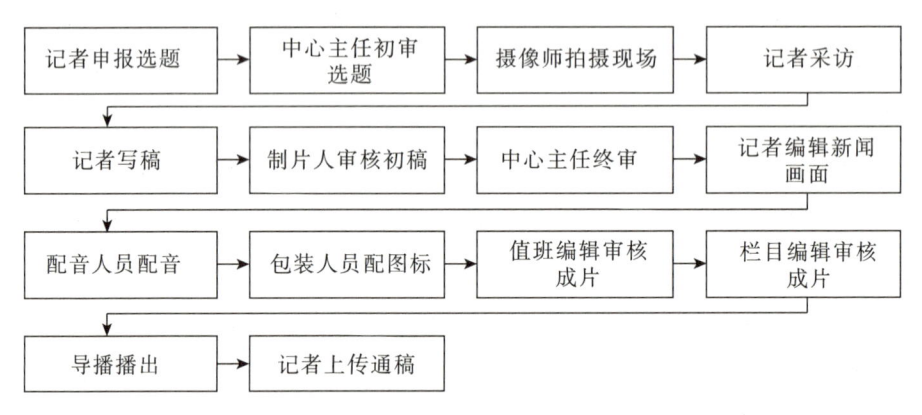

记者申报选题 → 中心主任初审选题 → 摄像师拍摄现场 → 记者采访

记者写稿 → 制片人审核初稿 → 中心主任终审 → 记者编辑新闻画面

配音人员配音 → 包装人员配图标 → 值班编辑审核成片 → 栏目编辑审核成片

导播播出 → 记者上传通稿

图 4.4　中央电视台新闻频道生产流程

从图 4.4 中不难发现，广播电视内容的生产不但是人与人之间的搭配与组合，还是特定机制、文化与管理思路的呈现。对于广播电视内容生产机制的理解，不能局限于事实和现象层面，而要结合对于理论的学习和掌握，深入观察乃至剖析其背后的逻辑。

思考题

1. 如何理解舒德森关于媒介内容生产的"三视角"说？
2. 影响媒介内容生产的具体社会因素有哪些？
3. 法兰克福学派的文化工业理论的具体观点是什么？
4. 列举主要的电视节目形态，并分别阐释其特点。
5. 广播电视节目的基本生产流程包括哪些环节？

第五章　广播电视的社会影响与社会控制

> **要　点**
>
> 1. 广播电视对人的认知、态度、行为产生的影响。
> 2. 广播电视相关法律法规的概况。
> 3. 中、美、英三国广播电视规制部门的异同。

广播电视在技术、机构、体制、产业等领域的独特优势为其强大的社会影响奠定了基础。从世界上第一座电台和第一座电视台诞生之日起，人们对于这两种大众传播媒介无远弗届的覆盖力、诉诸感官的刺激性以及极具渗透性的娱乐内容便开始保持警惕的态度。尤其是，电视在20世纪60年代完成家庭普及后带来了一系列严峻的社会问题，甚至直接触发了美国大众传播效果研究在第二次世界大战后的迅速繁荣。广播电视的社会影响，尤其那些可能具有消极、负面效应的社会影响，是广播电视行业的从业者和研究者必须透彻理解的问题。

鉴于广播电视强劲而显著的社会影响，各种社会制度中普遍存在对其较为严格的控制机制，这种社会化的控制机制往往体现为多种思路、手段与方法的结合，其宗旨在于使广播电视媒介的各种社会影响受到有益的约束，并使广播电视在社会系统的良性运转中发挥积极的作用。

本章同时关注广播电视媒介的社会影响和社会控制两个议题，着重结合主流传播学中传播效果分析的相关理论，全面呈现广播电视对于受众认知、态度和行为层面产生的各种社会影响，并从理念和实践等方面介绍当今世界存在的主流广播电视社会控制体系。

第一节　广播电视的社会影响

广播电视对社会施加的影响，归根结底是广播电视加诸人的影响。广播电视通过特定的内容形态和传播方式触达受众，为受众提供一系列信息、观念、价值和思想，从而强化或改变受众对特定社会事务的认知、态度以及处理特定社会事务的行为模式，最终达到塑造社会结构、左右社会变迁的效果。早在1922年，美国政论家**沃尔特·李普曼**（Walter Lippmann）（图5.1）即曾指出，人的头脑中存在一幅与外部世界不尽相同的"图景"，由媒介信息构成的**"拟态环境"**（pseudo-environment）成为人们对社会事务进行理解和判断的重要中介。[①] 这也就意味着，大众媒介成为横亘在社会与个体之间的一道"透视镜"，其所呈现的世界图景尽管名义上是对客观现实的准确折射，但实际上却往往是经过精心编撰的，甚至是扭曲的。这一效应在电视时代到来之后变得愈加显著，电视可以通过高度拟真的视听符号最大限度地为受众提供"真实"的感观，因而也就成为现代社会"拟态环境"最重要的构成要素。

图 5.1　沃尔特·李普曼

---

① Walter Lippmann, *Public Opinion*, Transaction Publishers, 1998, p. 20.

第五章 广播电视的社会影响与社会控制

我们通过广播电视媒介加诸人的影响来分析广播电视媒介的社会影响，具体可从三个方面展开：认知（cognition）、态度（attitude）、行为（behavior）。

一、广播电视与认知

所谓**认知**，是指人类对外部事物加以认识和理解的精神过程，这一过程通常与知识和信息的获得密切相关。[1] 而广播电视就是现代社会中人们获取知识和信息的重要媒介。

由于人的活动能力是有限的，因此人对外部世界的认知必然要借助各种媒介来完成。于是，包括广播电视在内的大众传媒同时成为信息与知识的百科全书和"过滤网"。广播电视通过生产内容，选择性地将一些信息或知识传递给受众，并对这些信息或知识的重要性加以排序；而受众则通过对广播电视内容的接受和内化，获得李普曼所说的"头脑中的图景"。

1968年，美国学者马克斯·麦库姆斯（Max McCombs）和唐纳德·肖（Donald Shaw）在一项针对该年的美国总统大选的研究中，得出了如下结论：如果大众媒体对于某一新闻事件进行高强度、高频率的报道，那么受众便会倾向认为这一事件是重要的。亦即，新闻媒体并不只是简单地反映社会现实，而是在不断对社会现实进行着过滤乃至塑造；媒体对于某些事务的关注会对受众构成引导，使其认为这些事务更加重要。这一结论后来发展成为传播学中的"议程设置理论"（Agenda-Setting Theory），即新闻媒体的报道能够影响各类话题在公共议程中的显著性。[2] 这一理论直至今日仍对媒体与人类认知之间的关系具有解释力。[3]

---

[1] Daniel Bar-Tal, *The Social Psychology of Knowledge*, Cambridge University Press, 1988, p. 6.

[2] Max McCombs, and Donald Show, "The Agenda-Setting Function of Mass Media," *Public Opinion Quaterly*, 36 (2), 1972, p. 176.

[3] Max McCombs, "A Look at Agenda-setting: Past, Present and Future," *Journalism Studies*, 6 (4), 2005, pp. 543-557.

议程设置理论强调如下四个方面的事实：

（1）大众媒介往往不能决定人们对某一事务或意见的具体看法，但是可以通过提供信息和安排相关议题的方式来有效地左右人们对某些事实和意见的关注，以及他们议论的先后顺序，即新闻媒介提供给公众的是它们的议程；

（2）大众传媒对事务和意见的强调程度与受众的重视程度成正比，受众会因媒介提供的议题而改变对事务重要性的认识，并首先对媒介认为重要的事件采取行动；

（3）媒介议程与公众（公共）议程对问题重要性的认识不是简单的吻合，而是与公众接触传媒的频率有关，常接触大众传媒的人的个人议程和大众媒介的议程具有更多的一致性；

（4）议程设置理论所考察的不是某家媒介的某次报道活动产生的短期效果，而是作为整体的大众传播具有的在较长时间跨度内的一系列报道活动所产生的中长期的、综合的、宏观的社会效果。

作为受众最多、辐射面最广的大众媒介，电视无疑是现代社会公共议程最主要的设置者。电视新闻根据精心设计的编排方针对新闻事件的重要性进行排序，从而在受众的头脑中建立起其关于外部世界的认知秩序，时政新闻总比社会新闻和娱乐新闻重要，国内新闻则比国际新闻重要，诸如此类。即使电视剧这样的娱乐内容，也往往在无形中设定着公共议程。有研究便曾指出：在中国广泛流行的古装历史电视剧塑造了那些清正廉洁的帝王和官员形象，其实旨在支持和赞颂国家主导的反腐败运动；而此类电视剧播出时间长、数量多的时期，往往就是"反腐败"在公共议程中重要性高涨的时期。[1]

尽管现实世界中存在的各类事务可能是杂乱无章的，但它们在广播电

---

[1] Ying Zhu, *Television in Post-reform China: Serial Dramas, Confucian Leadership and the Global Television Market*, Routledge, 2008, p. 7.

第五章 广播电视的社会影响与社会控制

视媒介所营造的镜像中却是井然有序、位阶分明的,这无时无刻不在规划着各类事务在公共议程中的显著性和重要性。正因如此,各个阶层和利益群体莫不努力通过各种方式对广播电视的内容生产施加影响,以使符合自身利益的事务能够得到媒体更多的关注和报道。在 2020 年的美国总统大选中,两位候选人乔·拜登(Joe Biden)和唐纳德·特朗普(Donald Trump)总共花费了超过 10 亿美元用于电视广告投放,其中 90% 花在佛罗里达、宾夕法尼亚、密歇根、北卡罗来纳、威斯康星和亚利桑那六个可以左右选情的"摇摆州"[1],足见电视媒体的议程设置功能对于美国国家政治体系的影响举足轻重。

广播电视对于人的认知的影响,在特定情况下也有可能体现为一种负面的效应:广播电视可能通过对某些群体或事务的选择性忽视造成该群体或事务在公共生活中的"不可见"(invisibility)状态,从而导致主流社会轻视该群体或事务的存在,以及漠视其面临的种种问题。有研究显示,尽管亚裔人口是美国总人口的重要组成部分,但在主流电视节目中,亚裔面孔却始终极为少见。例如,尽管 CBS 的一部名为《皇后区之王》(*The King of Queens*)的电视剧以美国最主要的亚裔人口聚居地之一——纽约皇后区为故事发生的背景,但在长达 9 年的播出中,该剧中竟没有一个常设的亚裔角色,而这部剧在其影响力的巅峰时期拥有 1300 万固定观众并被输出至 29 个国家。[2] 在电视的这种"议程设置"下,公众不可避免地会将亚裔美国人视为沉默的、无足轻重的群体。因此,越来越多的群体开始将争取自身在公共文化中的"可见性"视为一项重要的权益诉求。这一状况在流媒

---

[1] Domenico Montanaro, "Presidential Campaign TV Ad Spending Crosses $1 Billion Mark in Key States," *NPR*, October 13, 2020, https://www.npr.org/2020/10/13/923427969/presidential-campaign-tv-ad-spending-crosses-1-billion-mark-in-key-states, 2023 年 5 月 1 日访问。

[2] 参见 Asian American Justice Center, *Setting the Stage: Asian Pacific Americans in Prime Time*, AAJC, 2006。

体网站播出的节目中得到了显著改善，比如，Netflix 在 2021 年即对外宣布，将投入 1 亿美元用于增进自身节目在文化上的多元性，提升少数族裔在其文化生态中的"能见度"。①

二、广播电视与态度

在心理学中，**态度**是指人们对于他人、地点、事物或事务的好恶的表达。心理学家戈登·奥尔波特（Gordon Allport）曾指出，"态度"是当代社会心理学中最独特、最不可或缺的一个概念。② 通过测量人们对特定事物的态度，我们可以获得关于社会主流价值和观点的判断。

在社会心理学中，人的态度的存在机制是十分复杂的：既有结构性的因素，也有个体化的因素；既有理性化的一面，也有情绪化的一面；既是外向的，也是内省的。③ 但毫无疑问，作为横亘在人与外部世界之间的拟态环境，大众传媒无疑对态度的形成和改变发挥着重要的作用，媒体机构或媒体从业者完全可以通过直白的倾向性呈现或种种隐晦的暗示等手段，来表达自身对于特定社会事务的价值判断，并将这种判断潜移默化地加诸其受众。主流传播学的**媒介框架理论**（Media Framing Theory）即强调，大众传媒会通过对"字词、图像、表达与呈现方式"的选择，来向受众传达"关于认知与解释的预设的模式"，从而有力地塑造大众对外部世界的理解。美国学者托德·吉特林便指出，美国的大众传媒正是通过对于报道框架的精心设计，影响了美国民众对于青年学生中的新左派运动（New Left

---

① Angelique Jackson, "Netflix to Invest ＄100 Million to Improve Diversity in TV Shows, Films," *Variety*, February 26, 2021, https：//variety. com/2021/film/news/netflix-diversity-inclusion-usc-annenberg-study-1234916058/，2023 年 5 月 1 日访问。

② Gordon Allport, "Attitudes," in C. Murchison, ed., *A Handbook of Social Psychology*, Clark University Press, 1935, pp. 789-844.

③ Roderick Main, *The Rupture of Time: Synchronicity and Jung's Critique of Modern Western Culture*, Routledge, 2004.

第五章　广播电视的社会影响与社会控制

Movement）的态度，并将这场运动"琐碎化"了。① 因此，广播电视媒介的内容并非对现实的"镜子式"反映，而是根据一定的立场和价值标准对各种事实进行取舍、选择和加工的过程；媒介框架的设定是一种主动选择的机制，是在已经被感知的事实中选取某些方面的内容并使其显著呈现在文本传播中的手法；而媒介则可通过这样的方式，对被描述对象的议题进行界定，对因果关系进行解释，对道德进行评价，并提出策略建议。

作为影响力巨大的大众媒体，电视被普遍视为影响人们对于特定事务的态度的最主要的文化力量之一。学者戴安娜·M.米汉（Diana M. Meehan）的一项关于美国黄金时段电视剧中女性角色的研究即表明，电视倾向将男性塑造为勇猛无畏的探险者，而将女性形象固化为"坏女人""泼妇""母亲""引诱者"等几种模式化的呈现，在很大程度上导致了社会主流观念中对于女性的轻视和物化态度。② R. M. 恩特曼（R. M. Entman）对美国三大电视网播出的犯罪新闻的内容分析则显示：77%的犯罪新闻中的嫌疑人是黑人，而只有42%的犯罪新闻中出现了白人嫌疑人；新闻报道在对这两种肤色的嫌犯的形象呈现上亦采取不同的方式，出现在屏幕中的黑人嫌疑人往往戴着手铐，而绝大多数白人嫌疑人却不会如此。③ 另外一位学者则发现，在美国的主流警匪题材电视剧中，黑人罪犯角色的出现频率要远高于黑人警察角色的出现频率。④ 电视节目，尤其是犯罪新闻与警匪题材

---

① 参见 Todd Gitlin, *The Whole World Is Watching: Mass Media in the Making and Unmaking of the New Left*, University of California Press, 1980.

② Diana Meehan, *Ladies of the Evening: Women Characters of Prime-time Television*, Scarecrow Press, 1983.

③ R. M. Entman, "Representation and Reality in the Portrayal of Blacks on Network Television News," *Journalism Quarterly*, 71, 1994, pp. 509-520.

④ Mary Beth Oliver, and G. Blake Armstrong, "The Color of Crime: Perceptions of Caucasians' and African Americans' Involvement in Crime," in Mark Fishman, and Gray Cavender, eds., *Entertaining Crime: Television Reality Programs*, Aldine de Gruyter, 1998, pp. 19-36.

电视剧，对黑人的呈现在很大程度上影响了社会对于美国非洲裔群体的态度，电视成为"偏见的生产者"，人们在电视中获得了一种"针对一个人乃至一个群体的被预设的文化态度"，因而"态度与偏见性行为总是相互关联的……人们总是先有歧视性的态度，尔后才付诸行为"。[1]

广播电视内容中存在的偏向性内容，时常呈现为无意识的或者隐晦的状态。具体而言，偏向性内容对受众的影响有如下三种运作方式：

（1）将个别性的、个体化的问题放大为普遍性的、群体化的问题，使受众因某一个体的孤立事件而对其所属的整个群体产生偏见；

（2）以猜测、暗示等方式，将无法被充分证实的信息当作事实加以传播，使公众对于特定事务的态度的形成缺乏基本的事实依据；

（3）对争论双方的言论进行选择性取舍和呈现，引导公众的态度向媒体机构所期望的一方倾斜，即用"框架"来预设事务的性质和价值，并令受众潜移默化地接受这种预设。

尽管新闻业内严格的道德准则和现代大众媒介所普遍尊奉的"政治正确"（political correctness）原则在很大程度上规避了广播电视对受众进行直接的价值诱导，如当下的电视剧创作者在设置反面角色的时候，会十分注意对于肤色、性别、种族、宗教信仰等文化因素的考量，电视新闻画面中可以呈现什么样的内容也往往受到严格的限制，但由于广播电视的强大影响力和渗透力，我们始终应对其态度引导行为保持警惕。2013 年 10 月，美国广播公司（ABC）知名节目主持人吉米·坎摩尔（Jimmy Kimmel）在其夜间脱口秀节目中播放了一个若干 5—6 岁的儿童讨论美国国债问题的片段。其中一个小男孩发表了关于中国的极端言论，而坎摩尔不但未对其加以阻止和纠正，反而回应："这是一个很有趣的想法。"节目播出后引发了美国华人群体的愤怒抗议，最终 ABC 和坎摩尔本人均正式向华人

---

[1] Camille O. Cosby, *Television's Imageable Influences: The Self-perception of Young African Americans*, University Press of America, 1994, pp. 18-19.

社群道歉。① 类似事件的出现固然不能算是广播电视业的常态，但仍然提醒着我们，媒体机构拥有传播观念、引导态度的强大影响力，电视节目对任何事物的呈现都不可能是纯粹"客观中立"的，研究者需要始终对此保持批判性的审视。

三、广播电视与行为

行为是广播电视对于人的影响的最为极端的层面，也是其社会效果乃至潜在社会危害最为显著的一个层面。通过对广播电视内容的接受，一个人可以获得对于外部世界的媒介化认知、形成对于特定事物的态度，更有可能将上述认知和态度付诸实际行动，从而带来更为实质性的社会后果。

20世纪60年代，美国社会治安日趋恶化，社会暴力现象屡禁不止，其中，未成年人的犯罪率飙升引起了社会各界的不安。为解决这一问题，1968年，时任美国总统林登·约翰逊专门设立了"暴力起因与防范委员会"（National Commission on the Causes and Prevention of Violence），下设七个特派小组和五个调查研究组，组织社会学、心理学、传播学等领域的知名学者对社会暴力现象展开系统研究。其中，"媒体特派小组"由时任宾夕法尼亚大学安能伯格传播学院院长**乔治·格伯纳**（George Gerbner）（图5.2）领衔，其任务是着重考察20世纪60年代全面繁荣的电视媒体与人们的暴力行为之间的关系。在一系列

图5.2 乔治·格伯纳

---

① 参见 CNN website, http://edition.cnn.com/2013/10/29/showbiz/jimmy-kimmel-china-apology/, 2022年5月6日访问。

的研究中，格伯纳及其合作者全面阐释了以电视为代表的大众传媒的内容对于受众行为的影响，这种影响体现在短期效果和长期效果两个层面。参见表 5.1。

表 5.1 电视内容对受众行为的影响

短期效果	长期效果
1. 受众接触到大众传媒对于暴力的描述，并从中学会了如何实施暴力行为 2. 若大众传媒中出现的施暴者得到了好处或未受到应有的惩罚，则会导致更多的受众对暴力行为的效仿	1. 流行叙事（如影视剧）中的暴力情节易令年轻受众形成一种僵化的、非黑即白的心理模式，倾向于认为可以对人和事做出好或坏的简单判断 2. 大众传媒对于阶层、国族、性别、地域、职业等不同的群体的不准确呈现，将严重影响人们对这些群体的理解和判断 3. 大众传媒对暴力进行描述的范围和强度，会影响受众对暴力行为的接受程度，若受众长期沉浸于电视提供的暴力情节之中，将会倾向于对暴力行为持宽容态度

据此，格伯纳提出，电视的内容绝不是对社会环境的简单、忠实的再现，而是对社会环境的一种建构和"再造"。电视所建构的"象征环境"极大地影响、制约着人们对现实世界的认识和理解，导致人们心中的"主观现实"和实际存在的"客观现实"之间存在较大偏离，人们进而将虚拟环境等同于真实环境。而长期受电视影响的人会形成一种高度媒介化的思维方式，这种思维方式会直接作用于其行为，在特定社会条件下则会演变为极端行为。例如，若一个人长期观看充斥着暴力内容的电视新闻或电视剧，则其极易将社会理解为一种充满动荡的危险环境，同时他也比其他人更有可能对陌生人产生敌视，进而更倾向于采取暴力手段对待他人。[1] 因

---

[1] James T. Hamilton, *Television Violence and Public Policy*, The University of Michigan Press, 2000, p. 24.

此，电视对于人们的行为的影响是一个潜移默化的"培养"过程。格伯纳的上述发现也就成为传播学领域著名的**"培养理论"**（Cultivation Theory），亦称"涵化理论"。[1]

由于培养理论强调电视对于人的潜移默化的影响，因此精神与心智尚未完全成熟的未成年人就成为研究者格外关注的对象。而大量案例亦表明，由于缺乏理性判断的能力，未成年人易于受到电视节目中的暴力行为的影响，从而带来极为严峻的社会问题。

例如，2013年5月，中国江苏省东海县发生一起儿童之间的暴力伤害事件。三个年龄分别为5岁、8岁和10岁的男孩在玩耍时模仿流行动画片《喜羊羊与灰太狼》中出现的"绑架烤羊"剧情，导致其中两位男童被严重烧伤。[2] 需要指出的是，尽管《喜羊羊与灰太狼》从2005年开播以来就不断面临各种批评，如其剧情中经常出现红太狼用平底锅殴打丈夫灰太狼以及灰太狼将捉来的羊绑在树上用火烤的场景，但这无碍于这部动画片在中国未成年人群体中的巨大影响力——该片在全国近50个电视频道热播，最高收视率曾达17.3%。[3] 在美国，同样类型的动画片，如《猫和老鼠》（*Tom and Jerry*）等，也曾遭遇过类似的事件，并引发全国观众对动画片的"培养效果"的反思。[4]

又如，2012年3月，福建省漳浦县发生了一起震惊全国的未成年人自杀事件。两位小学五年级女生因一件小事双双携手投河自尽。投河前，一

---

[1] George Gerbner, "Cultivation Analysis: An Overview," *Mass Communication and Society*, 3 (4), 1998, pp. 175-194.

[2]《江苏东海县两烧伤男童状告"喜羊羊"获赔85万元》，2014年8月8日，人民网，http://politics.people.com.cn/n/2014/0808/c70731-25429740.html，2022年7月1日访问。

[3]《为什么现在电视上不播放喜羊羊了?》，2018年4月26日，搜狐网，http://www.sohu.com/a/229519203_100156620，2023年8月5日访问。

[4] Robert Hodge, and David Tripp, *Children and Television: A Semiotic Approach*, Stanford University Press, 1986, p. 102.

位女生留下了遗书："老爸、老妈,我不能孝敬你们了,我要走了……我要穿越时空,到清朝,去拍一部皇帝的电影。"这一悲剧发生时,正值《步步惊心》等各类"穿越"题材电视剧在国内热播,剧中女主人公往往因头部受到重击或遭遇车祸而实现时空旅行,"穿越"回古代,与历史上的著名帝王或英雄人物发生恋情。一项针对闽南地区某小学的调查显示,有87.5%的小学生相信"穿越"的存在,认为自己可以穿越回古代。这一悲剧的发生,再一次将关于电视内容对未成年人的影响的讨论推上风口浪尖。①

一般而言,电视节目中的暴力内容对其受众,尤其是未成年观众的行为产生影响,主要基于下述四种机制:

(1) 激发(arousal),即观众在观看含有暴力内容的节目时往往会比平时更为亢奋,而这种亢奋时常伴随着气愤的情绪;

(2) 解除抑制(disinhibition),即时常观看含有暴力内容的节目的电视观众往往在日常生活中更倾向默许暴力现象的存在,甚至认为暴力现象是合理的;

(3) 模仿(imitation),即观众,尤其是未成年观众,可能因观看含有暴力内容的电视节目而学会了如何施暴,并在真实生活中加以实践,这种从电视中习得的暴力行为时常被行动者理解为一种"英雄主义";

(4) 脱敏(desensitisation),即长期受暴力电视内容影响的观众会逐渐对暴力现象产生一种情感上的迟钝,从而在真实生活中日益对暴力行为持宽容态度。②

正因如此,世界各国在制定关于广播电视内容的法律、制度或规范

---

① 骆余民:《漳浦两少女自杀引大讨论,近九成小学生相信穿越》,2012年3月6日,凤凰网,http://news.ifeng.com/society/2/detail_2012_03/06/12999251_0.shtml,2022年7月5日访问。

② Barrie Gunter, and Jill McAleer, *Children and Television*, Routledge, 1997, pp. 97–101.

时，无不将"未成年人保护"作为一项极为重要的议题。①

当然，广播电视对于其受众行为的影响，并不限于暴力节目内容对未成年人的"培养"，亦广泛存在于其他偏差性行为领域。例如，讲述一位化学教师如何因生活所迫而走上制毒贩毒道路的故事的美国电视剧《绝命毒师》(*Breaking Bad*)在美国内外产生了巨大影响力，之后世界上很多地方都出现了对其行为加以模仿的犯罪事件。受电视剧情节影响，一些年轻人将制作毒品视为一种反抗行为；电视剧中大量的藏毒、运毒细节，亦为这些年轻人直接效仿。② 加拿大文化批评家米尔顿·舒尔曼（Milton Schulman）也曾指出，由于电视具有强大的"劝服力和覆盖力"，因此可以令很多一度被视为错误或不合时宜的行为逐渐变得"可被接受"，比如一些粗鄙的语言就是由于电视的普及而开始在社会上流行起来的。③ "电视不仅'培养'未成年观众，也'培养'成年观众。"④

第二节 广播电视的社会控制

由于广播电视媒介拥有巨大的社会影响力，并且这些影响力有可能带来负面的甚至危害性的效应，所以世界上绝大多数国家均会通过各种手段对广播电视进行社会控制（social control）。

"社会控制" 作为社会学领域的一个重要概念，最早是由美国社会学家爱德华·A. 罗斯（Edward A. Ross）提出来的。罗斯于1901年出版的

---

① Alane N. Moller, and Charles E. Pletson, eds., *Telecommunications and Media Issues*, Nova Science Publishers, 2008, p. 75.

② Patrick Ryan, "Real-life Crimes Echo 'Breaking Bad'," *USA Today*, September 19, 2013.

③ Milton Schulman, *The Ravenous Eye*, Cassell and Company, 1973, p. 277.

④ James T. Hamilton, *Television Violence and Public Policy*, The University of Michigan Press, 2000, p. 24.

《社会控制》（*Social Control*）一书，以 19 世纪末 20 世纪初美国的加速城市化进程为背景，对移民城市（如纽约、芝加哥）中的犯罪现象进行了考察，指出在社会秩序遭到破坏的情况下，要维持社会的正常运转就必须采用某种机制，调动社会力量去约束人们的行为，这就是社会控制。在罗斯看来，"社会系统越是能够平缓地对个体行为予以抑制，便越趋向完美"①。而对现代传播学理论做出重要贡献的美国数学家、哲学家**诺伯特·维纳**（Norbert Wiener）（图 5.3）也在其创建的"控制论"体系中指出，任何系统（包括物理、生物和社会系统）都是按照一定秩序运行的，由于系统内部以及环境中存在许多偶然和随机的偏离因素，所以任何系统都具有从有序向无序、从确定状态向不确定状态变化的倾向。因此，为了保持系统的正常运行和追求系统目标的实现，就必须对系统进行控制。②

图 5.3　诺伯特·维纳

一般而言，社会控制包括正式控制和非正式控制两个类型。正式控制通常是指来自外部的、以惩罚为主要控制手段且带有强制性色彩的控制机制，最典型的正式控制手段就是法律法规和行政管理。而非正式控制通常源于社会机构内部的主流观念和价值，尽管不具有强制力，却可通过制造舆论或道德压力的方式来纠正偏差。例如在欧美新闻业内，"客观性"原则普遍被从业者视为全行业奉行的专业规范，因此若新闻机构大量生产带

---

① Edward A. Ross, *Social Control: A Survey of the Foundations of Order*, Transaction Publishers, 2009, p. 2.

② 参见 Norbert Wiener, *Cybernetics: Or Control and Communication in the Animal and the Machine*, MIT Press, 1948。

有明显主观偏见的新闻报道，它便会受到同行的批评乃至谴责，面临巨大的同侪压力。①

一、广播电视法律法规

广播电视法律法规是对广播电视行业进行管理的主要手段。在一个国家的法律体系中，与广播电视相关或能够对广播电视构成直接约束的法律法规往往散见于多个法律范畴。一些国家还拥有专门的广播电视法，以对广播电视行业进行针对性的约束。一般而言，广播电视法律法规主要存在于如下领域。

（一）宪法

作为一个国家或政治实体的根本大法，宪法往往设定了国家或政体运作的基本准则，其中大多涉及与传播、言论、新闻出版自由相关的内容。如《美国宪法》共有 27 个有效修正案，其中第一修正案规定国会不得制定剥夺言论自由或出版自由的法律、第四修正案规定公民的隐私权受法律保护不得侵犯等，均与广播电视媒体的内容生产和播出活动密切相关。《中华人民共和国宪法》（2018 年修正）第 22 条规定，"国家发展为人民服务、为社会主义服务的……新闻广播电视事业"，明确了中国广播电视媒体的国家属性。

（二）民法与刑法

作为社会机构，广播电视机构在行为上也要受到民法和刑法的约束。由于媒体机构生产的内容包括信息和观点，所以"诽谤"（libel）就成了广播电视媒体非常容易面临的一类指控。美国哥伦比亚广播公司（CBS）曾

---

① 参见 Martin Innes, *Understanding Social Control: Deviance, Crime and Social Order*, Open University Press, 2003。

在 1982 年 1 月播出了一部电视纪录片，透露一位军界高官"别有用心地向总统和五角大楼提供了虚假情报，夸大了北约军队的作战实力，致使美军在越南战争的泥潭中愈陷愈深"。节目播出后，这位军界高官勃然大怒，并以"诽谤军方高级将领和美国军队名誉"为由，将 CBS 告上法庭，索赔高达 1.2 亿美元。尽管四年后这位高官撤回了起诉，但 CBS 已为应对此案付出了高达 200 万美元的律师费。美国的广播电视机构大多设立了专门的部门以核查其批评性报道的细节准确性，以免陷入昂贵的诽谤诉讼。①

（三）未成年人保护法

由于广播电视以视听符号为介质进行内容生产和传播，没有识字率和受教育程度的门槛，且其接收终端可深入每个普通家庭，因此极易对未成年人产生影响。于是，很多国家都会通过专门的法律法规来明确广播电视媒体在未成年人保护问题上应当履行的责任。例如，美国 1990 年通过的《儿童电视法案》（Children's Television Act）规定，电视台应当每星期播出不少于 3 小时的"核心教育类节目"（core educational programming）供未成年观众收看。②另外，美国还通过一系列司法判例，严格禁止电视台与电视网的节目中出现特定内容，比如人体的裸露镜头，以及一些被认为是"脏话"的词语。一旦节目中出现了这样的内容，播出方有责任通过打马赛克或消音等技术手段对其进行处理。

在美国广播电视业发展的历程中，广播电视机构因播出被认定为对未成年人有害的内容而受到处罚的案例很多，影响力最大的莫过于 2004 年的

---

① 任东来等：《美国宪政历程：影响美国的 25 个司法大案》，中国法制出版社 2004 年版，第 262—265 页。

② Lawrie Mifflin, "U.S. Mandates Educational TV for Children," *The New York Times*, August 9, 1996.

"珍妮·杰克逊走光事件"。该事件的缘起是，在全国电视网 CBS 实况转播 2004 年度"超级碗"（Super Bowl）橄榄球比赛的过程中，一位表演嘉宾贾斯汀·汀布莱克（Justin Timberlake）突然扯掉另一位表演嘉宾珍妮·杰克逊（Janet Jackson）右侧的胸衣，使之在全国近 9000 万电视观众面前裸露胸部。当时，CBS 的导播发现情况后立即切换屏幕，但为时已晚，裸露镜头已经被播放出去，一时间美国国内舆论哗然。由于节目的播出方 CBS 和制作方 MTV 当时均属传媒集团维亚康姆（Viacom）旗下，因此联邦通信委员会总计对维亚康姆开出了 55 万美元的罚单，创下了美国电视台因传播不雅内容而被罚款的最高纪录。而维亚康姆为平息与此事件有关的各类官司和投诉花费的金钱更是不计其数。

在中国，法律体系对于广播电视和未成年人保护之间的关系也有明确规定。《中华人民共和国未成年人保护法》（2020 年修订）第 48 条规定，"国家鼓励创作、出版、制作和传播有利于未成年人健康成长的图书、报刊、电影、广播电视节目、舞台艺术作品、音像制品、电子出版物和网络信息等"；第 50 条则规定，"禁止制作、复制、出版、发布、传播含有宣扬淫秽、色情、暴力、邪教、迷信、赌博、引诱自杀、恐怖主义、分裂主义、极端主义等危害未成年人身心健康内容的图书、报刊、电影、广播电视节目、舞台艺术作品、音像制品、电子出版物和网络信息等"。2014 年年底，湖南卫视播出的电视剧《武媚娘传奇》便因剧中人物着装较为裸露而被要求停播，重新剪辑和审查后方可继续播出。①

（四）电信法、通信法

由于广播电视信号传输需要使用无线通信及电信技术，因此各国通行的通信法和电信法往往也对广播电视业有着较强的约束力。美国制定的

---

① 吴立湘：《〈武媚娘〉停播明年见　知情人爆料因尺度大》，2014 年 12 月 29 日，人民网，http://culture.people.com.cn/n/2014/1229/c22219-26290303.html，2023 年 9 月 4 日访问。

《1996年电信法案》就经营广播电视机构的基本条件以及国家对广播电视行业的管理方式等问题做出了明确的规定。该法案共七章，其中有三章专门针对广播电视行业，分别是第二章"广播服务"、第三章"有线电视服务"以及第五章"色情与暴力"。该法案还严格控制淫秽及不雅内容在广播电视媒介中的出现。英国2003年颁行的《通信法》（Communications Act 2003）在电信和广播电视行业规制领域扮演的角色与美国的《1996年电信法案》十分相似，其关于广播电视的著名规定包括：严禁广播电视媒体播出政治广告，电视必须为盲人与聋人观众提供手语、语音信息、字幕等服务，广播电视机构必须提供一定数量的关于宗教与其他信仰的节目，等等。拥有类似法规的国家还有澳大利亚、加拿大等。

（五）广告法

拥有广告经营权的广播电视机构播出的广告内容须受到相关广告法律法规的制约，以确保不会产生消极或危害性的社会影响。如《中华人民共和国广告法》（2021年修正）明文规定："广告不得损害未成年人和残疾人的身心健康"；"广播电台、电视台发布广告，应当遵守国务院有关部门关于时长、方式的规定，并应当对广告时长作出明显提示"。从2014年1月1日起，国家严格禁止各卫视频道在每天18：00—24：00时段内播出电视购物短片广告，在其他时段播出电视购物短片广告时，不得使用主持人做宣传，不得使用"叫卖式"夸张方式做宣传，同时不允许播出丰胸、减肥、性保健品等商品的广告。① 在西班牙，药品和保健品的电视广告受到极为严格的限制，烟草广告通常被明令禁止，只有酒精含量在20%以下的

---

① 《关于进一步加强卫视频道播出电视购物短片广告管理工作的通知》，2013年10月30日，国家广播电视总局网站，http://www.nrta.gov.cn/art/2013/10/30/art_68_796.html，2022年5月1日访问。

酒类产品允许做电视广告。① 在法国，为了防止未成年人受到酒的诱惑，政府从 1987 年起严禁酒类产品做电视广告，电台播出的酒类广告也被严格限定在特定时段，法律明确规定，"酒类广告不能鼓励对于酒精的'危险的消费'，同时必须明确包含关于饮酒有害健康的警示性内容"②。

（六）知识产权法、版权法

广播电视的节目制作和播出行为，还需要受到现行知识产权法和版权法的约束，播出未经授权的节目的侵权者往往会面临昂贵的诉讼和巨额的赔偿。例如，中国台湾著名作家琼瑶于 2014 年向法院起诉电视剧《宫锁连城》的编剧于正以及参与该剧制作的四家公司对其早年文学作品《梅花烙》的人物关系和主要情节的大面积抄袭行为。2015 年 12 月，琼瑶终审胜诉，北京市高级人民法院判定，驳回原告上诉请求，维持原判，电视剧《宫锁连城》侵犯《梅花烙》的改编权和摄制权，于正需向琼瑶公开道歉，并停止传播《宫锁连城》，于正和四被告公司连带赔偿经济损失 500 万元。③ 在知识产权法律体系较为完善的美国，电视台或电视网因在节目中使用未经授权的内容而被告上法庭的案例屡见不鲜。例如，全国性电视网福克斯（Fox）就因其播出的一部广受欢迎的成人动画片《恶搞之家》（*Family Guy*）中出现的一些疑似侵权的内容（如对一首歌曲的改编使用）而三次成为"被告"。④

---

① Frauke Henning-Bodewig, *Unfair Competition Law: European Union and Member States*, Kluwer Law International, 2006, p. 238.

② Mary Alice Shaver, and Soontae An, *The Global Advertising Regulation Handbook*, Routledge, 2014, p. 144.

③ 《琼瑶告于正抄袭终审胜诉，于正需向琼瑶公开道歉》，2015 年 12 月 19 日，人民网，http://media.people.com.cn/n1/2015/1219/c40606-27949084.html，2021 年 5 月 5 日访问。

④ Tim Gerstenberger, "The Three *Family Guy* Episodes that Got FOX Sued," October 21, 2014, TVovermind website, http://www.tvovermind.com/family-guy/three-family-guy-episodes-got-fox-sued，2021 年 5 月 5 日访问。

（七）广播法、广播电视法

除上文所提到的法律法规外，一些国家和地区还设立了专门的广播电视法典，对广播电视行业进行更具针对性的规制。例如，中东欧国家大多有专门的广播电视法，包括捷克的《广播法》（Broadcasting Law）、匈牙利的《1995 年广播电视服务法案》（1995 Act on Radio and Television Services）、波兰的《1992 年广播法》（Broadcast Law of 1992）和斯洛伐克的《1993 年电台与电视广播法案》（1993 Act on Radio and Television Broadcasting）等。[①] 这些专门的法典严格规定了谁有资格拥有和经营电台与电视台、广播电视媒体享有何种权利及必须履行哪些义务、广播电视的内容和播出方式需要符合哪些要求和规定，等等。

2021 年 3 月 16 日，中国国家广播电视总局起草了《中华人民共和国广播电视法（征求意见稿）》。该征求意见稿共 80 条，对在中华人民共和国境内从事广播电视活动作出了全面而细致的规定。值得一提的是，在明确广播电视事业管理主体、界定广播电视机构的权利责任、强调广播电视行业准入和制作播放的业务标准的基础上，该征求意见稿中还包括国家加强智慧广播电视建设，提升广播电视数字化、网络化、智能化水平的内容。

二、中国的广播电视行政管理

中国从 20 世纪 90 年代初开始强化对广播电视领域的立法和执法工作，力求用成文的律令为广播电视媒体的运作划定界限。由于从 1986 年开始酝酿的《广播电视法》最终因种种原因而未能顺利出台，故从 1990 年开始，国家相继通过了一系列行政法规，力求将以往零散的或不成文的行业调控手段制度化，以实现对广播电视业的规范管理。这些行政法规数量众多且

[①] Peter Gross, *Entangled Evolution: Media and Democratization in Eastern Europe*, Woodrow Wilson Center Press, 2002, p. 77.

职能分散，在多个领域甚至颇有重叠或反复，国家和地方的规制部门也会根据一些新的情况而适时发布临时性的规章。行政法规相对于成文法的灵活性很好地适应了国营体制下国家与广播电视业之间的特殊关系以及广播电视业变化剧烈的技术环境，提升了广播电视业管理的效率。

至 1997 年，一个较为完善的、以当时的广播电影电视部政策法规司为主要职能部门的广播电视业的执法系统初步建立起来。也是在这一年的 8 月 11 日，国务院发布了旨在对广播电视业进行全面的综合性规范的《广播电视管理条例》，并于 2013 年、2017 年和 2020 年进行了三次修订。该条例对中国广播电视业的基本属性与职能、电台与电视台的设立与审批、广播电视传输网络的开发与管理、广播电视节目的制作与播出等方方面面的问题做出了细致的规定：广播电台、电视台由县、不设区的市以上人民政府广播电视行政部门设立，其中教育电视台可以由设区的市、自治州以上人民政府教育行政部门设立；广播电视节目由广播电台、电视台和省级以上人民政府广播电视行政部门批准设立的广播电视节目制作经营单位制作；广播电台、电视台对其播放的广播电视节目内容进行播前审查，重播重审；用于广播电台、电视台播放的境外电影、电视剧，必须经国务院广播电视行政部门审查批准；等等。其种种规定成为中国广播电视业发展中不能逾越的"红线"。作为迄今为止最具法律效力的行业行政法规，《广播电视管理条例》对全国广播电视业具有极强的约束力，它将确保广播电视业的发展始终服务于人民和社会主义的需要。

具体而言，《广播电视管理条例》包括如下几个方面的内容：(1) 明确树立中国特色广播电视管理体制；(2) 规定由国家对全国广播电视行业进行宏观调控；(3) 明确各级广播电视行政部门的职能；(4) 设置广播电视设施的保护条款；(5) 加强节目制作、播放管理；(6) 明确广播电台、电视台应尽的义务。

由于作为行政法规的《广播电视管理条例》仍有许多不完善之处，故国家亦不断通过下达行政律令的方式，对行业中出现的新问题进行管理与整顿。这些临时性的行政律令通常针对广播电视行业中出现的较为严重的偏差性现象而发布。在内容管理方面，除对一般性的色情、暴力、不雅等内容保持警惕外，国家还对低俗、过度娱乐化以及来自境外的广播电视节目施以较为严格的管理。所有在广播电视媒体播出的节目，均要经过制度化的审查流程。表5.2呈现的就是中国电视剧审查管理的相关规定。

表5.2 中国电视剧审查管理部分规定[①]

项目	内容
适用范围	（一）用于境内电视台播出或者境内外发行的电视剧（含电视动画片），包括国产电视剧（以下简称国产剧）和与境外机构联合制作的电视剧（以下简称合拍剧） （二）用于境内电视台播出的境外引进电视剧（含电视动画片、电影故事片，以下简称引进剧）
违禁内容	（一）违反宪法确定的基本原则，煽动抗拒或者破坏宪法、法律、行政法规和规章实施的 （二）危害国家统一、主权和领土完整的 （三）泄露国家秘密，危害国家安全，损害国家荣誉和利益的 （四）煽动民族仇恨、民族歧视，侵害民族风俗习惯，伤害民族感情，破坏民族团结的 （五）违背国家宗教政策，宣扬宗教极端主义和邪教、迷信，歧视、侮辱宗教信仰的 （六）扰乱社会秩序，破坏社会稳定的 （七）宣扬淫秽、赌博、暴力、恐怖、吸毒，教唆犯罪或者传授犯罪方法的 （八）侮辱、诽谤他人的 （九）危害社会公德或者民族优秀文化传统的 （十）侵害未成年人合法权益或者有害未成年人身心健康的 （十一）法律、行政法规和规章禁止的其他内容

---

① 参见《电视剧内容管理规定》（广电总局令第63号），2010年5月20日，中国政府网，https://www.gov.cn/zhengce/2010-05/20/content_2603306.htm，2023年6月2日访问。

（续表）

项目	内容
备案公示材料	（一）《电视剧拍摄制作备案公示表》或者《重大革命和重大历史题材电视剧立项申报表》，并加盖对应的公章 （二）如实准确表述剧目主题思想、主要人物、时代背景、故事情节等内容的不少于 1500 字的简介 （三）重大题材或者涉及政治、军事、外交、国家安全、统战、民族、宗教、司法、公安等敏感内容的（以下简称特殊题材），应当出具省、自治区、直辖市以上人民政府有关主管部门或者有关方面的书面意见
送审材料	（一）国务院广播影视行政部门统一印制的《国产电视剧报审表》 （二）制作机构资质的有效证明 （三）剧目公示打印文本 （四）每集不少于 500 字的剧情梗概 （五）图像、声音、字幕、时码等符合审查要求的完整样片一套 （六）完整的片头、片尾和歌曲的字幕表 （七）国务院广播影视行政部门同意聘用境外人员参与国产剧创作的批准文件的复印件 （八）特殊题材需提交主管部门和有关方面的书面审看意见

我们不妨通过一些案例来观察中国的广播电视行政管理体制的运行方式。2005—2006 年，由于风靡全国的选秀类综艺节目商业利润丰厚，因此各卫视频道展开了激烈的同质竞争。这种竞争终于在 2007 年恶化，标志性事件是这一年 8 月 15 日，重庆卫视的《第一次心动》因"比赛环节设计丑陋粗糙、评委言行举止失态、节目设计缺乏艺术水准、内容格调低下、演唱曲目庸俗媚俗"而被国家广播电影电视总局勒令停播。[1] 该停播事件

---

[1] 参见《广电总局全国通报重庆电视台〈第一次心动〉严重违规行为》，2007 年 8 月 16 日，新华网，http://news.xinhuanet.com/politics/2007-08/16/content_6539752.htm，2021 年 3 月 5 日访问。

引发了这一时期中国电视业关于泛娱乐化乃至低俗化的最为热烈的一场讨论。以《第一次心动》的教训为鉴，2007年9月20日广电总局发布了《关于进一步加强群众参与的选拔类广播电视活动和节目的管理的通知》，开始对选秀节目进行严格的规制，其主要内容如下：

（1）各卫视频道举办、播出的选秀类活动须报省级广播影视行政部门审核后，提前三个月报国家广电总局批准。

（2）各卫视频道举办、播出的选秀类活动原则上每年不超过一项，播出时间不超过两个月，播出场次不超过10场，每场播出时间不超过90分钟。其中，决赛的最后一场可以采用现场直播方式，并至少延时1分钟播出。这类活动不得在19:30—22:30时段播出。

（3）要对选手进行严格筛选，不得选用品德低劣、素质低下的选手。应当表现选手坚强、成熟、自立、自信、健康、向上等精神风貌。选手年龄必须在18岁以上。

（4）主持人之间不得相互挖苦、吹捧、调情。

（5）活动获得批准后，要在一个月内，经省级广播影视行政部门审核后向总局报送评委、嘉宾名单。

（6）不得采用手机投票、电话投票、网络投票等任何场外投票方式。[①]

这一被业内人士称为"紧箍咒"的调控令极为有效地遏制了国内各电视台的"选秀大战"，此类节目收视率大幅下降。这一年10月展开的一项针对南京地区大学生群体的社会调查也显示，选秀节目的目标受众人群对此类娱乐节目形态的喜爱度已跌落至中等偏下的程度。[②] 从中不难看出，

[①] 参见《广电总局进一步加强群众参与的选拔类活动节目管理》，2007年9月21日，中国政府网，http://www.gov.cn/gzdt/2007-09/21/content_757330.htm，2021年3月18日访问。

[②] 缪莉莉：《关于南京高校大学生眼中的电视选秀节目的实证调查》，《商业文化（学术版）》2007年第10期，第221—222页。

第五章　广播电视的社会影响与社会控制

行政管理手段在处理行业问题时的确拥有高度的灵活性和强制力。

除对低俗内容的严格限制外，为应对电视节目过度娱乐化的现象，政府还先后出台多个行政规章、决定与通知，这些律令被统称为"限娱令"。例如，从 2012 年 1 月 1 日起，全国 34 个电视上星综合频道均须提高新闻类节目播出量，同时对部分类型节目播出实施调控，各大卫视也必须按要求开办道德建设栏目；再如，针对电视上播出的抗战题材剧中频繁出现的荒诞、低俗、"雷人"情节，广电总局于 2013 年 5 月向各卫视提出明确要求，对卫视电视剧黄金档已报排播的抗战题材剧进行重审和甄别，对存在过度娱乐化倾向的抗战剧进行修改，停播不能修改的过度娱乐化抗战剧，同时对以严肃态度进行创作的抗战剧给予鼓励和支持。[①]

此外，来自境外的电视节目在中国始终面临严格的控制。2004 年公布的《境外电视节目引进、播出管理规定》明确指出："经批准引进的其他境外电视节目，应当重新包装、编辑，不得直接作为栏目在固定时段播出。节目中不得出现境外频道台标或相关文字的画面，不得出现宣传境外媒体频道的广告等类似内容。""各电视频道每天播出的境外影视剧，不得超过该频道当天影视剧总播出时间的百分之二十五；每天播出的其他境外电视节目，不得超过该频道当天总播出时间的百分之十五。""未经广电总局批准，不得在黄金时段（19：00—22：00）播出境外影视剧。"图 5.4 呈现的是基于中国现行制度的广播电视节目播出须经历的流程。2014 年 9 月，国家新闻出版广电总局再次发文强调，网站播出的境外电视节目也应履行严格的审查程序并取得"发行许可证"等批准文件，否则一律不得上网播放。

---

① 刘阳：《主管部门整治"抗战雷剧"》，《人民日报》2013 年 5 月 17 日第 12 版。

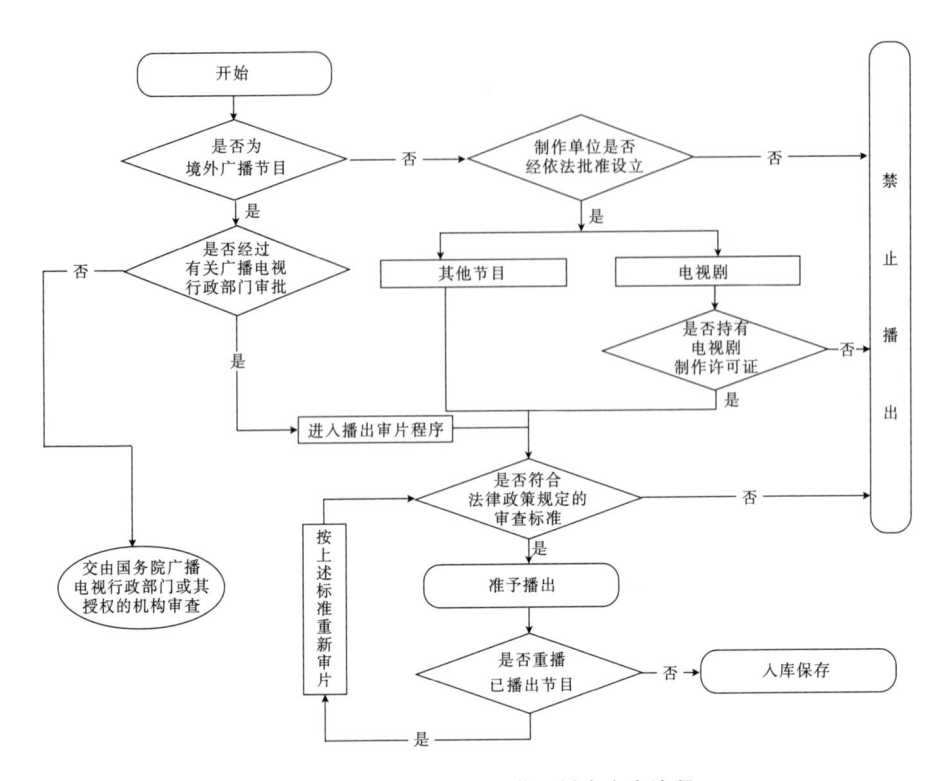

图 5.4　中国广播电视节目播出审查流程

三、广播电视的规制机构

  鉴于广播电视强大的社会影响与独特的媒介属性，世界上绝大多数国家和地区均为其设立了专门的规制机构，以提升行业管理的专业水平和效率。这些机构的性质和构成不尽相同，目标和任务亦各有特色，且往往兼有行政管理和执法双重功能，由是形成了世界范围内独具一格的广播电视规制机构体系。下面主要介绍三种不同的广播电视体制的代表性规制机构——美国联邦通信委员会、英国通信管理局和中国国家广播电视总局的概况。

（一）美国联邦通信委员会

联邦通信委员会（Federal Communications Commission，FCC）（图5.5）是美国一个拥有较高独立地位的联邦政府机构，对国会负责，不是总统领导的行政分支。该机构是在《1934年通信法》的规定下组建的，其主要职责包括：对所有非联邦政府机构的无线频谱资源进行分配与管理，对广播电视与互联网播出的内容做出符合公共利益的规制，对电信业及广播电视业内触犯相关法律的机构予以处罚，等等。

图 5.5　FCC 标志

FCC由5位委员组成，均由美国总统提名、经参议院批准后任命，任期为5年。在5位委员中，总统可指定其中一位为委员会主席。法律亦规定，委员中属于同一个党派的成员不得超过3名，并且委员中不得有人与委员会的相关商业机构有任何经济利益关系。FCC现任委员会代理主席杰西卡·罗森塞尔（Jessica Rosenworcel）于2021年1月20日上任，为民主党人。在5位委员之下，设有7个局、11个办公室，分别协调FCC负责的各项事务。其中，与广播电视媒体的执照颁发和内容规范关系最为密切的是媒体局（Media Bureau）。至2020年7月，FCC在全国范围内共有员工1400余人，年经费预算为3.88亿美元。[①]

FCC最主要的职能在于对公共频谱资源的管理，即决定哪些机构和个人有资格经营无线电通信和广播电视业务。在1994年之前，这项工作主要依据"公共利益、方便或必要"（public interest, convenience or necessity）之原则，以"申请—审核"的方式来完成，申请获得广播电视执照者必须证明自己对于无线频谱资源的使用符合上述原则。但从1994年起，FCC开

[①] 参见 FCC website, https://www.fcc.gov/general/employee-profile-fcc，2021年3月5日访问。

始通过竞争性拍卖的方式分配商业频段，待拍的执照由委员会投票决定，并出售给出价最高的买家，所得收入归美国财政部，由国会调配使用。

至于已经获得了经营执照的广播电视机构，其播出的内容也要受到FCC的监督和规范，以确保符合公共利益，如不能对未成年人构成伤害，等等。FCC媒体局在官方网站上明确规定了三类受到严格控制的广播电视内容：淫秽（obscenity）、不雅（indecency）以及粗俗（profanity）。具体而言，绝不可以在任何时间播出淫秽内容，而每天6:00—22:00不能播出含有不雅内容或粗俗语言的节目。违反者，轻则被处以罚款或予以警告，重则被吊销经营执照。至于有线电视和卫星电视，对于淫秽内容的全面禁播仍然适用，但由于其不像广播电视一样通过开路信号传输，订户更可通过一些技术手段对其接收方式进行控制，故其不雅内容播出不受上述限制。[①]

（二）英国通信管理局

英国通信管理局（Office of Communications，Ofcom）是英国广播电视、电信与邮政业的法定规制机构，该机构成立于2002年，并依据2003年颁布的《通信法》获得现有的全部权力。其为法定公司（statutory corporation），即依照《国会法案》（Act of Parliament）设立并由国会授权的国有公共机构（BBC亦属同类机构）。英国现行法律规定，Ofcom的主要使命包括两个：一为促进行业内的自由竞争以使行业充分代表公民与消费者的利益；二是保护公众免受有害内容或冒犯性内容的伤害。

Ofcom的职能与美国的FCC较为相似，主要包括执照管理、内容控制和执法三项。其中，执照管理是最重要的职责，Ofcom有义务确认获准在

[①] "Obscene, Indecent and Profane Broadcasts," December 11, 2015, FCC website, https://www.fcc.gov/consumers/guides/obscene-indecent-and-profane-broadcasts，2021年3月5日访问。

英国境内播出的广播电视机构的运营行为始终符合公共利益。例如，2011年新闻集团旗下的《世界新闻报》(*News of the World*) 发生电话窃听丑闻，由于新闻集团同时也是当时的英国天空广播公司（BSkyB）的实际控制者（持有其 39.14%的股份），故 Ofcom 针对 BSkyB 是否仍有资格拥有电视牌照展开了一系列听证和调查活动。

在英国强大的公营体制传统下，Ofcom 比 FCC 更注重对于广播电视的内容控制：FCC 只是依照现有联邦法律对"不能播出什么样的内容"做出规定；而 Ofcom 则有权制定具有法律效力的广播电视内容准则（Broadcasting Code），并强制全国广播电视机构遵守。Ofcom 目前颁行的广播电视内容准则涉及对于如下内容的控制与规范：未成年人保护、冒犯性语言、有害或侵犯性内容、犯罪内容、宗教内容、与选举和投票相关的内容、公平法则、隐私保护、商业内容，等等。[①] 如有人对广播电视节目的内容存有异议，可通过法定程序向 Ofcom 申诉，而 Ofcom 则有义务在限定时间内做出相应的答复或处理。

（三）中国国家广播电视总局

由于中国奉行国营广播电视体制，因此中国的电台和电视台完全被纳入国家的行政管理系统。在国家、省、市、县四个有资格创办电台与电视台的行政层级上，可分别设立专门的广播电视行政管理部门，隶属于各层级的政府。而对全国广播电视业进行统筹规划与规制的机构，则是国务院的正部级直属机构**国家广播电视总局**，其总体负责中国广播、电视、网络视听内容等领域的管理。因应国务院行政机构改革的需要，该机构的名称和职责在历史上曾多次变更（参见表 5.3）。

[①] "Broadcasting Code Guidance," February 28, 2011, Ofcom website, http://stakeholders.ofcom.org.uk/broadcasting/guidance/programme-guidance/bguidance/，2021 年 3 月 5 日访问。

表 5.3　中国国家广播电视监督管理机构沿革（1982 年至今）

时间	机构名称
1982.5—1985	广播电视部
1986—1998.2	广播电影电视部
1998.3—2013.2	国家广播电影电视总局
2013.3—2018.2	国家新闻出版广电总局
2018.3—	国家广播电视总局

按规定，国家广播电视总局的主要职责是：（1）贯彻党的宣传方针政策，拟订广播电视、网络视听节目服务管理的政策措施，加强广播电视阵地管理，把握正确的舆论导向和创作导向。（2）负责起草广播电视、网络视听节目服务管理的法律法规草案，制定部门规章、行业标准并组织实施和监督检查，指导、推进广播电视领域的体制机制改革。（3）负责制定广播电视领域事业发展政策和规划，组织实施公共服务重大公益工程和公益活动，指导、监督广播电视重点基础设施建设，扶助老少边贫地区广播电视建设和发展。（4）指导、协调、推动广播电视领域产业发展，制定发展规划、产业政策并组织实施。（5）负责对各类广播电视机构进行业务指导和行业监管，会同有关部门对网络视听节目服务机构进行管理。实施依法设定的行政许可，组织查处重大违法违规行为。（6）指导电视剧行业发展和电视剧创作生产。监督管理、审查广播电视节目、网络视听节目的内容和质量。指导、监管广播电视广告播放。（7）指导、协调广播电视全国性重大宣传活动，指导实施广播电视节目评价工作。（8）负责推进广播电视与新媒体新技术新业态融合发展，推进广电网与电信网、互联网三网融合。（9）组织制定广播电视科技发展规划、政策和行业技术标准并组织实施和监督检查。负责对广播电视节目传输覆盖、监测和安全播出进行监管，指导、推进国家应急广播体系建设。指导、协调广播电视系统安全和保卫工作。（10）开展广播电视国际交流与合作，协调推动广播电

视领域走出去工作,负责广播电视节目的进口、收录和管理。(11)指导广播电视、网络视听行业人才队伍建设。(12)完成党中央、国务院交办的其他任务。

在内部机构设置上,国家广播电视总局共有十余个内设机构,其中政策法规司、宣传司、电视剧司、传媒机构管理司、网络视听节目管理司等机构履行直接的行业监管职能。①

与 FCC 和 Ofcom 相比,中国国家广播电视总局及其前身不仅是广播电视行业的监管机构,更直接承担着对行业进行有力的规划和塑造以使之符合国家利益和主流社会价值观的使命,拥有更大的主导性与控制力。例如,2014 年 1 月,广电总局明文禁止广播电视主持人和播音员在节目中使用不必要的外文和方言俚语②;10 月,下发通知,明确将"有吸毒、嫖娼等违法犯罪行为者"参与制作的电影、电视剧、电视节目、广告节目、网络剧、微电影等,列入暂停播出范围③;2015 年 7 月,为纪念抗战胜利 70 周年,要求各电视台在 7—9 月间播出 1—2 部反法西斯题材电视剧,且所播出剧目务必达到"精品"要求④;2019 年 4 月 3 日,发布《未成年人节目管理规定》,要求未成年人节目"不得诱导未成年人谈论名利、情爱等话题""不得宣扬童星效应或者包装、炒作明星子女"和不得含有"肯定、赞许未成年人早恋"内容。⑤ 根据行业实际情况灵活制定长期或暂行的行

---

① 参见国家广播电视总局网站,http://www.nrta.gov.cn/col/col2013/index.html,2020 年 3 月 18 日访问。

② 《广电总局:广播电视节目要规范使用语言文字》,2014 年 1 月 4 日,人民网,http://politics.people.com.cn/n/2014/0104/c1001-24020968.html,2023 年 6 月 8 日访问。

③ 《广电总局下发通知,影视网全面叫停"劣迹艺人"》,2014 年 10 月 9 日,新华网,http://www.sc.xinhuanet.com/content/2014-10/09/c_1112754767.htm,2020 年 3 月 18 日访问。

④ 《总局"反法西斯"月要求出台,卫视称早有准备》,2015 年 3 月 18 日,腾讯网,http://ent.qq.com/a/20150318/037253.htm,2020 年 3 月 18 日访问。

⑤ 《广电总局发布〈未成年人节目管理规定〉 禁止宣扬童星效应炒作明星子女》,2019 年 4 月 3 日,新华网,http://www.xinhuanet.com/2019-04/03/c_1124323413.htm,2020 年 3 月 18 日访问。

政律令，是广电总局对全国广播电视业进行控制的主要手段，其通过这种方式确保社会影响力巨大的广播电视媒体的内容生产与传播活动始终按照国家制定的路线稳步进行。

四、电视内容分级

由于对广播电视业的运营行为，尤其是内容生产行为的法律约束和行政管理在很大程度上只能以事后追惩的方式进行，因此一种带有"提前预防"色彩的控制方式——电视内容分级制度（television content rating system）就在很多国家应运而生。所谓**电视内容分级**，是指建立一套完善而精确的节目内容评估指标，令受众在接触这些内容之前即可获知该内容是否适宜特定年龄段的人观看。由于不同国家和地区拥有不同的文化传统，如中国、美国和伊朗三个国家对于"身体裸露"的判断标准或许完全不同，故并不存在一套普遍适用的电视内容分级系统，各国往往根据自身的实际情况来设计适合自己的分级系统。而负责对电视节目进行分级的机构也不一而足，政府、独立行业组织、电视台以及节目的制作方均有可能成为分级的主体。表5.4呈现的是一些国家的电视节目分级指标体系。

表5.4 一些国家的电视节目分级指标体系

国家	指标制定者	指标体系
美国	国会、联邦通信委员会与电视行业各主要组织共同制定	TV-Y：适合所有儿童观看 TY-Y7：适合7岁及以上人士观看 TV-G：多数家长会认为该节目适合所有年龄段人士观看 TV-PG：节目中包含家长可能认为不适宜儿童观看的内容 TV-14：节目中包含很多家长可能认为不适宜14岁以下儿童观看的内容 TV-MA：仅适合成年人（17岁以上）观看

（续表）

国家	指标制定者	指标体系
澳大利亚	澳大利亚通信与媒体管理局（ACMA）	G：适合所有年龄段人士观看 PG：建议儿童由家长监护观看 M：建议较为成熟（通常为12岁以上）的观众观看 MA15+：不适合15岁以下人士观看 R18+：不适合18岁以下人士观看 X18+：含有色情内容，禁止18岁以下人士购买、租用、展览或观看 E：例外情况，如新闻报道、体育转播、教育节目等
法国	最高视听委员会（CSA）	-10：不建议10岁以下人士观看 -12：不建议12岁以下人士观看 -16：不建议16岁以下人士观看 -18：不建议18岁以下人士观看
荷兰	荷兰影声媒介分级学会（NICAM）	AL：适合所有年龄段人士观看 6：建议6岁以下人士由家长监护观看 9：建议9岁以下人士由家长监护观看 12：建议12岁以下人士由家长监护观看 16：建议16岁以下人士由家长监护观看
印度	信息与广播部（MIB）	U：适合所有年龄段人士观看 U/A：建议12岁以下人士由家长监护观看 A：仅可对18岁及以上人士放映 S：仅可对特定职业或阶层人士放映
墨西哥	广播、电视与电影理事会（DGRTC）	A：适合所有年龄段人士观看，建议7岁以下儿童由家长监护观看 B：适合12岁以上青少年观看 B-15：不建议15岁以下人士观看 C：仅适合18岁及以上人士观看 D：仅适合21岁及以上人士观看 RC：不允许在公共电视台播出的节目

(续表)

国家	指标制定者	指标体系
南非	电影出版委员会（FPB）	Family：不包含任何不雅内容，适合全家观看 PG：6 岁以下儿童只能由家长监护观看 13：13 岁以下人士禁止观看 16：16 岁以下人士禁止观看 18：18 岁以下人士禁止观看 R18：含有色情内容，只能在法律规定的范围内以视频或 DVD 的方式播出

从表 5.4 中不难看出，各国对于电视节目内容的分级标准并不完全相同，但一般而言，所有内容分级系统都十分强调对于未成年人的保护，以使之免受色情、暴力等内容的影响。由于电视节目种类繁多、风格多样，其中一些节目虽往往采用了未成年人较为喜爱的形式（如动画片），但其内容却高度成人化，因此分级系统可以帮助儿童家长预先判断哪些节目是真正适合未成年人观看的。美国电视业中就存在一类十分独特的节目类型，名为"成人动画片"（adult animation），即采用了动画片的形式，目标受众却为成年人的一类特殊节目。由于动画片是深受儿童欢迎的节目类型，故成人动画片必须通过分级标识来明确显示不适合未成年人观看。例如，从 1997 年热播至今的《南方公园》（*South Park*）即在美国被分级为 TV-MA，意为仅适合成年人观看。

此外，一些国家还使用特定的技术手段，使得电视机能够自动过滤或屏蔽在分级系统中不适合未成年人观看的节目，比如美国、加拿大和巴西等国盛行的"V 芯片"（V-Chip）。美国法律规定，从 2000 年 1 月起，市场上出售的所有电视机必须安装具有过滤或屏蔽功能的装置，但相关调查显示，真正使用这种技术的家庭的比例很低。

思考题

1. 广播电视如何影响人对特定事务的态度？
2. 广播电视在影响人的行为方面有哪些短期和长期的效果？
3. 与广播电视相关的法律法规存在于哪些领域？
4. 中国《广播电视管理条例》的主要内容是什么？
5. 如何防止广播电视的内容对未成年人产生有害影响？

第六章　广播电视受众

> **要　点**
>
> 1. 被动受众观和主动受众观的差异。
> 2. 电视收视率调查统计的理念和方法。
> 3. 对"收听收视率至上主义"的批评。

受众（audience）既是广播电视媒介传播的重要环节，也是构成广播电视产业与文化的重要元素。广播电视生产的内容只有抵达受众并为受众所接触，才能产生一系列相应的社会影响，同时为广播电视机构带来收益和利润。因此，对于广播电视机构来说，"最重要的使命就是吸引一定数量的目标受众"，并以此形成"自身与其他竞争者不同的特色"。[①]

在全球广播电视业发展的历程中，受众扮演了至关重要的角色。一方面，作为信息的接收者，受众是广播电视业赖以生存的基础，作为大众传播媒介的广播电视必须依赖受众来实现完整的链条式传播，再精良的节目，若无一定数量的受众，都是没有意义的；另一方面，受众的数量、构成及行为方式左右着广播电视业发展的方向、策略和路径，世界各地的广

---

① Philippe Perebinossoff, Brian Gross, and Lynn S. Gross, *Programming for TV, Radio, and the Internet: Strategy, Development, and Evaluation*, Focal Press, 2005, p. 124, p. 126.

播电视机构在确定其发展的目标时，无一例外要考虑现有的受众基础和预期的受众特征，以使其生产经营活动有据可依。因此，从事广播电视业的内容生产、经营管理、规范控制等工作的实质在于建立一种有利于行业发展的机构—受众关系。

作为技术先进、社会影响力显著的大众媒体，电视覆盖了全球范围内绝大多数人口。2021 年的统计数据显示，全世界电视观众人数达 53.6 亿，占全球总人口的 80.5%[1]；而在发达国家和地区，如美国，电视机的家庭保有量高达 96.2%，34.0% 的家庭更拥有两台或以上电视机[2]。而拥有受众的数量始终是衡量一家广播电视机构或一档广播电视节目影响力的重要指标。

脱离了对于受众的考察和理解，我们便无法真正洞悉广播电视业运作的规律。在本章中，我们着重关注与广播电视受众有关的理论、规范和行业实践，同时对盛行于广播电视业的"收听收视率文化"予以分析和反思。

第一节 广播电视受众概说

"受众"是传播学的核心概念之一，指媒介信息或内容的接收/接受者。作为大众传播媒介的广播电视，自然也需要受众来完成传播过程。一般而言，我们将电台广播的受众称为"听众"（listener），将电视广播的受

---

[1] 参见 Statista website, https://www.statista.com/forecasts/1207931/tv-viewers-worldwide-number#:~:text=In%202021,%205.36%20billion%20people, 5.68%20billion%20people%20by%202026，2022 年 6 月 6 日访问。

[2] Tomi Ahonen, "Digital Divide: Global Household Penetration Rates for Technology," January 26, 2011, VR World website, http://vrworld.com/2011/01/26/digital-divide-global-household-penetration-rates-for-technology/，2022 年 6 月 6 日访问。

众称为"观众"（viewer）。广播电视受众有时也被统称为"阅听人"。

对于广播电视机构来说，受众的存在具有如下几方面的重要意义：

（1）受众是广播电视节目获得注意力的重要来源，因而也就是广播电视机构赚取广告收入或赢得社会影响的关键因素；

（2）受众对于广播电视节目的观点、态度和好恶，会直接影响广播电视节目的生产和编排活动，甚至迫使广播电视机构做出重大的策略性调整；

（3）受众群体的构成特征，如地域、性别、年龄、受教育程度、收入情况等，是广播电视机构自身文化定位与文化特色的重要组成部分。

由于任何一个节目或任何一个播出机构都不可能同时吸引所有的受众，故绝大多数广播电视机构，包括那些覆盖面广、渗透力强的综合性电视台和电视网，均要在一定程度上对其目标受众进行预设和定位，以便有的放矢地从事内容生产活动。例如，美国三大电视网之一的美国广播公司（ABC）尽管制作各种类型的节目，但由于其隶属于迪士尼集团，故青少年节目就成为其一项显著特色，大量来自迪士尼的动画片使 ABC 始终在青少年观众中保持着强大的影响力。至于那些带有鲜明专业化色彩的电视频道，则无一例外拥有十分明确的受众定位，其目标不在于吸引所有受众，而在于拥有并维护一大批固定的目标受众。表 6.1 呈现的是 2015 年美国主要有线电视频道的家庭订户数量与人口覆盖率。

表 6.1 美国主要有线电视频道的受众概况（2015）[1]

频道	特色	接入家庭数量（户）	人口覆盖率（%）
A&E Network	娱乐频道	95 968 000	82.4
ABC Family	青少年频道	94 406 000	81.1

---

[1] 参见 Nielsen, "List of How Many Homes Each Cable Network Is in as of February 2015," February 22, 2015。

第六章　广播电视受众

（续表）

频道	特色	接入家庭数量（户）	人口覆盖率（%）
Adult Swim	成人动画片频道	96 390 000	82.8
AMC	电影频道	94 832 000	81.5
Animal Planet	科教频道	94 288 000	81.0
CNN	新闻频道	96 289 000	82.7
CNBC	财经新闻频道	93 623 000	80.4
Comedy Central	喜剧节目频道	93 922 000	80.7
Discovery Channel	纪录片频道	96 589 000	80.3
Disney Channel	儿童频道	96 206 000	82.7
E! Entertainment TV	娱乐频道	94 296 000	81.0
ESPN	体育频道	94 396 000	81.1
Fox News Channel	新闻频道	87 058 000	74.8
FX	电视剧频道	95 033 000	81.6
HBO	付费影视频道	35 817 000	30.8
History	纪录片频道	96 149 000	92.6
Lifetime Television	女性频道	95 894 000	82.4
MSNBC	新闻频道	94 531 000	81.2
MTV	青少年频道	93 240 000	80.1
NBC Sports Network	体育频道	81 578 000	70.1
Nickelodeon	儿童频道	94 792 000	81.4
Showtime	影视频道	27 707 000	23.8
Spike TV	娱乐频道	93 364 000	80.2
TBS Network	喜剧节目频道	96 474 000	82.9
The Cartoon Network	儿童动画片频道	96 309 000	82.8
Travel Channel	旅游频道	91 468 000	78.6
USA Network	娱乐频道	96 341 000	82.8

从表 6.1 不难看出，在电视业高度发达的美国，除五大电视网之外的全国有线电视频道，均已形成较为稳固的专业特色和受众定位，主要面向男性观众、女性观众、青少年观众、受教育程度较高的观众以及收入水平较高的观众的专业频道均有充分的发展空间。但其中并不包括专门吸引老年观众的频道，这是因为长期以来 18—49 岁的观众被美国电视业视为最具商业潜力的收视群体，也是各电视网、电视台争夺的焦点；而 50 岁及以上的观众"尽管比年轻人拥有更为雄厚的经济实力，但广告商往往认为他们的消费观已经固化，难以对新的商品产生兴趣"[1]，故其广告价值远不及年轻观众。近些年来，一些老牌电视网始终受困于自身的观众老龄化问题。2019 年的数据显示，哥伦比亚广播公司（CBS）的观众年龄中位数高达 63.2 岁，就连电视网中历来受众最为"年轻化"的福克斯，其观众年龄中位数也达到 52.4 岁，年轻观众大多流向了流媒体网站。[2]

在中国，电视观众老龄化的趋势也很明显，总体而言老年人比其他年龄段观众观看电视的时间更长，如表 6.2 所示。

表 6.2 中国各年龄段观众收视时长（2020 年上半年）[3]

年龄（岁）	4—14	15—24	35—34	35—44	45—54	55—64	65 及以上
时长（分钟）	94	57	71	88	136	203	273

既然受众是广播电视业经济收入和影响力的来源，那么受众对节目的

---

[1] Robert Abelman, and David J. Atkin, *The Televiewing Audience: The Art and Science of Watching TV*, Peter Lang, 2011, p. 134.

[2] Anthony Crupi, "Premiere Week Ratings Tank As Younger Viewers Turn Their Backs on a New TV Season," *Adage*, October 2, 2019, https://adage.com/article/media/premiere-week-ratings-tank-younger-viewers-turn-their-backs-new-tv-season/2203611, 2022 年 5 月 1 日访问。

[3] 娜布琪：《电视收视新情况！中老年观众收视时长减少，15～24 岁青年观众出现正增长》，2021 年 9 月 8 日，搜狐网，https://www.sohu.com/a/488645949_613537，2022 年 5 月 1 日访问。

第六章　广播电视受众

好恶及相关反馈，就成为播出机构对节目的播出效果进行评估的重要依据。在美国，由于电视业施行灵活的季播制，因此一档节目一旦被确认为观众反响不好或收视表现欠佳，播出机构会立刻采取相应的措施：或对故事情节做出调整，或删去不受欢迎的角色，或增加新的角色，甚至停播节目。例如，2010年首播的成人动画片《丑陋的美国人》(Ugly Americans)仅播出了两季，就因收视低迷、广告歉收而停播。据统计，仅2015年一年，美国就有41部黄金时段电视剧因受众反馈不佳而被播出方停播，其中有相当数量的剧集仅播出了一季。① 不过也有停播后又复播的情况，如另一部成人动画片《恶搞之家》曾在2003年被其播出方福克斯电视网停播，但由于其DVD销售和后续联卖取得了优异的成绩，故福克斯又于2005年复播该剧。在美国的商营体制下，受众的力量直接体现在其对广播电视机构的经济收益的影响上。

中国电视业的体制和内容生产方式与美国有很大不同，因而电视台对节目的停播大多源于规制部门的要求，而非观众的意愿；不过一档节目在首轮播出时的观众评价，却有可能对其二轮及以后轮次的售卖产生影响。2005年一项针对北京地区的抽样调查显示，有51.49%的观众经常收看重播电视剧，而不收看重播电视剧的观众比例仅为8.28%，足见重播剧仍然有着可观的收视需求和市场潜力。② 由此可见，观众对于在播节目的反馈十分重要。此外，中国的电台和电视台大多设立专门的受众服务部门，如中央电视台即在总编室下设受众服务部，其职责就是沟通电视台与其观众之间的关系。

---

① Whitney Friedlander, "Cancelled TV Shows 2015: What's not Returning to Primetime," *Variety*, October 13, 2015.

② 葛玉清：《重播电视剧及受众审美接受研究——以北京城市某小区居民接受状况调查为例》，《当代电视》2006年第5期，第50页。

第二节　广播电视受众观的变迁

在广播电视媒介发展演变的过程中，受众扮演的角色以及人们对受众的看法始终在变化。在主流大众传播学理论中，传播的受众观经历了从"皮下注射论"到"有限效果论"的变化过程；而欧洲的媒介与文化研究传统则全面认可受众在内容解读和意义生产过程中发挥的积极作用，从而形成了有别于美国传统的"主动受众观"。

一、被动受众观

在大众传播理论诞生初期，"被动受众观"极为流行。很多人认为，面对大众媒体的信息轰炸，受众没有抵抗的能力，而只能对其全盘接受，因此大众传播的效果是一种强效果。这一观点被称为**"魔弹论"**（The Magic Bullet Theory）或"皮下注射论"（The Hypodermic Needel Model），喻指受众接收信息的过程如同被子弹击中或接受肌肉注射一样"立竿见影"。"魔弹论"建立在如下假设之上："人是受到其内在的生物本能支配的动物，因而往往会对任何外部刺激做出高度一致的反应。"[1] 这种带有悲观色彩的受众观念既突出了大众传媒的强大社会影响，又不可避免地将受众视为软弱无力的、被轻视的对象。

被动受众观的形成与广播在其发展早期的影响力有巨大的关系。1938年CBS的广播剧《世界大战》引发的"火星人入侵"的巨大骚乱令当时的研究者触目惊心，在此之前人们很难想象虚构的媒介内容居然能够令如此多的人深信不疑并做出极端反应。除此之外，纳粹德国在20世纪30—40年代成功运用宣传机器，尤其是广播和电影，令反犹主义、种族灭绝和

---

[1] Shearon Lowery, and Melvin L. DeFleur, *Milestones in Mass Communication Research: Media Effects*, Longman, Inc., 1983, p. 400.

第六章 广播电视受众

战争狂热席卷整个德国,并最终将大半个世界拖入战争,"希特勒的广播讲话煽动性极强,以至于就连饭店和酒馆里也会有人打开收音机收听"①,这也令早期的研究者对作为宣传机器的大众媒体的力量深信不疑。

至20世纪中叶,"魔弹论"逐渐失去市场,这是由于更多科学的、实证的研究结论表明,媒介内容对受众的影响其实受到诸多社会因素的制约,是一种"有限"的效果。社会学家**保罗·拉扎斯菲尔德**(图6.1)的研究团队在40年代中期的一项关于总统选举的研究的结论表明,两位候选人的竞选宣传对选民产生的效果并非人们预想得那样强大,在投票态度和意愿改变问题上,人际交流扮演了比大众传播更为重要的角色。② 这项研究成

图6.1 保罗·拉扎斯菲尔德

果后以《人民的选择》(*The People's Choice*)为标题出版,成为传播学学界打破被动受众论、建立有限效果论的标志。在此基础上,拉扎斯菲尔德及其学生伊莱休·卡茨(Elihu Katz)提出并完善了**"两级传播模式"**(two step flow mode)。该模式指出,信息的流动分为两个阶段:首先是由媒介到意见领袖(opinion leaders),即那些比其他人拥有更大的媒介内容接近权和阐释权的个体,然后再由意见领袖流向大众(图6.2)。在这个过程中,意见领袖对媒介信息的理解和解释,将对该信息最终为大众所接受的程度和方式产生巨大的影响。③

---

① Randall L. Bytwerk, *Landmark Speeches of National Socialism*, Texas A&M University Press, 2008, p. 7.

② 参见 Paul Lazarsfeld, Bernard Berelson, and Hazel Gaudet, *The People's Choice: How the Voter Makes Up His Mind in a Presidential Campaign*, Columbia University Press, 1948。

③ Elihu Katz, "The Two-step Flow of Communication: An up-to-date Report on a Hypothesis," *The Public Opinion Quarterly*, 21 (1), 1957, pp. 61-78.

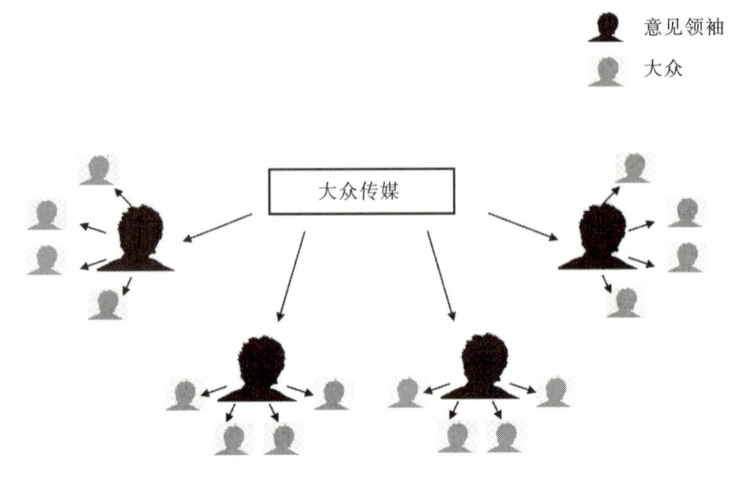

图 6.2　两级传播模式

至 20 世纪 60—70 年代，随着"**使用与满足理论**"（Uses and Gratifications Theory）的崛起和流行，有限效果论在观念上得以牢固确立。这一理论的代表人物包括威尔伯·施拉姆（Wilbur Schramm）、亚伯拉罕·马斯洛（Abraham Maslow）、杰·布卢姆勒（Jay Blumler）以及丹尼斯·麦奎尔（Denis McQuail）等。该理论的基本观点如下：（1）受众具有能动性，其媒介使用行为是由目标驱动的；（2）媒介内容选择和需求满足之间的关系完全由受众自己主导；（3）媒介只是受众获得满足的多个途径之一；（4）受众对于自己使用媒介的兴趣、动机和能力有清醒的认识；（5）只有受众有资格对媒介内容做出价值判断。[1]

而受众通过媒介使用行为所要满足的需求则是十分多元的，包括情感需求、社会需求、心理需求、娱乐需求等[2]，无论是"使用"还是"满

---

[1] Elihu Katz, Jay G. Blumber, and Michael Gurevitch, "Uses and Gratifications Research," *The Public Opinion Quarterly*, 37 (4), 1973-1974, pp. 509-523.

[2] Louis Leung, and Ran Wei, "More than Just Talk on the Move: Uses and Gratifications of the Cellular Phone," *Journalism and Mass Communication Quarterly*, 77 (2), 2000, pp. 308-320.

足"，均为受众自发的、理性的行为。使用与满足理论是主流大众传播学领域为受众赋予最高能动性的一套观念。

尽管广播电视的受众不再被视为束手无策、人云亦云的软弱者，但对于受众的轻视和污名化却并未走向终结，而长期根植于人们的一般观念中。由于广播电视的内容比印刷媒体具有更强烈的娱乐色彩，故广播电视的受众时常被扣上"沉迷者""瘾君子""幻想家"的帽子。美国学者赫塔·赫佐格在20世纪40年代一项针对流行广播剧的女性听众的研究尽管被视为对使用与满足理论最重要的早期探索，但其在剖析广播剧女性听众的各种收听动机的同时，亦强调这类节目的听众往往具有性格孤僻、不够知性、不关心公共事务、缺乏安全感、易陷入焦虑等群体特征。[1]

电视诞生之后迅速成为人们每日接触时间最长的家庭媒介，其大量娱乐性内容更是令严肃文化的捍卫者时刻保持警惕。在美国，电视时常被讽刺为"痴呆电子管"（boob tube）或"心灵口香糖"（chewing gum for the mind），而长期沉迷于电视内容、缺乏社会活动的意愿和能力的深度观众则被戏谑为"沙发上的土豆"（图6.3）。[2] 两位美国学者在2008年展开的一项研究也显示，对现实生活有不满情绪的人平均比对现实生活满意的人多花30%的时间在看电视上，看电视成为一种逃避现实的"成瘾性"消费，其"给人们带来的只是转瞬即逝的欢愉，背后潜藏的

图6.3 "沙发上的土豆"

---

[1] Herta Herzog, "On Borrowed Experience: An Analysis of Listening to Daytime Sketches," *Studies in Philosophy and Social Science*, 9 (1), 1941, pp. 65-95.

[2] Paul McFedries, *The Complete Idiot's Guide to a Smart Vocabulary*, Alpha Books, 2001, p. 88.

却是长期的痛苦和悔恨"。① 类似的观点直到今天仍有十分深厚的社会基础。

二、主动受众观

无论是"魔弹论"还是"有限效果论",均在观念上认同受众是媒介的"对象",是大众传播系统中信息的"接受者":无论受众的媒介接触与使用行为具有怎样的目的性和能动性,其在接受信息的那一瞬间都是被动的。但这一观点在很多欧洲文化与媒介学者看来,其实是站不住脚的。在经验主义、人类学和文化研究等思想传统的影响下,越来越多的人开始将受众视为传播过程的主动参与者,他们并不是简单地接受信息,而是会根据自身的心理、政治及文化需求对信息做出解读,从而生产出属于自己的意义(meaning);而"意义"则取代"信息",成为传播过程得以完成的核心概念。在这一视角下,甚至"受众"一词本身也需要修正,"解读者"(reader)乃至"使用者"(user)往往被认为是更准确的表述,表明受众和信息的生产者一样,都是传播活动和意义生产行为的积极参与者。正如亨利·詹金斯(Henry Jenkins)所言:"观众不再是沙发上的土豆,他们完全有能力决定自己在什么时间、以什么样的方式看什么内容的节目;他们既是消费者、沉迷者,也是生产者、传播者、发布者和批评者。"②

具体而言,主动受众观主要包括如下基本观点:(1)在传播的过程中,意义的生成和解读是同等重要的实践;(2)受众在接受和解读信息的时候,会产生快感(pleasure),这种快感具有天然的合法性,与文化修养或个人道德无关;(3)受众的解读行为既具有独特性,又受制于社会语境,因而

---

① John P. Robinson, and Steven Martin, "What Do Happy People Do," *Social Indicators Research*, 89 (3), 2008, pp. 565-571.

② Henry Jenkins, *Fans, Bloggers, and Gamers: Exploring Participatory Culture*, New York Univesity Press, 2006, p. 135.

研究者须尽可能与之站在同样或相似的立场上做出具体的观察和分析，而不能仅从媒介内容一端做出臆测；（4）受众的解读行为和解读过程中产生的快感是政治化的，亦即一种个体对于环境或制度的抵抗手段。

主动受众观是从 20 世纪 80 年代开始逐渐得到越来越多的人支持的，其观念建立在一系列颇具影响力的实证研究的结论之上。80 年代初，美国电视剧《豪门恩怨》在 90 多个国家热播，令人们对于美国电视节目"侵蚀"世界各地观众的忧虑达到高潮。在这个时候，一系列针对该剧观众的研究相继诞生。这些研究大多表明，即使那些沉迷于此剧的观众，也不会完全服膺剧中传达的价值观，他们完全有可能根据自己的文化需要做出与创作者的初衷不尽相同甚至截然相反的解读。代表性的成果包括洪美恩（Ien Ang）对该剧荷兰女性观众的解读行为的考察，以及塔梅尔·利贝斯（Tamar Liebes）和伊莱休·卡茨对以色列国内不同族裔的观众群体的解读行为的分析，等等。他们的研究表明，电视观众对电视节目内容的解读行为中存在不同的方式和类型，而这种行为本身也受到性别、族裔、宗教信仰等各种社会文化因素的影响。因此，一个人喜欢看某个电视节目，并不意味着其对节目生产者的创作意图的全盘接受。[1]

电视理论家约翰·菲斯克（John Fiske）将受众对媒介内容的主动解读和意义生产行为称为"权且利用"（make-do），即无论媒介提供何种信息和观点给受众，他们总能根据自己的需要对其进行"再创作"，从而制造出新的、属于自己的意义来。菲斯克甚至认为，受众的意义解读行为具有高度的政治意涵，它是西方社会的无权者对社会体制的一种抵抗。在他看来，这种围绕着意义和快感展开的"符号抵抗"与呼吁社会经济

---

[1] 参见 Ien Ang, *Watching Dallas: Soap Opera and the Melodramatic Imagination*, Routledge, 1985; Tamar Liebes, and Elihu Katz, *The Export of Meaning: Cross-cultural Readings of Dallas*, Polity, 1994。

系统变革的"社会抵抗"具有同等重要的作用。① 菲斯克的这一观点因完全放弃了对资本主义文化工业的批判而被一些学者批评为"文化民粹主义"（Cultural Populism）。

英国文化理论家**斯图亚特·霍尔**（Stuart Hall）（图6.4）创立的**"编码-释码"**模型（参见图6.5），是对主动受众观进行理论化和规范化的重要标志。霍尔结合符号学（semiology）的相关概念，提出媒介内容的生产是一个编码（encoding）过程，而受众对其解读行为是一个释码（decoding）过程。具体来说，当A想要将某种意义传递给B时，他并非随意选择单一的符号，而是有意或无意地选择某些特定的符号，对其加以组织，使之呈现出某种容易被解读为意义的状态，即代码（code），再通过媒介传递至B处；而B的解读行为则是指其在具体情境下，根据自己的需求将代码解读为意义。这样一来，编码前的意义和释码后的意义便有可能产生偏差。据此，霍尔提出了释码的三种立场：（1）主导-霸权式（dominant-hegemonic）立场，即释码者完全服膺编码者的逻辑，在编码者预设的立场上进行释码，霍尔称之为"完美明晰的理想传播"状态。（2）协商式（negotiated）立场，即释码者基本承认编码者的主导立场及其编码行为的合法性，并在不与之发生尖锐冲突的前提下对代码做出一些替代性的解读。（3）对抗式（oppositional）立场，即释码者对编码者提供的代码进行颠覆性的否定，并以一种迥异于编码者的立场解读意义。②

图6.4 斯图亚特·霍尔

---

① 参见 John Fiske, *Understanding Popular Culture*, Routledge, 2010。

② Stuart Hall, "Encoding/Decoding," in Stuart Hall, et al., eds., *Culture, Media, Language*, Hutchinson, 1980, pp. 128-138。

图 6.5　霍尔的编码-释码模型

例如，同样是电视剧《甄嬛传》的观众，不同的人完全有可能对该剧做出不同的解读。持主导-霸权式立场的观众沉醉于故事的曲折情节和人物的坎坷命运，甚至将剧中的人际关系对照至现实生活中加以借鉴；持协商式立场的观众在认可该剧制作精良、逻辑合理的前提下，批评剧中所传达的关于男女性别权力关系的过时观点；持对抗式立场的观众则完全有可能认为该剧剧情虚假、价值观偏颇，从头至尾带着批判和挑剔的态度去解读该剧。

主动受众观赋予媒介的受众，尤其是电视的观众以意义生产主体和文化能动者的身份，使其拥有了被严肃考察和分析的资格。这一观念亦对广播电视行业的实践产生了影响，文化上的接近性开始成为广播电视节目设计与生产的一个重要维度，制作者日益重视对受众的性别、族裔、生活习惯、价值观和宗教信仰等指标的考察，以尽可能减少节目播出后可能引发的"对抗性释码"。正如电视理论家阿曼达·洛茨（Amanda D. Lotz）所言："我们已经不能不假思索地认为电视所面对的是一个总体性的观众群体了……电视网在播出一个节目之前，需要仔细考量该节目的意识形态是否与其目标观众群体的主导性意识形态相抵触。"[①]

第三节　广播电视受众调查

鉴于受众在广播电视产业与文化中的重要性，对其数量、构成、属性

---

① Amanda D. Lotz, *The Television Will Be Revolutionized*, New York University Press, 2014, p. 42, p. 44.

等方面的资料和数据进行收集、整理、统计和分析，就成为广播电视机构进行日常内容生产和制定短期与长期发展规划的重要依据。**广播电视受众调查**有多种形式，但其中适用性最广、影响力最大的始终是对收听收视率的调查。一般而言，广播电视网、独立电台和电视台均会委托专业调查公司进行收听收视率的调查，并将统计所得数据提供给广告商，以吸引其投放广告。不过，尽管可以从广播电视机构获取收听收视数据，但很多广告商还是会主动与大型市场调查公司展开更深层次的合作，以满足其对受众数据信息更为具体的需求。在这一节中，我们主要介绍电视收视率的主流统计方法以及受众调查对广播电视行业产生的影响。

一、收视率统计方法

全世界范围内存在对于收视率的不同界定方式和统计方法，在此我们着重介绍应用范围最广的"尼尔森调查法"。

（一）统计方法

尼尔森收视调查法是由全球规模最大的调查公司尼尔森（Nielsen）从1947年开始采纳的收视率调查方法体系。最基础的尼尔森收视数据一般由两个部分组成：**收视率**（ratings point）和**收视份额**（share）。在美国，收视数据是以户（household）为单位进行统计的，其中收视率是指收看节目的户数占统计区域内总户数的百分比，而收视份额则是指收看节目的户数占节目播出期间统计区域内开机总户数的百分比。由于节目播出期间开机总户数在理论上总是小于总户数的，故收视率在数值上永远小于收视份额。

举例来说，2013年全美国拥有电视机的总户数为1.156亿。若一档节目在面向全国播出时共吸引了115.6万户观看，则这档节目的全国收视率即 1 156 000／115 600 000 = 0.01（1%）；若该节目在面向全国播出期间，全国共有 1156 万户（占总户数的 10%）处于开机状态，且其中有 115.6 万户观看了该节目，则该节目的收视份额即 1 156 000/11 560 000 = 0.1（10%）。这样，我们就得出了这档节目的完整收视数据：收视率为 1%，收视份额为 10%。若按惯例省略百分号，则写作 1.0/10。若一档节目的纽约地区收视情况为 2.5/18，则意味着该节目在纽约地区播出时的收视率为 2.5%，收视份额为 18%。

由于每天不同时段内电视机的开机数量会有较大差异，因而收视份额的数据能够有效地对高度概括性的收视率数据做出补充。一档在开机率较低时段（如清晨、深夜）播出的节目的收视率可能很低，但收视份额却可能很高，这就意味着该节目充分开掘了这一时段的注意力资源，是一档优质节目。只有当不同节目在同一时段播出时，其收视率数值之间的比较才有意义。例如，1997 年 3—6 月的收视数据显示，中央电视台的一档谈话节目《实话实说》的平均收视率仅为 3% 左右，但其收视份额却达到 62.15%，对于一档在每周日早上 7：20 播出的节目来说，这个成绩令人惊叹。[1]

此外，在调查广播电视节目收听收视情况时，还有两个以人数而非户数为统计单位的常见指标。一为**累积受众数**（cumulative audience），即在特定时间内收听收看了节目的受众的具体人数。一般而言，只有连续收听收看 5 分钟（或 8 分钟）以上的受众，才能被统计进累积受众数。二为**触达率**（reach），即节目在特定时间段吸引的受众人数（非户数）占目标受众总人数（非户数）的百分比。例如，某一地区共有稳定电台听众 1000 人，某期节目总计吸引了 53 人收听，则该期节目在该地区的触达率为 53/1000 = 0.053（5.3%）。累积受众数和触达率较多运用于广播收听情况统计，因为广播并不像电视一样以家庭接收为主要方式，难以通过电视收视率的统计方法获得收听率数据，调查者通常需要通过电话访问、便携式记

---

[1] 张传玲：《〈实话实说〉收视情况分析》，《电视研究》1997 年第 9 期，第 63 页。

录仪等手段直接获得对听众人数的预测。表 6.3 是根据尼尔森的历史调查数据整理的美国一些代表性电视剧的最高收视纪录。

表 6.3　美国代表性电视剧最高收视纪录[①]

节目名称	累积受众数（亿）	收视率（%）	收视份额（%）	日期	播出机构
陆军野战医院（M*A*S*H）	1.059	60.2	77	1983.02.28	CBS
欢乐酒店（Cheers）	0.844	45.5	64	1993.05.20	NBC
法网恢恢（The Fugitive）	0.780	45.9	72	1967.08.29	ABC
宋飞正传（Seinfeld）	0.763	41.3	58	1998.05.14	NBC
老友记（Friends）	0.525	32.2	46	2004.05.06	NBC
一家大小（All in the Family）	0.402	26.6	43	1979.04.08	CBS
欢乐一家亲（Fraser）	0.337	16.3	25	2004.05.13	NBC
豪门恩怨（Dallas）	0.333	22.0	38	1991.05.03	NBC
洛城法网（L. A. Law）	0.221	15.9	27	1994.05.19	NBC
威尔与格蕾丝（Will and Grace）	0.186	12.9	20	2006.05.18	NBC

从表 6.3 中，我们不难看出美国电视业收视情况的一些显著特点：第一，由于受到季播制的影响，全年电视收视的高峰期大多出现在每一播出季季终，即 5 月；第二，随着时间的推移，由于电视频道和节目产量的增加，观众的注意力变得更加分散，故单期节目的最高累积受众数、收视率和收视份额均呈现逐年下降的态势；第三，喜剧类电视剧的收视情况显著好于剧情类电视剧的收视情况，是美国电视收视数据的主要贡献者。

尼尔森收视率统计方法得以成功实施的一个重要前提是，调查者能够较为准确地掌握目标区域范围（如全国、某些州、某些城市等）内拥有电视机的总户数，而官方统计部门对这类数字的统计往往较为滞后，故尼尔

[①] 数据综合自尼尔森公司 1983—2006 年统计数据。

森每年8月（新的播出季开始前）都会根据现有的资料和数据对全国及重点地区拥有电视机的户数进行尽可能准确的预估和测算。另外，在美国这样幅员辽阔、人口众多的国家，无论是拥有电视机的家庭还是电视观众的数量都是极为庞大的，因而收视率调查只能通过**抽样**（sampling）的方式来进行，即调查方用一个在人口统计学特征上与收视人口总体尽可能相近的、规模较小的样本来代替总体进行分析。例如，为完成对全国收视率的统计，尼尔森需要按各州的人口数量、性别、年龄等人口统计学比例，在各州进行严格的多阶段、整群、分层抽样，以确保样本对于总体有尽可能大的代表性。此外，样本的一定比例还需要根据时间和收视环境的变化进行轮换，以确保其与总体之间始终保持高度的相似性。

（二）调查技术

在具体的调查技术上，目前有两种常见的选择。一为"日记法"（viewer diaries），即调查机构向样本中的家庭发放收视行为日记卡，并请其家庭成员按照要求将全家每天收看的电视频道、节目、时段等信息详细记录于日记卡上，再由专门的调查人员以一定时间频率（如每星期）收回填好的日记卡、发放新的日记卡。尽管这种调查方法费时费力，但其优势在于可以同时收集观众的人口统计学信息。

目前更为常见的是第二种技术——**"收视记录仪法"**（set meters），即调查机构在样本中的家庭的电视机上外接一个电子设备，该设备可以完整记录电视机每天的开机时间、关机时间、开机期间播放的频道、不同频道的播放时间等详细信息，并于每日夜间通过专门线路传输至调查机构。此外，一些客户还会要求调查机构提供收视人群的年龄、性别等信息，故调查机构有时还会采用一种被称为"个人收视记录仪"（people meters）的电子设备，该设备同样外接于电视机上，可以记录所有家庭成员的人口统计学信息并为每个家庭成员分配一个对应的按钮，任何家庭成员在打开电视机准备收看节目之前，均须按下自己的按钮，这样调查机构除了能够获得收看节目的相关信息外，也能获得收看者的基本人口统计学数据。

"个人收视记录仪"出现后，"日记法"逐渐失去其优势。2001年，尼尔森公司还和阿比创（Arbitron）公司（2012年被前者收购）联合推出"便携式个人收听收视记录仪"（portable people meter），这是一种人们可以随身携带的、寻呼机大小的测量仪器，能够接收节目传输的无声信号。这样一来，即使观众不在家，而是在健身俱乐部、办公室、机场、车内等场所，调查机构也可以追踪他们接触到的电视节目。这种仪器目前主要用于调查通勤上班族的广播收听习惯。如今，尼尔森对受众群体的划分已经发展为包括收入水平、受教育程度、宗教、职业、社区甚至消费品使用偏好等多个维度的成熟体系。

大多数调查机构会根据具体情况灵活选择统计技术。由于通过日记法获得的数据有可能因为记录者的疏忽或遗漏而出现不准确的情况，故收视记录仪法被视为更科学、更可靠的技术，日记法则主要应用于规模较小或技术基础较差的收视市场。数据显示，对于同样的市场，采用日记法调查获得的数据会比采用收视记录仪法调查获得的数据高5%—40%。[1] 尽管如此，尼尔森每年还是会在全国范围内发放200万张左右的日记卡。[2]

虽然尼尔森的收视调查统计体系目前为世界各国所学习和效仿，但该体系的准确性和公正性始终面临争议。一个最主要的批评就是，在互联网和移动通信技术高度发达的今天，人们对于电视节目的观看已不局限于电视机这一个终端，家庭电脑、手机、智能平板设备等终端正在挑战电视机在客厅中的主导性地位，这就使得尼尔森的调查统计方法不断受到新的技术环境的挑战。尼尔森收视调查法所面临的另一项指责，源于其以"户"

---

[1] 刘燕南：《电视收视率解析：调查、分析与应用》，北京广播学院出版社2001年版，第64页。

[2] 参见 Nielsen website，http://www.nielsen.com/us/en/solutions/measurement/television.html，2022年5月1日访问。

为统计单位的统计思路，这也就意味着在家庭之外，如大学宿舍、机场、公共交通工具、酒吧、广场等公共空间的收视行为，被完全地忽视了。但尽管如此，尼尔森公司所开创和倡导的收视率统计方法还是由于体系完整、方法科学、可操作性强而在世界范围内保持着主流和领先的地位。

（三）中国的收视率调查

中国的电视收视调查于1986年起步，从这一年起，中央电视台、上海电视台和广东电视台开始通过抽样统计和电脑分析的方式来进行收视率调查。中央电视台于1986年4月5日至7月15日对全国28个城市的观众展开了一次问卷调查，这是中国电视史上首次大规模的电视受众调查，这次调查共取得样本1262个，获得有关数据10 828个。[1] 1995年，由央视牵头的"全国电视观众调查网"正式成立。1996年，广播电影电视部颁发了《关于在广播电视系统推荐使用全国电视观众调查网电视收视率资料的通知》，这是中国电视收视率调查系统化、科学化的开端。

目前中国共有两家主要的收视率调查公司。一为1997年中央电视台旗下子市场研究公司CTR与法国索福瑞集团（TNS）合资成立、由央视控股的央视-索福瑞媒介研究有限公司（现已更名为中国广视索福瑞媒介研究有限公司，常用中文简称"索福瑞"或英文简称"CSM"）；由于2008年法国索福瑞被WPP集团收购并被整合至坎塔尔（Kantar）媒介集团旗下，故坎塔尔成为索福瑞目前的外资方。二为1996年进入中国上海市场的尼尔森。不过，索福瑞在中国市场长期拥有近乎垄断的地位。尼尔森一度退出中国市场，但2012年再次返回参与市场竞争。

中国电视收视率调查国家标准《电视收视率调查准则》从2014年7月1日开始实施，该标准由国家标准化管理委员会公布，明确规定：

---

[1] 刘习良主编：《中国电视史》，中国广播电视出版社2007年版，第246页。

（1）中国电视收视率调查与国际通行准则须保持一致，调查方法和技术与国际上保持同步，同时又要符合国内电视收视市场的具体情况，保证电视收视率调查的顺利施行。

（2）数据提供方必须对样本户资料严格保密，严防样本户受到第三方的影响；数据使用方也应遵守职业道德，不得采用不正当手段与同行业竞争，不得以任何方式获取样本户资料和干预样本户收视行为，以确保数据的客观公正性。

（3）在建立质量管理体系方面，收视率调查机构须遵照监管机构和ISO 国际质量标准的各项规范要求，并接受独立的第三方审核，以确保调查执行的科学、规范、客观和公正。同时建立举报制度，由中国广播电视协会接受举报并履行核查。[①]

二、主要受众调查机构

由于不同国家和地区往往拥有不尽相同的广播电视体制，广播电视机构对受众调查的需求亦不一而足，故很多国家都建立了自己的受众调查体系。由于这项工作专业性强、技术难度大，故广播电视机构通常会委托专门的调查机构来完成。目前全球范围内已形成多家技术先进、实力雄厚的跨国受众调查公司，它们源源不断地为世界上的主要广播电视机构提供数据服务。这一部分将对尼尔森、坎塔尔、英国广播电视受众研究委员会，以及新兴的 ComScore 等代表性调查机构的基本情况做出介绍。

（一）尼尔森

总部位于美国纽约的**尼尔森**公司是美国乃至全世界规模最大、技术最先进、实力最雄厚的媒介调查机构。该公司创办于 1923 年，在全球超过

[①] 参见本书编写组编著：《GB/T 30350—2013〈电视收视率调查准则〉理解与实施》，中国质检出版社、中国标准出版社 2014 年版。

100 个国家和地区开展业务，拥有 4.4 万名雇员，2021 年的总收入达到 35 亿美元。① 尼尔森是广播电视受众调查领域的先驱，早在 1942 年便开始了对广播收听率的调查，1950 年又成为全球第一家对电视收视率展开科学调查的机构。尼尔森除了直接为美国本土和美国之外的多个国家和地区的广播电视机构提供受众调查服务外，还开创了各项调查方法和技术，亦为其他公司所效仿。2012 年，尼尔森以 12.6 亿美元成功收购在广播收听率调查领域实力最为雄厚的公司阿比创，并令后者成为自己旗下专事广播受众调查的分公司，这进一步强化了尼尔森在全球广播电视受众调查领域的优势地位。②

除保持在传统广播电视受众调查领域的优势外，尼尔森还于 2008 年启动了网络视频测评业务 VideoCensus，服务对象为美国提供视频播放服务的网站。该业务可从收看人数、视频流量、平均播放时间、用户地理分布等多个维度对网络节目的收视情况进行评测。从 2008 年 7 月起，尼尔森开始发布"三屏"电视使用报告，即同时调查通过电视机、互联网和移动设备观看电视节目的观众的收视情况。2009 年起，尼尔森开始在 7500 个电视样本家庭中安装网络测量装置，对用户在网上所观看的影视节目进行统计监测。智能电视机的普及使尼尔森在传统电视收视率调查方面的技术优势得以延续至流媒体生态。2017 年起，尼尔森立足于原有的家庭样本，开始通过自主研发的流媒体收视仪（streaming meter）统计各流媒体平台节目的"被观看时长"，并将其作为一项核心数据指标进行定期发布。2021 年，尼尔森将这项新业务与传统收视率调查业务合并，推出新数据产品"测量仪"（The Gauge），其形式为关于整个电视节目收视市场（包括电视网、有线电视、流媒体平台）的节目的月度数据报告。目前，"测量仪"是我们

---

① 来自《尼尔森公司 2021 年度财报》，参见 https://www.sec.gov/ix?doc=/Archives/edgar/data/1492633/000156459022007612/nlsnnv-10k_20211231.htm，2022 年 5 月 1 日访问。

② William Launder, and Suzanne Vranica, "Nielsen to Branch out with Arbitron," *The Wall Street Journal*, December 18, 2012.

了解美国电视行业总体情况的可信赖的数据报告。2022年4月的数据显示，美国家庭日均收看流媒体节目的时长达到总收视时长的30.4%，超过了电视网频道（24.7%），但不及有线电视频道（36.8%）；而在所有流媒体平台的观看时长中，Netflix的占比超20%（6.6%）。① 随着调查技术的不断成熟，尼尔森关于流媒体节目收视情况的数据已经得到全行业的认可。各大流媒体网站在2017年还多次批评尼尔森的数据不够准确，至2021年却已普遍认可其调查结果。尤其是，流媒体网站通常只能掌握自己订户的收视数据，而尼尔森的服务却能使其了解全行业的总体状况。②

（二）坎塔尔

坎塔尔媒介集团为美国投资公司贝恩资本（Bain Capital）和英国WPP集团共同拥有（前者持股60%，后者持股40%），是尼尔森在世界上很多国家和地区最主要的竞争对手。该公司成立于1992年，目前在全球100余个国家和地区拥有3万名员工。坎塔尔在一些国家和地区的影响力高于尼尔森，目前是印度最大的媒介与市场调查机构，同时在日本也拥有稳定的客户群。WPP集团在2008年成功收购另一家全球知名的受众调查公司索福瑞之后，将其整合至坎塔尔的业务架构之中，这使得坎塔尔迅速成为全世界范围内实力和影响力仅次于尼尔森的受众调查公司。早在被收购前，索福瑞就是世界上首个涉足机顶盒数据库领域的媒体调研公司，这项技术可以更为精确地统计有线电视和卫星电视的收视数据。目前，整合了索福瑞各项技术的坎塔尔已经与卫星电视服务商Charter、DirecTV、Discovery等公

---

① "Streaming Climbs to New Heights again in April despite a Dip in Total TV Viewing," May 1, 2022, Nielsen website, https://www.nielsen.com/insights/2022/streaming-climbs-to-new-heights-again-in-april-despite-a-dip-in-total-tv-viewing/，2023年6月8日访问。

② John Koblin, "Nielsen Now Knows When You Are Streaming," *The New York Times*, June 17, 2021.

司展开全面合作,借助其机顶盒进行调查活动;其中,与 DirecTV 的合作涉及对 10 万用户、350 个频道的统计。

值得一提的是,在中国影响力最大的媒介受众调查公司中国广视索福瑞媒介研究有限公司即央视旗下子市场研究公司 CTR 与坎塔尔合资运营的公司。由于中国拥有全世界最为庞大的广播电视受众群体,故索福瑞也就拥有了世界上最大的广播电视收听收视率调查网络。截至 2022 年 5 月,索福瑞已在全国范围内建立起 127 个提供独立数据的收视率调查网络,其调查数据可以涵盖超过 12.8 亿电视人口和超 6800 万广播人口。此外,因应流媒体时代的到来,索福瑞还积极开发新媒体数据产品,为客户提供"视音频全媒体测量"服务。[①]

(三)英国广播电视受众研究委员会

英国广播电视受众研究委员会(Broadcasters' Audience Research Board,BARB)是成立于 1981 年的专业广播电视受众调查机构,该机构由英国的五家主要电视台(BBC、ITV、Channel 4、Channel 5、Sky)以及英国广告从业者协会共同拥有,负责全国电视收视数据的收集和统计并向社会发布的工作。由于 BARB 并不是专业的调查公司,故其往往需要与实力雄厚、技术先进的企业合作完成调查工作。总部位于伦敦的坎塔尔就是 BARB 最主要的合作者之一。与尼尔森一样,BARB 目前是英国电视业最为权威的收视数据发布方,除统计收视数据供电视机构和广告商参考外,BARB 还以每星期一次的频率向英国公众发布节目收视率前十位排行榜、所有电视频道收视率排行榜以及各种电视节目类型观众人数排行榜,便于人们对全国电视收视情况有总体性的了解。例如,BARB 于 2016 年 1 月 17 日公布的数据显示,在过去一个星期内,英国观众人数最多的三种节目类型依次

---

① 参见索福瑞网站,https://www.csm.com.cn,2022 年 12 月 12 日访问。

是电视剧（18.58%）、娱乐节目（18.16%）和纪录片（13.73%），而观众人数最少的三种节目类型则为时政节目（0.02%）、文艺节目（0.10%）和宗教节目（0.14%）。[1]

（四）ComScore

ComScore是一家总部位于美国弗吉尼亚州的媒介调查公司，成立于1999年，最初主要从事基于数字媒体平台的数据调查与分析工作。2016年，ComScore并购老牌收视率调查公司Rentrak，从而成为一家具有强大实力的跨平台媒介调查公司。目前，ComScore的媒体调查覆盖美国3000万个家庭，其数据服务在视频流媒体领域有着突出优势，并每年发布权威的OTT行业报告。[2] 在电视收视率调查领域，ComScore也具有显著的竞争优势，其在2020年4月推出了一项面向地方电视的收视调查服务，该服务可以在不到48小时内向客户提供数据及分析，而传统收视率调查服务通常需要两周左右的时间。[3]

三、受众调查与内容生产

受众调查的结果及评估是广播电视行业内容生产活动的主要依据。通过对这些经科学方法搜集分析所得的数据的参考分析，播出机构不但可以对一档在播节目做出续播、调整或停播的安排，也能更准确地了解现

---

[1] 参见 BARB website，http://www.barb.co.uk/whats-new/weekly-viewing-by-genre?_s=4，2022年5月1日访问。

[2] 参见 ComScore website，https://www.comscore.com/Insights/Presentations-and-Whitepapers/2021/2021-State-of-OTT-Discover-How-OTT-Has-Changed-the-Media-Consumption-Landscape，2022年5月1日访问。

[3] Wayne Friedman,"ComScore Launches Faster Local TV Ratings," *MediaPost*, April 6, 2020, https://www.mediapost.com/publications/article/349553/comscore-launches-faster-local-tv-ratings.html，2022年5月1日访问。

有的受众结构及这种结构中可能存在的问题,从而使后续的播出策略调整有的放矢。受众调查对于广播电视的内容生产主要具有如下两个方面的影响。

(一)节目的评估与淘汰

对于电台和电视台来说,收听收视率是决策者对于一档节目的播出效果进行评估的最主要的指标,也是决定该节目应当继续播出、调整播出还是停止播出的重要依据。目前,建立以收听收视率为核心指标的节目考评体系和淘汰机制是全球广播电视业普遍的做法。[①] 例如,中国中央电视台从 2002 年 9 月开始正式实施的《中央电视台栏目警示及淘汰条例》,成为全国范围内最为严格的一套基于收视率考核的**末位淘汰制度**。该条例规定:在考核期间收视率处于最后一位的栏目,以及综合评价指数下滑趋势比较明显的栏目,会被给予警示;而一年内一个栏目若被警示三次,则将面临停播处理。除淘汰机制外,还有后续的惩罚措施:被淘汰栏目不允许再播出;被淘汰栏目所在部门或频道一年内不能增设新栏目;被淘汰栏目的制片人两年内不得以制片人身份开办新栏目;被淘汰栏目的经费由总编室收回……这也就意味着"栏目一旦被淘汰就永远出局"。[②] 这一条例的实施取得了立竿见影的效果,中央电视台一大批收视率长期在低位徘徊的文化艺术类栏目因此惨遭淘汰,包括《外国文艺》《世界名著名片》《读书时间》《文化周刊》《东西南北中》《电视书场》《岁月如歌》等。

2007 年,中央电视台在广泛征求各方意见的基础上对上述条例做出了调整,适度降低了收视率在评价体系中的权重,引入了"趋势指标""栏目品牌价值"等新的评价指标。中央电视台将这套新的规则称为"符合绿

---

① Victoria O'Donnell, *Television Criticism*, SAGE, 2013, pp. 30-31.
② 卫琳:《由"末位淘汰"想到的》,《当代电视》2003 年第 10 期,第 62 页。

色收视率理念的综合评价体系"。① 随着广播电视业新媒体化趋势的深化，来自传统播出渠道的收视率数据愈发难以准确而完整地体现一档电视节目的品牌和文化效应，带有收视率至上主义色彩的"末位淘汰制"持续式微。从 2011 年下半年开始，中央电视台正式提出"不唯收视率"的口号，并推出了全新的综合评价体系。这一体系增设了"引导力"和"影响力"的新指标，其权重占到 45%；而传统收视率指标则被纳入"传播力"范畴，其权重降至 50%。这一新评价体系显著加强了对一档节目社会效果（而不仅是收视效果）的考评，结束了中央电视台对栏目进行"硬性末位淘汰"的历史。②

不过，并不是所有的节目都要经受"末位淘汰"，如新闻栏目和纪录片栏目，就算其收视率不高，通常也不会被关停，因为它们是电视台舆论地位和文化品位的象征。另外，即使播出机构有权做出对于一档节目的停播决定，但在很多时候受众的声音和态度也会发挥关键的作用。例如，CBS 曾于 1989 年 5 月 18 日对外公布将因收视率低迷而停播刚刚播出两季的电视剧《美女与野兽》(*Beauty and the Beast*)，但这一决定遭到了全国范围内该剧观众的强烈反对，CBS 在短短两天内共计收到超过 4000 封来自全国各地的抗议电报，打进 CBS 总部的抗议电话甚至导致中转线路故障。于是，CBS 不得不在 5 月 30 日撤销停播该剧的决定，改为对其做出必要的调整后继续播出，这部剧于是又延续了一季，至 1990 年 8 月 4 日才正式停播。对于电视网来说，"如何不与其观众形成对抗性的关系也是需要考虑的重要问题"，哪怕是维持播出一些收视表现欠佳的节目。③

---

① 《关于调整节目综合评价体系和警示淘汰办法的说明》，2010 年 1 月 14 日，央视网，http://cctvenchiridion.cctv.com/special/C20624/20100114/103189.shtml，2023 年 7 月 4 日访问。

② 《央视新综合评价体系试行〈新闻联播〉排名第一》，2011 年 8 月 12 日，中国日报网，https://global.chinadaily.com.cn/hqyl/2011-08/12/content_13098066.htm，2023 年 7 月 4 日访问。

③ Kari Whittenberger-Keith, "Understand Fandom Rhetorically: The Case of 'Beauty and the Beast'," in Andrew King, ed., *Postmodern Political Communication: The Fringe Challenges the Center*, Praeger, 1992, pp. 131-133.

第六章 广播电视受众

除收视率外，收视人群的人口统计学情况也会影响播出平台对一档节目的播出效果的评估。由于不同的人群拥有不同的消费能力和消费习惯，故出于广告收益的考虑，广播电视机构还须对受众的性别、年龄、地域、收入等情况有准确的了解，毕竟在很多情况下高收视率未必带来高收益。前文提到过，在美国电视业中，18—49 岁年龄段的观众被视为最具商业潜力的收视群体，因而即使是收视率相同或相近的两档节目，其给电视网带来的收益也可能因年轻观众在受众总体中所占比例的不同而有较大差异。如在 2007—2008 年播出季，CBS 的热播剧集《犯罪现场调查》(*CSI*) 比 ABC 的热播剧集《实习医生格蕾》(*Grey's Anatomy*) 拥有更高的收视率，但后者的广告收益却比前者高出近 70%，原因即在于后者的收视群体较前者大为年轻化。同理，曾与 NBC 的《老友记》同期播出的 CBS 的电视剧《女作家与谋杀案》(*Murder, She Wrote*) 尽管与前者拥有相近的收视率，但广告收益却仅为前者的三分之一；收视率低于 CBS 的热播剧《海军罪案调查处》(*NCIS*) 的福克斯电视网的《欢乐合唱团》(*Glee*) 和 NBC 的《办公室》(*The Office*)，广告收益却分别比其高出 81% 和 42%。表 6.4 整理了 2010 年 10 月美国五大电视网黄金时段播出的一些节目的 30 秒广告价位，我们可以很清晰地从节目的类型中看到目标受众的年龄情况对广告收益的影响。

表 6.4 美国五大电视网黄金时段节目的 30 秒广告价位（2010 年 10 月）①

电视网	节目名称	节目类型	广告价位（美元）
ABC	舞王争霸（*Dancing with the Stars*）	真人秀	204 806
	摩登家庭（*Modern Family*）	电视剧（喜剧）	193 635
	实习医生格蕾（*Grey's Anatomy*）	电视剧（喜剧）	222 113
	绝望主妇（*Desperate Housewives*）	电视剧（喜剧）	210 064

① 数据来自 *Advertising Age*, October 18, 2010。

（续表）

电视网	节目名称	节目类型	广告价位（美元）
CBS	犯罪现场调查（CSI）	电视剧（剧情）	147 749
	老爸老妈罗曼史（How I Met Your Mother）	电视剧（喜剧）	141 722
	好汉两条半（Two and a Half Men）	电视剧（喜剧）	206 722
	海军罪案调查处（NCIS）	电视剧（剧情）	150 708
	傲骨贤妻（The Good Wife）	电视剧（喜剧）	109 375
	幸存者（Survivor）	真人秀	153 636
	生活大爆炸（The Big Bang Theory）	电视剧（喜剧）	195 077
	迈克与茉莉（Mike & Molly）	电视剧（喜剧）	189 160
NBC	周日橄榄球之夜（Sunday Night Football）	体育转播	415 000
	伪装（Undercovers）	电视剧（剧情）	91 866
	法律与秩序：特殊受害者（Law and Order：SVU）	电视剧（剧情）	94 758
	超级制作人（30 Rock）	电视剧（喜剧）	135 485
	办公室（The Office）	电视剧（喜剧）	213 617
	学徒（The Apprentice）	真人秀	99 074
Fox	辛普森一家（The Simpsons）	动画片	253 170
	恶搞之家（Family Guy）	动画片	257 289
	美国偶像（American Idol）	真人秀	467 617
	豪斯医生（House）	电视剧（喜剧）	226 180
	欢乐合唱团（Glee）	电视剧（喜剧）	272 694
	识骨寻踪（Bones）	电视剧（剧情）	132 024
	危机边缘（Fringe）	电视剧（剧情）	122 163
CW	绯闻女孩（Gossip Girl）	电视剧（剧情）	47 248
	全美超级模特新秀大赛（America's Next Top Model）	真人秀	63 285
	吸血鬼日记（Vampire Diaries）	电视剧（剧情）	74 913
	尼基塔（Nikita）	电视剧（剧情）	61 584

比起收视率来，广告收益能力或许是衡量一档节目的商业价值的更重要的指标。从表 6.4 中不难看出，在美国五大电视网黄金时段播出的各类节目中，那些明显更吸引年轻人的类型节目，如动画片、情景喜剧、选秀类真人秀等，往往比目标受众年龄偏大的剧情类电视剧更具广告潜力。其中，CBS 受众的老龄化和 Fox、ABC 受众的相对年轻化形成了鲜明的对比，吸引"更年轻、生活方式更现代、经济收入更高的观众"成为商营广播电视机构生存的关键。[①] 这要求播出机构在参考收视率的基础上，根据受众群体的人口统计学构成情况进行更为细致的评估。

（二）时段的编排

广播电视节目是以线性的方式进行持续、不中断的播出的。在一天之中，由于受众的行为方式和接受习惯在不同时间范围内有所不同，故如何在特定时间段以特定的节目去吸引这一时段的活跃受众就成为广播电视节目编排的基本逻辑，"时段"（dayparting）也就成了广播电视节目编排的一个至关重要的概念。不同国家和地区的广播电视受众的作息时间并不完全相同，但出于论述的便利，我们还是大致可以将一天中电台广播和电视广播的时段按如下方式划分，参见表 6.5。

表 6.5 广播电视播出时段划分（工作日）

媒介	时间	名称	概况
广播	6：00—10：00	早驾时间	通常与交通早高峰时间重合，是一天中听众人数最多的时段之一，多播出本地节目
	10：00—15：00	日间	由于与人们的工作时间重合，故为一天中听众人数最少的时段，通常播出录播（voice tracking）节目

[①] Michael Tueth, *Laughter in the Living Room: Television Comedy and the American Home Audience*, Peter Lang, 2008, p. 43.

（续表）

媒介	时间	名称	概况
广播	15:00—19:00	晚驾时间	通常与交通晚高峰时间重合，是一天中听众人数最多的时段之一，多播出本地节目
	19:00—00:00	晚间	听众人数适中，多播出联卖节目
	00:00—06:00	深夜	通常面向特定听众群体，多播出小众（niche）节目
电视	06:00—10:00	早间	亦称"早餐电视"（breakfast television），通常播出新闻节目
	10:00—17:00	日间	面向大学生、退休老人、家庭主妇以及下午较早放学的中小学生，通常播出肥皂剧、娱乐脱口秀以及游戏竞赛节目
	17:00—19:00	晚间	通常播出新闻节目
	19:00—23:00	黄金时段	一天之中观众人数最多的时段，收视的高峰期，通常先播出最热门的电视剧、综艺节目或真人秀，然后是夜间新闻
	23:00—2:00	夜间	面向年轻男性观众以及有晚睡习惯的观众，喜剧脱口秀是常见的节目形态
	02:00—06:00	深夜	亦称"坟墓时段"（graveyard slot），是一天之中观众人数最少的时段，通常播出购物广告和其他节目的重播，一些有线电视台则会播出色情片

由于不同时段的受众人数、构成和接触方式存在或大或小的差异，因此将适宜的节目安排在适宜的时段播出就成为电台和电视台的一项非常重要的工作。为了追求尽可能高的商业利益和社会影响，播出方会竭尽全力将每一个时段的价值发挥到极致，若一档节目在某一时段的收听收视效果未达预期，则可能被调整到其他时段。

例如，在美国电视业，每个星期五的 20:00—23:00 这一时段就被普遍视为"死亡时段"（death slot），这是因为对于广告商来说，最具商业价值的年轻人群体通常不会在这个时段待在家里看电视，而是会外出约会或参加各类社交活动，所以尽管节目在这一时段仍可获得较高的收视率，但其吸引广告收入的潜力却远低于星期一至星期四的黄金时段。鉴于此，美国几个主要的全国性电视网形成了一个惯例，即将那些曾在黄金时段播出但收视持续低迷的节目移至该时段，并将更有商业价值的时段让位于其他更具潜力的节目；而被移至"死亡时段"播出的节目收视情况若在当季播完之前仍无起色，电视网则会将其停播。ABC 在 2006 年首播的电视剧《丑女贝蒂》（*Ugly Betty*）在播出至第三季时，就因收视率长期走低而被电视网从星期四晚间调整至星期五晚间播出，并在播完第四季后被停播。[①]

当然，若一档在非黄金时段播出的节目获得了不同凡响的收视业绩，那么播出机构亦完全有可能将其调整至黄金时段播出，以将其商业价值发挥到极致。例如，中国中央电视台开播于 1993 年的早间新闻杂志节目《东方时空》就因其长期以来极好的收视表现而在 2009 年被调整至每日 20∶00 播出。

四、对"收听收视率至上主义"的批评

将收听收视率作为考核一档广播电视节目的最主要指标的行业常规，从一开始就受到来自不同方面的批评。人们将这种唯收听收视率马首是瞻的评价体系称作"收听率至上主义"或"收视率至上主义"，并认为这一评价体系在全球广播电视业内根深蒂固的影响会给行业带来诸多负面效应。这种批评主要体现在以下三个方面。

（一）收听收视率作为节目价值的核心评价标准

收听收视率至上主义面对的最主要的一项批评就是，基于抽样和量化统计所得的一个冷冰冰的数字并不能准确反映一档节目的真正影响力和价

[①] Michelle Welch, "ABC Cancels *Ugly Betty*, Killed by Friday Night Slot," January 27, 2010, A. V. Club website, http://www.avclub.com/article/abc-cancels-emugly-bettyem-killed-by-friday-night3-7612, 2022 年 5 月 1 日访问。

值，它本应只是节目评价体系的多个维度中的一个，但如今却被视为最重要的核心维度。

从历史发展的角度看，由于电视频道及节目生产的数量都在不断增多，故节目的收视率处于不断下降的状态。例如，20 世纪 70 年代美国电视情景喜剧《一家大小》(*All in the Family*) 的收视率长期保持在 30% 以上，而进入 21 世纪后长期位居全美收视率榜首的《美国偶像》却只有 15% 左右的收视率[1]，但我们并不能就此判断《一家大小》的影响力比《美国偶像》大一倍。此外，随着包括家用电脑、智能手机、平板电脑等流媒体视听内容接收终端逐渐进入人们的日常生活，广播电视这种即时的、转瞬即逝的传播方式日渐受到巨大冲击，一档节目的生命力已远非其在传统平台播出的那一瞬间所能涵盖。例如，首播于 1994 年的中国第一部情景喜剧《我爱我家》尽管目前很少被电视台重播，但截至 2016 年 1 月底，该剧在视频网站优酷网上的总播放量已高达 1.25 亿次[2]，这种超越电视播出的特定时空约束的影响力，自然也是该剧当年的收视率数据所难以涵盖的。

以收听收视率数据来衡量一档节目的价值的做法受到质疑的另一个重要原因就是，对该数据进行调查统计的主体多为广播电视播出机构及拟于广播电视媒体投放广告的广告主，因此在收听收视率数字背后其实有着关于市场与商业利益的深度考量。于是，便有一些广播电视机构为获取更多利润而向公众提供造假的收视率数据。例如，中国重庆广电集团于 2015 年 11 月发表声明指出，一些省级卫视为了商业利益而通过各种途径、采用各种手段干扰索福瑞的收视率调查，人为制造有利于自身的收视率数据，而重庆则因涉及人口规模大而成为收视造假的首选地和重灾区——在索福瑞

---

[1] Tim Brooks, and Earle Marsh, eds., *The Complete Directory to Prime Time Network and Cable TV Shows: 1946-Present*, Ballantine, 2007, pp. 1679-1698.

[2] 参见优酷网，http://v.youku.com/v_show/id_XMzQ4NDg0OTUy.html?from=s1.8-3-1.1，2023 年 5 月 1 日访问。

的数据中,外省卫视的晚间收视份额高达 40% 左右,而这一指标在尼尔森数据中则只有 25% 左右,两者竟然相差约 15 个百分点。① 对于中国国内频繁出现的收视率造假现象,2016 年 1 月,国家新闻出版广电总局表示:"今后对参与收视率造假的人员、机构,一经发现,都要进行严厉查处,列入黑名单。同时,总局将进一步加强对收视率调查的管理,逐步建立有中国特色的收视率调查体系。"② 在国外,尼尔森公司也曾于 2012 年被印度最大的电视网新德里电视有限公司(New Delhi Television Limited)起诉,缘由是其高管于过去 8 年中不断接受某些频道的贿赂并为其提供造假的收视率数据。③

(二)对收听收视率统计科学性的质疑

收听收视率至上主义所面临的另一项质疑是,其将受众的收听收视行为及持续的时间视为判断受众对节目的接受情况的首要指标,这一思路中其实存在诸多不科学的地方。由于人对外部事物的认知和态度存在于其观念之中,而观念的生成和变化远比可以通过外部观察和仪器测量所得的描述性数据复杂,因此收听收视率调查只能界定受众具有接收节目的行为,而不能界定受众究竟在节目中投入了多少心神和精力,难以确保广告投放的效果。

鉴于此,2004 年,美国的 IAG 受众调查公司开始进行广播电视受众"专注率"(engagement ratings)的调查统计,即通过记录和分析观众对节目内容及节目中插播广告内容的回忆的方式,来判断其收听收看某一节目及插播广告时的专注程度。该公司在 2008 年被尼尔森以 2.25 亿美元的价

---

① 俞亮鑫:《重庆广电集团炮轰收视造假:有省级卫视售卖样本户》,2015 年 11 月 20 日,中国新闻网,http://chinanews.com.cn/m/cul/2015/11-20/7633859.shtml,2023 年 6 月 8 日访问。

② 李彦:《2016 影视监管将出哪些新招》,《中国新闻出版广电报》2016 年 1 月 6 日第 7 版。

③ Eriq Gardner, "Nielsen Sued for Billions over Allegedly Manipulated TV Ratings," *The Hollywood Report*, July 30, 2012.

格收购，从而令尼尔森拥有了最为前沿的专注率调查技术。① 对于同样一档节目而言，通过其收视率或专注率来判断广告售卖潜力，往往会得出截然不同的结论。比如，福特汽车长期在探索频道（Discovery Channel）的一档名为《干尽苦差事》（Dirty Jobs）的节目中投放广告，是该节目最重要的广告主，原因即在于，尽管该节目的收视率并不高，但 IAG 的专注率调查结果却显示，其主要观众（18—45 岁的男性）在观看节目的时候的专注程度极高，因而广告投放的效果也极好。

目前，除尼尔森外，从事专注率调查的专业机构还包括 ListenFirst Media 和 Shazam 等。由于移动互联网技术和智能手机应用的普及，对于专注率的调查正在变得比以往更为便捷。

（三）对广播电视文化生态的侵蚀

认为收听收视率至上主义构成了对广播电视文化生态的侵蚀，也是一种较为流行的看法。一些批评家认为，将收听收视率作为衡量一档节目的价值，乃至决定一档节目生死存亡的首要标准，实际上是令广播电视业的文化属性屈从于其商业属性，从而最终在全球范围内逐步确立起了一种唯市场至上的商业广播电视传统。如电视研究学者约翰·哈特利（John Hartley）所评价的，在收视率至上主义的影响下，"文化必须被转化为数字，一档节目才能维持其生存"②。

在商营体制根基深厚的美国，人们持续不断地对全国性电视网提出批评，认为其只顾追逐高收视率而罔顾对电视节目的文化和美学品质的提升，"对于电视网来说，制作平庸的节目是最简单、最安全、最便捷的赚钱方法……在广告业的影响下，电视节目的制作正在越来越多地建立于商

---

① John Simons, "Nielsen's New Web Play," *Fortune*, April 8, 2008.
② John Hartley, *Television Truths: Forms of Knowledge in Popular Culture*, John Wiley & Son, 2008, p, 134.

第六章　广播电视受众

业和市场的考虑之上，而节目本身的好坏反而变得不再重要了"①。长期以来，不断有人提出并强调发展"严肃电视"（quality television）的必要性，即在主流商业电视的框架内，为那些收视表现不佳但具有特殊的文化、社会与美学价值的节目预留足够的空间。学者卢茨·海奇麦斯特（Lutz Hachmeister）曾经为严肃电视节目确立了如下标准：（1）形式和内容之间有紧密的关联性；（2）对于国际主流的新闻与影视制作专业标准有充分的认识；（3）不应毫无批判性，而应当对社会与文化陈规持质疑态度；（4）对电视文化的历史有深刻的了解并通过不同方式对历史予以观照；（5）应当建立起便捷的观众反馈渠道；（6）应当由接受过高规格专业训练的人士来制作。②

毫无疑问，这样的设计在商营体制之下很难实现，因为收视率及其连带的广告收益是广播电视机构最主要的收入来源。也正是出于这个原因，欧洲公营广播电视体制受到了很多人的推崇。在收视费而非广告收入的支持下，BBC 有充分的自由去播出那些收视率平平但被认为有独特文化价值的电视节目，如从 1963 年首播、至今已播出了 900 余集的科幻电视剧《神秘博士》（Doctor Who）。不过，BBC 也因此时常被贴上"精英主义"的标签，一些批评者认为其节目中时常充斥着说教色彩，通俗性、娱乐性和服务性均欠佳。此外，由于西欧诸国的公营广播电视体制大多已转型为公营、商营兼有的体制，故那些长期以来无须关注收视率的公共广播电视机构，也不得不与新生的商营台展开争夺受众的竞争。③

---

① Dorothy Collins Swanson, *The Story of the Viewers for Quality Television: From Grassroots to Prime Time*, Syracuse University Press, 2000, p. 216.

② Lutz Hachmeister, "Television in the Age of Consensus without Sense," in Thomas Elsaesser, et al., eds., *Writing for the Medium: Television in Transition*, Amsterdam University Press, 1994, p. 28.

③ Michael J. Cody, Sangeeta Fernandes, and Holley Wilkin, "Entertainment-education Programs of the BBC and BBC World Service Trust," in Arvind Singhal, et al., eds., *Entertainment-education and Social Change: History, Research, and Practice*, Lawrence Erlbaum Associates Publishers, 2004, p. 245.

思考题

1. 被动受众观和主动受众观的区别是什么？
2. 收视率、收视份额和专注率分别是什么含义？
3. 收视情况如何影响播出机构对广播电视节目的编排？
4. 目前的主流收视率调查体系中存在哪些问题？
5. 如何评价关于"严肃电视"的争论？

第七章　广播电视文化与批评

> **要　点**
>
> 1. 广播电视文化的四个基本概念。
> 2. 广播电视文化的四个基本特征。
> 3. 广播电视文化的四个批评视角。

广播电视不但是全球范围内影响力深远的大众媒体，还是当代社会文化重要的组成部分。广播电视的内容生产、信息传播以及产业经营等行为，莫不与各种社会观念及价值体系的生成和流变保持着密切的关联。作为社会化的媒介、公共及商业机构，广播电视既是各种意见和理念的制造者和推行者，也是大众获取意义和快感的重要渠道，因而其存在对于当代社会的文化构成发挥着无法替代的作用。[1] 正如电视理论家约翰·菲斯克所说的："电视是一种复杂的文化媒介，其包含的各种内在冲突一方面令少数人得以在攫取经济利益的过程中推行其意识形态，另一方面也为那些受到压制的群体提供了不屈不挠的、用以反抗的文化资本，而正是这些群

---

[1] Ethan Thompson, *Parody and Taste in Postwar American Television Culture*, Routledge, 2010, pp. 7-8.

体构成了如今高度分化的社会。"[1]

对广播电视文化予以严肃审视的必要性体现在如下两个方面：第一，广播电视是社会化和体系化的信息生产与大众传播机构，其生存和发展总是与现行的社会体制及其背后的权力结构有着密不可分的关系，这也就意味着对于广播电视机构来说，维护并巩固既有的权力结构是一种天然的需求；第二，广播电视是当今世界绝大多数人获取知识和娱乐的重要途径，因而广播电视媒介所奉行的主流美学、道德及价值取向，便在很大程度上与普罗大众的日常生活发生了关联，亦即广播电视媒介的"编码"机制及其受众的"释码"行为成为"意义"在当下社会生成和流通的最重要的形式之一。

在本章中，我们主要借鉴文化研究（cultural studies）的观念和方法，对当代广播电视文化进行批判性考察，并介绍从事广播电视文化批评工作的常见理论与方法论视角。

第一节 广播电视文化的基本概念

首先，我们借鉴文化研究的理论框架，厘清与广播电视文化相关的基本概念。

一、文化

"文化"（culture）是当代媒介与文化研究领域最重要的概念。这一概念的源流与构成是如此复杂，以至于直到今日我们仍不能就其基本内涵达成统一认识。也就是说，人们往往会根据不同的需求、从不同的学科和角度、以不同的方式来定义他们心中的文化。两位人类学家曾在一本著作中

---

[1] John Fiske, *Television Culture*, Routledge, 2010, p. 19.

专门梳理了人们关于"文化"一词的不同理解，并最终获得了 164 个不同的定义①，足见这一概念在人类认知体系中的独特性。

不过，文化的概念在发展变迁之中，还是经历了一个较为清晰的转变过程：从精英主义到大众化。19 世纪英国著名诗人和评论家马修·阿诺德（Matthew Arnold）曾在其名作《文化与无政府状态》（*Culture and Anarchy*）中宣称文化是世人所思、所表的最完美的事物，接触文化则是向完美之物学习的过程，且这一过程只能通过阅读、沉思和观察等满含敬畏的手段来实现。② 20 世纪早期的文学批评家 F. R. 利维斯（F. R. Leavis）更直白地表示，文化是少数人的专利，是具有权威性的知识的代表，与专属于大众的"文明"（civilization）拥有截然不同的内涵。③ 上述将文化的所有权和支配权归于少数人或特定群体的精英主义观点，不可避免地与社会阶层体系产生关联，文化被垄断知识生产的贵族和资产阶级等"上层阶级"视为其独有的社会资产。这一观念直到第二次世界大战之前仍十分普遍，如英国著名文学家**托马斯·S. 艾略特**（Thomas S. Eliot）（图 7.1）就曾公开声称："文化，作为特定的风格、品位和智慧，只能为

图 7.1　托马斯·S. 艾略特

有教养的阶层的儿童所习得；简而言之，有教养的阶层的人们所自然而然体现出的各种态度和倾向，正是为这种阶层所独享的文化。"④

不过，随着第二次世界大战之后人类社会结构与文化风貌剧烈变迁，

---

① 参见 A. L. Kroeber, and Clyde Kluckhohn, *Culture: A Critical Review of Concepts and Definitions*, Vintage, 1952。

② 参见 Matthew Arnold, *Culture and Anarchy*, Oxford University Press, 2009。

③ 参见 F. R. Leavis, *Mass Civilization and Minority Culture*, Norwood Editions, 1976。

④ Andrew Milner, *Literature, Culture and Society*, Routledge, 2000, p. 22.

尤其是以电视为代表的大众传媒日益在社会发展和日常生活中扮演至关重要的角色，人们对于"文化"这一概念的理解也发生了颠覆性的变化。战后英国著名文学、文化批评家**雷蒙德·威廉斯**（Raymond Williams）（图7.2）在20世纪50—60年代出版的一系列著作中，对"文化"这一概念进行了有别于精英主义传统的、系统性的阐述。一方面，他承认，存在一种"理想的文化"，亦即人类社会在漫长的发展历程中形成的种种真理或普遍的价值；但另一方面，他也认为，那些记录了人类的思想和经验的各类知识性和想象性的作品，以及不同时期的人的特定的生活方式，也应当被纳入文化考察的范畴。因此，文化分析应当研究的是特定的意义和价值，而不应当对不同的意义和价值进行简单的比较，更不能设立一个统一的标准来衡量文化的高低优劣。在威廉斯看来，文化理论需要研究的对象是"整体生活方式中各个部分间的关系"，而不仅仅是经过严格标准选拔的、被视为能够代表人类智慧发展结晶的少数文学作品。[①] 通过这种方式，威廉斯将"文化"变成了一个"中性"的概念，它关乎所有社会成员的价值观与生活方式，而不仅仅是少数社会阶层的禁脔。那些长期以来因未被视为文化的一部分而受到忽视的社会实践，如工人阶级的日常生活，青年群体的交往方式，流行的小说、影视剧乃至广告，甚至城市街头形形色色的涂鸦，都可以成为文化研究的对象。

图7.2 雷蒙德·威廉斯

从20世纪60年代开始兴起于英国学术界的文化研究逐渐成为全球范围内围绕着"作为生活方式的文化"展开严肃探讨的重要学术与实践领域，其在半个多世纪里的持续影响力使得人们对于文化的理解有了巨大的

---

① 参见 Raymond Williams, *Culture and Society*, Chatto and Windus, 1958; Raymond Williams, *The Long Revolution*, Chatto and Windus, 1961。

改观。在《剑桥英语词典》（*Cambridge English Dictionary*）中，"文化"是被这样定义的："特定人群在特定时期的生活方式，尤其是习俗和观念。"①正是在这样的观念基础上，广播电视的文化，尤其是高度通俗化的广播电视节目所传达的各种价值和观念，以及广播电视受众对于节目的接受和解读行为，才成为当代社会一项严肃的文化议题，而不仅仅是无足轻重的"底层的胡闹"。

人们普遍认为，广播电视文化是一种大众文化或流行文化（popular culture），这种文化的一个显著特征就是与大多数社会成员的日常生活紧密相关。借助其对各种社会群体的强大覆盖力和深入家庭的独特优势，广播电视成为当代社会最具代表性的流行文化媒介之一。

二、权力

与"文化"一样，"**权力**"（power）也是媒介与文化研究领域最重要、最基本的概念之一。在社会科学领域，权力通常广泛地指某种影响或控制他人行为的能力；这种能力之所以不断受到批判性的审视，是因为其往往或被社会结构赋予公开的合法性，或以令人难以察觉的方式隐秘运行。②

关于权力的存在和运作机制，目前有两种不尽相同的观念。第一种观念以马克思主义为代表，认为权力是一种宏大的、普遍性的社会结构，对社会中的某些群体具有强制性和压迫性的力量，并通过各种方式去维系现有社会结构的稳定性。例如，在马克思主义者看来，资本主义制度就是一种宏观的权力体系，这一体系不但建立在资产阶级对无产阶级的剥削和压迫的基础之上，而且还通过多种手段（如旨在令人麻痹的文化工业）去消

---

① 参见 Cambridge Dictionaries Online, http://dictionary.cambridge.org/dictionary/english/culture?a=british，2023 年 3 月 5 日访问。

② Larry E. Greiner, and Virginia E. Schein, *Power and Organization Development: Mobilizing Power to Implement Change*, FT Press, 1988, p. 4.

除无产阶级的反抗精神，从而使得资产阶级加诸无产阶级的权力能够得以维续。而第二种观念以法国哲学家、社会学家**米歇尔·福柯**（Michel Foucault）（图 7.3）为代表。他倾向认为，权力是一种在微观层面上发挥作用的话语策略（discursive strategy），任何两个发生社会关联的个体之间都有可能存在权力关系；而且权力不仅具有压迫性，也具有生产性，其运作机制是在对知识和人的主体性的建构过程中得以维系的。例如，从福柯的角度来看，不仅资产阶级和无产阶级之间存在权力关系，教师和学生之间也构成了一种权力关系，这种关系是在两者的种种日常交流（如课堂教学）中实践的，但学生在这种权力关系中并不是受到"压迫"的一方，其在受到来自教师的权威的制约的同时，亦通过这种关系获得了作为"学习者"的主体性和身份。

图 7.3 米歇尔·福柯

需要指出的是，权力关系的运作机制并不一味是单向的、自上而下的、强加于被统治者的。意大利政治理论家**安东尼奥·葛兰西**（Antonio Gramsci）（图 7.4）曾提出"**文化霸权**"（cultural hegemony）理论。该理论认为，在资本主义社会中，资产阶级对无产阶级的统治并不总是以经济、政治乃至军事压迫的方式来实现的，毋宁说这是一种带有协商与妥协色彩的文化机制。统治阶级借助其在国家和社会中占据的优势地位，通过各种文化机构将自身独特的观念、信仰、价值观和世界观"包装成"具有"普

图 7.4 安东尼奥·葛兰西

遍性"的文化向被统治阶级传播；被统治阶级也不会对统治阶级的文化全盘接受，而是会在特定社会条件下将自己的态度和观点融入其中，以与统治阶级文化达成一种带有协调色彩的平衡，从而使资本主义制度得以在平缓的状态中持续发展（实现对自身存在条件的再生产）。[①] 因此，资本主义社会的文化霸权实际上是资产阶级通过上述方式实现的"文化领导权"（cultural leadership）。葛兰西的理论在媒介与文化研究的发展中发挥了十分重要的作用，被视为解释第二次世界大战之后缘何发达资本主义国家不再出现无产阶级革命的重要理论依据。

由于权力关系涉及一方对另一方的影响和控制，因此文化中存在的各种权力关系一直是研究者极为关切的议题。权力关系不只有阶级一个维度，还在性别、国族、年龄、地域等多个领域发挥影响。作为影响力巨大的现代大众媒体和文化机构，广播电视（尤其是电视）被视为各种既存权力关系的主要维护者，电视通过生产和传达一种带有保守色彩的文化来确保现有社会体制的稳定运行，以期维系其既得利益。如詹姆斯·维特波尔斯（James Wittebols）评价道，"由于电视与资本权力之间保持着紧密的结构性关联，故电视文化在价值观上呈现出一种与生俱来的保守性，它努力回避风险、拒绝变革，是社会进步过程中的落后者"[②]。

三、意识形态

与"文化"一样，"**意识形态**"（ideology）的内涵也是社会科学的学者长期热议的话题。一般而言，我们可以从如下几个方面来理解"意识形态"的概念：

（1）意识形态是一系列观念的集合体；

[①] 参见 Antonio Gramsci, *Selections from the Prison Notebooks*, International Publishers Co., 1971。

[②] James H. Wittebols, *Watching M*A*S*H, Watching America: A Social History of the 1972-1983 Television Series*, McFarland & Company, 1998, p. 157.

（2）意识形态常被用来描述或形容人与其环境之间的真实或想象性的关系；

（3）意识形态可以是有意识的，也可以是无意识的；

（4）意识形态通常对人有明确的价值及目标的期待和推动；

（5）意识形态或多或少带有强制性色彩；

（6）意识形态可以为各类群体所有，但通常存在具有文化强势地位的主导性意识形态。①

通过上述界定不难发现，"意识形态"同"文化"和"权力"一样，在社会中几乎是无所不在的。美国媒介理论家**詹姆斯·凯瑞**（James Carey）（图7.5）甚至声称："不如干脆将英国文化研究描述为意识形态研究，这样更简洁，或许也更准确。"② 在很多情况之下，"意识形态"甚至被等同于"文化"，二者均被界定为特定群体的生活方式或价值观念体系。

图7.5　詹姆斯·凯瑞

尽管意识形态存在于各个社会群体之中，但由于权力关系的强制性，一些群体总是能够借助其优势地位和能力将自己的意识形态加诸其他群体，使之成为宰制性或主导性意识形态（dominant ideology）。例如，在性别权力关系领域，父权制（patriarchy）就是一种带有宰制性色彩的意识形态，而女性主义（feminism）则是一种居于较为弱势地位的意识形态。很多时候，意识形态也未必带有鲜明的政治色彩，因为微观层面上的权力关系并不必然具有压迫性。比如，新闻报道的"客观性原则"就被普遍视为现代新闻业的主流意识形态。

---

① 参见 Terry Eagleton, *Ideology: An Introduction*, Verso, 1991。

② James Carey, *Communication as Culture: Essays on Media and Society*, Routledge, 1989, p. 97.

如第四章所述，在法国哲学家路易·阿尔都塞看来，意识形态并不是凭空出现的，而是由意识形态国家机器再生产出来的，以家庭、教会、学校、传媒等为代表的意识形态国家机器在确保统治阶级的意识形态能够以自然、平缓、易于被接受的方式实现传播。作为大众媒体的广播电视，自然也是现代社会中意识形态最重要的生产与传播机构。在美国，"电视从20世纪50年代实现家庭普及开始，就扮演着社会中最重要的意识形态国家机器的角色，其对宰制性意识形态的传播和再生产并不是通过公然的政治灌输来实现的，而主要是借由提供为广大观众所喜闻乐见的各种文化形式（如娱乐、教育和艺术）来达成的"[1]。在这些看似"无害"的文化形式中，受众潜移默化地接受了其包孕的各种宰制性意识形态，如资本主义、父权制、消费主义等。

四、再现

"再现"（representation），亦称"表征"，指语言或媒介对事物进行"有意义的"言说或呈现的过程。

在进入文化理论之前，"再现"这一概念已长期存在于文艺理论之中，其字面意思是"使用符号来指代事物"。但在西方文学和艺术发展的历史中，"再现"被赋予了更为丰富的内涵，"它是一个十分宽泛的概念，既包括石像，也包括一部小说对若干都柏林人一天之中日常生活的呈现"[2]。而在文化理论看来，"再现"不仅是人类使用语言和符号对客观世界的模仿行为，也是一种意义生产行为，亦即再现是对客观世界的如实反映，或对书写者、言谈者、绘制者主观意图的传达，更是对"有意义的世界"（mean-

---

[1] Marsha Kinder, *Playing with Power in Movies, Television, and Video Games: From Muppet Babies to Teenage Mutant Ninja Turtles*, University of California Press, 1991, p. 37.

[2] W. J. T. Mitchell, "Representation," in F. Lentricchia, and T. McLaughlin, eds., *Critical Terms for Literary Study*, University of Chicago Press, 1990, p. 13.

ingful world）的生产和塑造。英国文化理论家斯图亚特·霍尔即曾指出，媒介对客观事物的再现包括"反映"（reflective）、"意图"（intentional）和"建构"（constructionist）三种方式，其中"建构"是最主要的方式。[①]

一般而言，媒介对事物的再现机制由如下三个部分组成：（1）对象（object），即媒介要再现的具体的外部事物；（2）方式（manner），即媒介对对象进行再现时使用的手段；（3）意义（meaning），即媒介通过这种再现行为试图传递的价值或意识形态。

例如，出现在主流电视剧中的各类女性的形象，不仅是电视对于客观存在的女性形象的忠实呈现，也是电视文化对于某种"理想的"女性形象的有意识的建构。在这个过程中，电视剧的制作者通过演员的遴选、剧情的安排、人物关系的设置等方式，潜移默化地将自己的意识形态植入了剧集，以编码的方式传递了某种意义。通过这种机制，电视文化得以对其受众的认知、态度和行为产生影响，从而巩固或强化特定的意识形态（如父权制）的地位。

由于广播电视媒介主要通过视听符号进行内容生产与信息传播，因此其对事物的呈现远比印刷媒体生动、直观，也更容易为大众所理解和接受。此外，作为覆盖力和影响力最大的现代传媒机构，广播电视是人们观察和阐释外部世界的最重要的中介之一，这也就意味着广播电视对于各种事物的再现已成为人们理解外部世界的重要文化资源。由于"再现"不仅是媒介对事物的客观呈现，也蕴含着某些群体对其他群体形象（image/imagery）的解释和塑造，在很多情况下甚至体现为一种"刻板成见"（stereotype），是文化、权力和意识形态的产物，所以我们才应当对广播电视媒介的再现机制保持批判性的审视。

[①] Stuart Hall, "The Work of Representation," in Stuart Hall, ed., *Representation: Cultural Representation and Signifying Practices*, SAGE, 1997, pp. 10–11.

第二节 广播电视文化的基本特征

社会文化的构成是十分复杂的。广播电视及其承载和代表的文化尽管只是社会文化的一个构成要素，但鉴于广播电视媒介（尤其是电视媒介）在人们日常生活中的强大影响力，这种文化无疑又是社会文化最主要的因素之一。当代广播电视文化基本特征的形成，是在广播电视的媒介、机构、产业等社会属性的综合作用下完成的，具有强烈的固化和制度化色彩。对其加以归纳和剖析，有助于我们展开对广播电视文化的考察和批评工作。

一、广播电视文化是家庭-私人文化

传统广播电视文化以家庭接受为主要的接受方式，故而是一种典型的**家庭文化**（domestic culture）。作为社会构成的最基础、最主要的单元之一，家庭在社会文化中发挥着至关重要的作用，"明智、强大、稳定的家庭不但会为男人、女人和儿童提供安全的社会网络，也将扮演社会守卫者的角色"[1]。

在20世纪漫长的历史中，收音机和电视机相继成为家庭的重要"成员"，并长期占据客厅的中心位置。从20世纪30年代美国经济大萧条时期开始，"整整三代人每天晚上聚集在自家起居室的那方小小的匣子周围，聆听其播出的各种音乐和笑话……这种神奇的娱乐成为艰难时世中人们与普遍人性的最后的联系"[2]。电视机走进千家万户之后，人们获取娱乐的方式几乎完全由公共空间转移至家庭空间。由于早期电视机重量大且价格昂

---

[1] A. Schott Loveless, and Thomas B. Holman, *The Family in the New Millennium*, Praeger, 2007, p. ix.

[2] Tracey E. W. Laird, *Louisana Hayride: Radio and Roots Music along the Red River*, Oxford University Press, 2005, p. 137.

贵，绝大多数家庭只拥有一台电视机，因此这唯一的电视机毋庸置疑地取代收音机占据了千家万户起居室的最显赫的位置；而家庭中不同代和性别的成员也开始了共同从电视中获取信息和娱乐的生活，电视自此成为最具代表性的家庭设备。[1]

以家庭接受为主的接受方式对广播电视文化，尤其是电视文化产生了显而易见的影响。一方面，为同时满足不同年龄和性别的家庭成员共同欣赏的需要，电视文化在总体上体现出一种温和的、非批判性的色彩，这不仅是指电视节目在内容和语言上拥有诸多具体的禁忌，也是指电视节目在价值、趣味和风格上始终具有鲜明的折中性，避免对受众构成直接的冒犯；另一方面，由于家庭的存在及其稳定性对于电视文化的生存发展而言至关重要，故电视成为家庭制度的坚定支持者，其往往通过各种显在或隐藏的方式宣扬家庭作为社会基础单元的合法性。[2]

当然，电视机在家庭中也并不总是扮演关系调和者的角色，一些研究表明，家庭内部成员之间的关系往往会由于共同观看同一节目却产生不同观点或评价而恶化；而由于家中只有一台电视机，因此谁能控制遥控器，即能拥有决定全家人共同收看什么节目的权力，这也成为很多学者关注的议题。[3]

无论如何，作为家庭文化的广播电视文化必然呈现出较为鲜明的保守的色彩。通过这种方式，电视竭力令其节目避免使不同代的家庭成员在共同观看时出现尴尬状况或产生不必要的冲突。当然，在做到这一点的同时，广播电视文化也成为建立在稳定的家庭结构基础上的既存社会制度的维护者。与其他类型的视听媒体（如电影）文化相比，电视文化几乎没有先锋性或破坏性的一面，其风格和美学也往往与现有的主流人群的接受习

---

[1] Ira Glick, and Sidney J. Levy, *Living with Television*, Transaction Publishers, 2006, p. vii.
[2] David Morley, *Family Television: Cultural Power and Domestic Leisure*, Routledge, 1999, p. 169.
[3] 参见 Michael J. Arlen, *Living-room War*, Syracuse University Press, 1997。

惯一致，而甚少对后者构成挑战。

不过，流媒体接受方式的崛起在一定程度上弱化了广播电视文化的"家庭性"。一方面，节目的播出和收听收看不再拥有固定的时间表，因而失去了在特定时间"集合"家庭成员的效力；另一方面，流媒体节目的接收终端十分多样，除智能电视机外，还有个人电脑、平板电脑、智能手机等私人通信设备，越来越多的观看行为在完全私密的环境下发生，这就进一步强化了接受行为的私人化。因此，即使流媒体网站与传统广播电视的节目内容在样态和形式上相当接近，但其传播及接受方式的变化也正在重塑人的视听文化体验，制造了一种带有混杂性色彩的"家庭-私人文化"。流媒体化的进程正不断削弱广播电视文化的家庭属性，这是一场日常生活领域的持续革命。①

二、广播电视文化是消费文化

所谓**消费文化**，顾名思义，就是一种建立在购买行为之上的文化。在这种文化中，人们对于自身价值的认同往往是通过其商品或服务购买行为来实现的。经济学家维克多·勒博（Victor Lebow）在 1955 年指出："现代社会巨大的生产型经济要求我们在无穷尽的消费中度过一生，要求我们将对商品的购买和使用当成一种仪式，要求我们只能在消费中获得精神和自我的满足。"②

法国哲学家**让·鲍德里亚**（Jean Baudrillard）（图 7.6）是消费文化的主要批评者。在他看来，消费已经构成当下资本主义社会的内在逻辑，这主要体现在三个方面：第一，社会生活中一切事物均可成为消费品，包括人的身体和观念，只有能够被消费的对象才具有存在的价值；第二，消费

---

① 常江：《流媒体与未来的电影业：美学、产业、文化》，《当代电影》2020 年第 7 期，第 4—10 页。

② Victor Lebow, "Price Competition in 1955," *Journal of Retailing*, 1, 1955, p. 6.

文化的存在维护着资本主义制度的存在和发展，其逻辑在表面上维护的是"需求和满足面前人人平等"的神话，但消费行为由于使人们丧失了革命的动力，故只是一种披着平等主义外衣的意识形态；第三，消费行为成为人在现代社会中获得主体性的主要方式，人们只能在消费行为中获得存在感，并通过购买、拥有和展示消费品的方式，来获得个性和尊严。①

图 7.6 让·鲍德里亚

广播电视文化是一种典型的消费文化，这是由广播电视在现代社会中的运作方式决定的。一方面，无论何种体制下的广播电视机构，均须通过特定方式和程度的经营活动来维持其生存，其中既包括广告售卖，也包括其他类型的经营活动，因此受众收听收看广播电视节目的行为本身就是一个消费的过程，受众通过消费特定类型的广播电视节目来获得不同的满足感和认同感。"电视是消费文化对人的主体性施加影响的一个关键因素，西方消费社会的发展与电视业的发展几乎是同步的。"② 另一方面，在高度依赖广告作为主要收入来源的经营体系下，广播电视成为现代社会中最佳的商品展示窗口，因而也就成为消费文化的样板和标本。如一项针对拉美国家电视业的研究所表明的那样，"电视广告并不必然对受众产生立竿见影的效果，但它却在多个方面影响着人们的生活方式……电视广告成功地将消费主义的意识形态变成了集体意识的一部分"③。表 7.1 呈现的是美国各类媒体广

---

① 参见 Jean Baudrillard, *The Consumer Society: Myths and Structures*, SAGE, 1998。

② Alison Hulme, "Preface," in Alison Hulme, ed., *Consumerism on TV: Popular Media from the 1950s to the Present*, Ashgate, 2015, p. xiv.

③ Antonio V. Menéndez Alarcón, *Power and Television in Latin America*, Praeger, 1992, p. 70.

告投放总金额的对比情况。不难发现，在可预见的未来，电视仍是最主要的广告媒介。

表 7.1　美国各类媒体广告投放总金额①

（单位：亿美元）

	2011 年	2013 年	2015 年	2017 年	2020 年
电视	607	664	701	753	623
数字媒体	320	423	525	614	1209
印刷媒体	358	359	316	312	304
广播	152	156	160	161	148
户外媒体	64	70	74	78	69
直投	82	69	59	53	47
总金额	1583	1741	1835	1971	2400

三、广播电视文化是空间文化

在加拿大传播学学者**哈罗德·英尼斯**（Harold Innis）（图 7.7）看来，不同的媒介有着不同的**时空偏向**。时间偏向（time-biased）的媒介，如泥石板、手抄羊皮卷以及口语传播等，可以令信息和传统在时间的轨迹中持续保留和传递，但能够接触到这些媒介的受众却是非常有限的。而空间偏向（space-biased）的媒介则善于同时向广袤地理区域内的海量受众传播资讯，但其信息存留的时间却很短暂。现代大众媒介，包括广播和电视，都是空间偏向的媒介。在英尼斯看来，时间或空间的偏向反映了不同的媒介对于文明的形成与维系的重要性：主要依赖时间偏向的媒介进行

图 7.7　哈罗德·英尼斯

---

① 综合自 eMarketer 历年统计数据。

信息传播的社会更重视传统和传承，而主要依赖空间偏向的媒介进行信息传播的社会则更强调对地理空间的管理和控制。① 英尼斯同时认为，现代西方文明严重依赖空间偏向的媒介的现状，将导致"对于文化活动而言至关重要的某些永恒性元素遭到持续性、系统性、严重性的破坏"②。

　　空间偏向的媒介属性对于广播电视文化产生了显著的影响。从诞生之日起，广播电视便成为在同一时间内向广阔地理空间中的海量受众传递相同信息的最佳媒介。而全球直播通信卫星技术的成熟，更令广播电视这种空间偏向的属性发展到了极致。作为空间文化的广播电视文化由是成为人类在现代社会中获取、拥有和共享集体记忆与集体价值的主要途径。广播电视文化的这一特征与其强大的实况转播机制有机结合，使得重大媒介事件的现场直播成为20世纪下半叶典型的全球性共享文化仪式。尼尔森公司在澳大利亚的收视调查数据显示，该国有史以来收视率最高的五个节目，均为对重大媒介事件的现场直播，它们依次是：戴安娜王妃的葬礼（1997）、查尔斯王子和戴安娜王妃的婚礼（1981）、悉尼奥运会闭幕式（2000）、悉尼奥运会开幕式（2000）以及威廉王子和凯特王妃的婚礼（2011）。③ 此外，尼尔森公司的调查数据还显示，2008年北京奥运会的电视转播总计在全球范围内吸引了47亿观众，占全球总人口的70%，成为有史以来观众人数最多的电视节目④；2012年伦敦奥运会的电视转播则拥有36亿观众，占全球总人口的53%⑤。

---

① Harold Innis, *Empire and Communications*, Oxford University Press, 1950, p. 7.

② Harold Innis, *Changing Concepts of Time*, University of Toronto Press, 1952, p. 15.

③ David Dale, "Australia's Most Watched Television Show of All Time," *The Sydney Morning Herald*, July 18, 2014.

④ "Beijing Olympics Draw Largest ever Global TV Audience," September 5, 2008, Nielsen website, http:// nielsen.com/insights/2008/beijing-Olympics-draw-largest-ever-global-tv-audience/，2023年6月8日访问。

⑤ "London 2012 Olympic Games: Global Broadcast Report," December, 2012, IOC website, http://stillmed.olympics.org/Documents/IOC_Marketing/Broadcasting/London_2012_Global_%20Broadcast_Report.pdf，2023年6月8日访问。

第七章 广播电视文化与批评

"全球通信卫星技术使得重大事件的电视现场直播被世界各地数十亿观众共同观看……媒介改变了个体和集体记忆的生产方式，创造并强化了特定的叙事和影像，并不断在新的受众和旧的受众之间建立情感的联系。"[①]

在中国，每年除夕之夜的中央电视台春节联欢晚会（"春晚"）成为中国电视观众和散居世界各地的海外华侨、华人重要的集体文化记忆，20 世纪80—90 年代其收视率时常达到今天难以想象的"天文数字"：根据中央电视台编纂的官方台史，"春晚"的收视率 1995 年为 96.67%，1996 年为 82.40%，1997 年为 90.67%，1998 年达到 94.20%。[②] 经过几十年的发展，"春晚"在观众心目中早已超越了一般意义上的电视节目，而具有了一种文化仪式的意涵。在传统节庆仪式匮乏的情况下，拥有无远弗届的覆盖力的"春晚"实际上扮演并承担了维系社会文化共同体的职能。[③] 一如有学者评价的，"除夕夜有一个结构性的仪式饥渴需要满足，这就为电视作为现代民族国家之仪式行为的介入提供了前提"[④]。

不过，正如英尼斯所批评的，虽然空间偏向的媒介能够迅速对海量受众产生影响，并有利于国家或社会的治理，但其传递的信息和价值却并不像时间偏向的媒介那样具有持久性。广播电视的内容转瞬即逝，不易保存，对于绝大多数受众来说，是一种一次性的文化消费，这一特征使得广播电视文化很容易成为流行风潮的创造者和追随者，"电视文化的变化往往比社会现实更加迅速"[⑤]，通过频繁地创造风潮和追随风潮，广播电视得以持续不断地给受众带来新鲜感，从而维系其空间偏向的媒体的优势。在英尼斯看来，只有时间偏向的媒介和空间偏向的媒介实现均衡发展，文明

[①] Joanne Garde-Hansen, *Media and Memory*, Edinburgh University Press, 2011, p. 47.
[②] 杨伟光主编：《中央电视台发展史》，北京出版社 1998 年版，第 533—536 页。
[③] 王立新：《春晚如何？如何春晚？——一种仪式符号学解读》，《西南民族大学学报（人文社科版）》2009 年第 12 期，第 173 页。
[④] 吕新雨：《仪式、电视与意识形态》，《读书》2006 年第 8 期，第 121 页。
[⑤] Edward Buscombe, *British Television: A Reader*, Oxford University Press, 2000, p. 21.

才能够得到拯救。他主张强化人类交流中的口语传统，比如重视大学课堂中的面对面授课与讨论等交流形式，以确保交流者能够更好地继承批判性思维的传统；同时，他也反对传媒机构的过度政治化、商业化和垄断经营，以使其空间偏向带来的种种后果能够得到一定程度的缓解。[1]

四、广播电视文化是大众文化

作为典型的现代大众媒介，广播电视文化必然是一种大众文化。这种文化广泛存在于人们日常生活的肌理中，在很多情况下是伴随着人们对大众媒介的接受和消费行为产生的。人们对于大众文化有不同的理解或界定方式。在英国学者约翰·斯道雷（John Storey）看来，大众文化可能拥有如下不同的含义：（1）大规模、批量化生产出来的一种旨在鼓励和刺激消费的商业文化；（2）由"人民"（the people）创造出来的具有本真性的（authentic）文化；（3）在工业化和城市化过程中诞生并发展的文化；（4）统治阶级和被统治阶级经协商而形成的一种调和性的文化；（5）除高雅文化之外的文化；（6）在较大范围内广泛流行的文化。[2]

如今，"大众文化"早已被视为一个中性的概念，因为人们逐渐意识到并不存在恒定不变的"高—低"文化标准。例如，莎士比亚的戏剧和曹雪芹的小说在其作者生活的年代属于"难登大雅之堂"的民间文化范畴，但如今却成为民族文化的经典，是毋庸置疑的高雅文化；20世纪50年代流行于好莱坞的"黑色电影"（film noir）当时被视为一种既节约成本又迎合人们猎奇趣味的粗俗电影样式，如今却已跻身艺术电影的殿堂，成为一种十分重要的类型片；20世纪80年代后期由中国中央电视台制播的电视剧《红楼梦》（图7.8）和《西游记》当时受到了很多批评，被指责为"对文学经典的破坏和亵渎"，但随着时间的推移和中国电视文化的日趋商

---

[1] 参见 Rick Salutin, "The Upside of Ivory Towers," *Globe and Mail*, September 7, 2007。
[2] John Storey, *Cultural Theory and Popular Culture*, Routledge, 2015, pp. 5–13.

业化，这两部电视剧如今却成为流行观念中无法超越的荧屏经典。媒体报道显示，截至 2012 年前后，1987 年版电视剧《红楼梦》和 1986 年版电视剧《西游记》在中国的电视荧屏上分别重播了超过 1000 次和超过 2000 次①，成为几乎全部年龄段的中国国民的集体文化记忆。

此外，在文化理论的观照下，作为生活方式的文化对于奉行这种生活方式的群体来说，往往有着其他群体难以理解的重要意义。出于对多元化生活方式的尊重，我们当然应该认可不同类型的文化。一度被认为是专属于较为低级阶层的大众文化，也有其存在的合理性。广

图 7.8　1987 年版电视剧《红楼梦》

播电视文化作为一种大众文化，既意味着广播电视内容的生产和消费是以吸引尽可能多的受众（消费者）为宗旨的，也意味着构成广播电视文化的诸种叙事、表现和美学形式首要是以"流行"和"通俗"为基本标准的，这既是广播电视媒介生存之必需，也是受众对广播电视内容进行接受并使其成为一种文化的前提。

长期以来，知识界存在对于广播电视文化的轻蔑态度，一些人甚至将其视为一种可疑的乃至有敌意的文化。对此，约翰·哈特利曾有过中肯的评价："（知识界）将电视默认为公共文明与民族文化在大众媒体时代衰落的罪魁祸首；而电视文化所宣扬的无外是罪恶且无耻的消费主义，这在左

---

① 参见《重播 2000 次的〈西游记〉，重播 1000 多次的〈红楼梦〉，上千亿的版权收益归了谁？》，2017 年 4 月 18 日，搜狐网，https：//www.sohu.com/a/134953536_717968，2023 年 8 月 5 日访问；《红楼梦》，2012 年 10 月 26 日，千龙网，http：//beijingww.qianlong.com/1470/2012/10/25/290@169523.htm，2018 年 5 月 13 日访问。

派看来是资本主义制度的阴谋，而在右派看来则是品位与国家权威的贬值。"① 其实，人们对于作为大众文化的广播电视文化持有怎样的态度，取决于其对"大众文化"这一概念做出怎样的理解。例如，如果将"大众文化"视为由文化工业批量化生产、旨在刺激消费和促进购买行为的文化，那么广播电视文化无疑是消费主义乃至整个资本主义制度的"帮凶"，是统治阶级的意识形态的生产者和维护者；但如果将"大众文化"视为一种普通人在日常文化消费中解读和生产意义的实践，那么广播电视文化又有了显著的进步性，因其为受众在日常生活中的各种符号抵抗行为提供了文化资源。

不过，文化研究和电视研究的基本观点告诉我们，对于广播电视加诸受众的影响，以及广播电视媒介与其受众之间关系的分析，不能仅仅站在"生产"的立场上予以臆测，而要在具体的社会情境中去观察和探讨受众的解读实践。正如我们在第六章中对关于《豪门恩怨》的跨国传播研究结论进行介绍时所强调的那样，哪怕对于那些拥有全球性影响力的电视节目，我们也不能不假思索地认定其对所有受众产生了同样的影响。

第三节 广播电视文化批评的视角

广播电视文化批评既是一种重要的文化批评（cultural criticism）实践，也是一种重要的媒介批评（media criticism）实践。在文化研究的理论视角下，广播电视文化批评有着独特的使命，那就是对诸种"将差异政治化"（the politicization of differences）的现象做出批判性审视。这也就意味着，要警惕广播电视媒介运用其强大的力量推行带有霸权色彩的意识形态，因为这种行为本质上是在将一些天然存在的差异演变为政治问题，从而维护

---

① John Hartley, *Uses of Television*, Routledge, 1999, p. 103.

社会中特定群体凌驾于其他群体之上的权力结构。而广播电视文化批评的宗旨则在于建设一种平等化、民主化的文化政治。

为实现上述目标，我们通常从不同的批评情境和需求出发，采用不同的批评理论和方法。具体而言，较为常见的批评视角包括符号学批评、叙事学批评、女性主义批评和后殖民主义批评等。

一、符号学批评

符号学（Semiology）是文学批评、文化批评和媒介批评的基本视角与方法，其理论来源为瑞士语言学家**费尔迪南·德·索绪尔**（Ferdinand de Saussure）（图7.9）的结构语言学以及在其基础上发展起来的结构主义（Structuralism）理论体系。

在索绪尔看来，语言是符号的组合，而符号是由**能指**（signifier）和**所指**（signified）两个部分构成的，其中，能指为被人们所直接使用的字词或图像，所指为上述字词或图像所对应的概念。例如，当我们在纸上写下"狗"这个字的时候，它其实是一个同时包

图 7.9 费尔迪南·德·索绪尔

含了能指和所指的符号。其中，能指是"狗"这个汉字本身，包括它的形状、笔画、构成和线条等，所指则是这个符号所对应的概念，即一种犬科动物。索绪尔同时还提出，能指和所指之间的组合关系不是一成不变的，而是约定俗成的，不同的环境和文化中完全可以是不同的组合方式。以股市为例，在中国的文化语境下，"红色"意味着"涨"而"绿色"意味着"跌"，但在一些西方国家情况却是完全相反的。所以，在语言的实践中，意义并不是天然的、固定的，而是在差异和关系中形成的。例如，"母亲"这一能指所对应的概念，其实只存在于其与"父亲""儿子""女儿"等

概念的差异关系中。①

法国文化批评家**罗兰·巴特**（Roland Barthes）将索绪尔的符号分析方法做了进一步的拓展，创立了两级指意系统。在巴特看来，仅看到能指和所指的对应关系是不够的，也要看到整个符号在特定社会文化语境下所具备的更深层次意义。也就是说，能指和所指构成了一个符号，这个符号又可以被视为一个新的能指，并在特定的文化语境下指向一个新的所指。这样一来，符号分析就能够从语言的层面上升至文化的层面。巴特将第一级即语言层面上的指意系统称为**"外延"**（denotation），将第二级即文化层面上的指意系统称为**"内涵"**（connotation），参见图 7.10。例如，同样是"狗"这个符号，除了在语言层面上是"狗"这个汉字与"一种犬科动物"的组合外，在文化层面上，"狗"又作为一个新的能指，指向了一个新的社会意义，那就是"忠心耿耿的人"或"趋炎附势的人"。巴特将这种分析称为"神话分析"。他认为，文化层面上的意义的生成其实是一整套包含了观念与实践的意识形态，其功能在于维护既存的社会权力结构。②

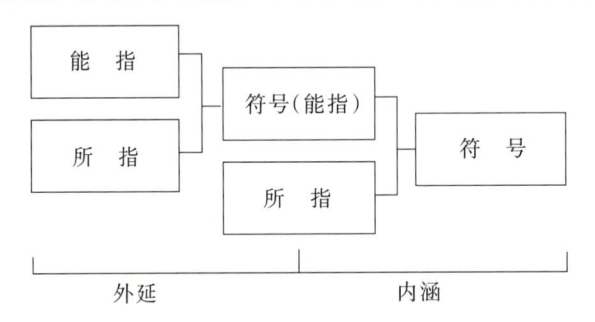

图 7.10 巴特的两级指意系统

索绪尔和巴特开创的文化分析方法，就是我们今天所熟知的符号学，是我们进行文化分析与批评的一种基本视角。在这种视角之下，"意义解

---

① 参见 Ferdinand de Saussure, *Course in General Linguistics*, Open Court, 1998。
② 参见 Roland Barthes, *Mythologies*, Hill and Wang, 1972。

读"成为批评者的一项基本技能。也就是说，批评者要依赖自己的社会知识储备，在文化而不仅仅是语言的层面上解读符号所对应的意义，只有如此，才能完成从外延到内涵的深入分析，从而揭示出"神话"或意识形态发挥作用的机制。

在广播电视文化批评中，符号学视角常被用于对广播电视节目中所包孕的意识形态意图的分析，通过解读节目中出现的各类视觉、听觉、语言、文字等符号所对应的意义，批评者得以挖掘生产者潜在的文化意图。例如，两位印度学者曾对本国电视新闻中出现的各类男性的形象符号和各类女性的形象符号所对应的意义进行解读，最终得出了主流电视新闻有显著的父权制倾向的结论，参见表 7.2。

表 7.2　印度电视新闻中的男性与女性符号解读[1]

男性形象	女性形象
以自我为中心	牺牲自我成全他人
具有决断力	对他人有依赖性
具有自信心	情感化、情绪化
能够在世界中找到自己明确的位置	只能通过家庭关系去理解外部世界
高贵的、有尊严的	急切地渴望取悦他人
有控制力的	母性的

不过，符号学的批评视角也存在一些难以克服的问题。比如，如何避免批评者自身的文化或意识形态偏见就是关于符号学批评的一个经久不衰的争议。此外，亦有为数甚众的持后结构主义（Post-Struturalism）或后现代主义（Post-Modernism）观点的学者指出，能指和所指之间、符号和意义之间的对应关系其实并不像结构主义者所宣称的那样明确和严整。例

---

[1] 参见 Prabha Krishnan, and Anita Dighe, *Affirmation and Denial: Construction of Femininity on Indian Television*, SAGE, 1990。

如，法国哲学家**雅克·德里达**（Jacques Derrida）（图 7.11）就宣称，意义的浮现总是既有差异又有延迟的，他将这一机制称为**"异延"**（différance）。因此，意义的形成并不只是此时此地的符号之间的"差异"带来的结果，也是永无止境的阐释链上的一个转瞬即逝的停顿。[①] 在使用符号学批评视角对文化进行分析的时候，是在具体的、微观的、变动的意义生成条件下去考察，而不是简单地将自己的一套价值体系凌驾于其他价值体系之上。

图 7.11　雅克·德里达

二、叙事学批评

叙事学（Narratology）主要关注叙事的结构与手段及其对接受行为产生的影响。简而言之，叙事学就是考察不同的叙事媒介（包括文学、新闻、电影、电视、广播等）通过什么样的方式来讲故事，以及这些方式对于受众发挥了什么样的作用。[②] 叙事学批评的传统最早可以追溯到古希腊时期亚里士多德所著的《诗学》（Poetics），但现代叙事学的理论和方法则主要源于俄国形式主义（Russian Formalism）传统，其中尤以**弗拉基米尔·普罗普**（Vladimir Propp）的理论体系最具代表性。

在普罗普看来，尽管叙事的内容是无穷无尽的，但绝大多数故事都遵循着一些较为常见的叙事手法。为了对这些手法做出科学的分析，普罗普对俄罗斯民间传说的叙事展开了系统的研究。他将各种传说故事分解成不同的叙事单元（section）后，发现在看似不同的各种故事背后其实存在高

[①] 参见 Jacques Derrida, *Margins of Philosophy*, Chicago University Press, 1982。

[②] Gerald Prince, "Narratology," in Michael Groden, and Martin Kreiswirth, eds., *Johns Hopkins Guide to Literary Theory and Criticism*, Johns Hopkins University Press, 1994, p. 524.

度相似的叙事结构。在叙事中，不同的叙事单元往往具有不同的功能（function），而叙事者就通过对不同功能的组合和排序，来实现其对特定意义的传达。在分析比较了100个俄罗斯民间故事的文本之后，普罗普认为，主流的叙事体系中存在某种内生的、稳定的结构。例如，普罗普对下述四个故事的叙事结构进行了比较：（1）沙皇赠给好汉一只鹰，鹰将好汉载到另一个王国。（2）老人赠给苏钦科一匹马，马将苏钦科载到另一个王国。（3）巫师赠给伊万一只小船，小船将伊万载到另一个王国。（4）公主赠给伊万一个指环，从指环中出来的英俊青年将伊万载到另一个王国。这四个故事的人物和内容各不相同，但人物的行为及其对整个叙事发挥的功能却是高度相似的。据此，普罗普指出，在流行的叙事中，变化的只是角色的名称（以及他们的物品），不变的是他们的行动或功能。在对大量俄罗斯民间传说故事进行这种功能单元的分析后，普罗普总结出了此种叙事类型所具备的31个功能单元，并指出，这些功能项的排列顺序是一样的，它们共同构成了内容和情节背后的稳定叙事结构。[①] 而这种稳定的叙事结构显然十分有利于维护既有的稳定的社会价值体系。

普罗普的叙事学理论对媒介研究产生了深远的影响。例如，美国学者威尔·赖特（Will Wright）针对美国西部影视片的研究表明，尽管这些影视片的故事内容各不相同，但其实它们大多遵循着一种极为相似的叙事结构。按照普罗普的方法，赖特将美国西部片的叙事结构划分为16个功能单元：英雄进入了一个社会群体；英雄在社会中默默无闻；人们发现英雄原来拥有某种超凡的能力；人们认识到自己和英雄之间存在差异，故赋予英雄以特殊地位；社会无法完全接纳英雄；坏人与社会之间发生了利益冲突；坏人比社会强大，社会很弱小；英雄与坏人彼此尊重，惺惺相惜；坏人对社会产生了威胁；英雄避免让自己卷入冲突；坏人威胁到英雄的一位

[①] 参见 Vladimir Propp, *Morphology of the Folktale*, University of Texas Press, 1968。

朋友的安全；英雄与坏人决斗；英雄战胜了坏人；社会重新变得安全了；社会接纳了英雄；英雄失去或主动放弃了自己的特殊地位。

通过对上述功能单元的顺序呈现，西部片得以"向社会成员传播某种观念或秩序"，即"将美国人的社会信仰概念化"。①

除叙事结构外，叙事视角也是叙事学十分关注的问题。在这一领域，法国批评家茨维坦·托多洛夫（Tzvetan Todorov）的"三视角"说极有影响力：他将叙事的视角区分为全知视角、内视角和外视角三种，不同的叙事视角能够带来不同强度的接受效果，其中，全知视角和内视角比外视角更有利于将叙事者的价值观传递给受众。②

叙事学批评要求批评者超越故事的具体内容范畴，对支配这些内容的各种稳定的结构性因素，尤其是对各叙事功能单元的顺序的安排及叙事视角的选择做出深入的剖析。通过这种方式，我们能够得出某种类型的节目（如社会新闻、家庭伦理剧、娱乐脱口秀）所采用的主导性、支配性的叙事方式，从而对这类节目的意识形态意图予以挖掘和审视。例如，一项针对西方主要电视机构制播的、以"中国崛起"为主题的纪录片的叙事学研究表明，通过对"中心线串联式""板块式""绘圆式"三种叙事结构以及全知视角和内视角两种叙事视角的高效使用，这些纪录片得以成功建构起一种充满内在矛盾冲突的"中国"形象，并将这一形象有效地传递给了西方电视观众。③

---

① 参见 Will Wright, *Six Guns and Society: A Structural Study of the Western*, University of California Press, 1977。

② 参见 Tzvetan Todorov, *The Fantastic: A Structural Approach to a Literary Genre*, Cornell University Press, 2011。

③ 常江、王晓培：《龙的翅膀与爪牙：西方主流电视纪录片对"中国崛起"的形象建构》，《现代传播（中国传媒大学学报）》2015 年第 4 期，第 102—106 页。

三、女性主义批评

女性主义与其说是一套完整的理论体系，不如说是一系列观念和社会运动的集合，其宗旨是在社会政治、经济和文化等领域为女性争取和男性平等的权益。女性主义理论内部分支众多、观念驳杂，且时常相互矛盾，但绝大多数女性主义者均认同现代社会建立于一个男性比女性拥有更多特权的不平等体系之上，因而女性主义者总体上以反抗父权制为共同的价值取向。

父权制无疑是女性主义批评最主要的对象。作为一种男性中心主义（Androcentrism）的意识形态，父权制将男性视为社会中首要的性别，并将女性置于依附男性的从属位置上。研究表明，人类历史上出现的绝大多数文化都是父权制的，即使在性别平等观念普遍得以承认的现代社会的诸种形态下，父权制仍借由家庭、传媒、教育等意识形态国家机器被不断巩固和强化，因而是一种具有深厚文化根基的意识形态。[1]

发生于 20 世纪 60 年代初至 80 年代末的第二波女性主义浪潮对当下的女性主义文化批评实践产生了巨大影响。与 19 世纪末 20 世纪初旨在为女性赢得与男性平等的法律权利（如选举权、同工同酬等）的第一波女性主义浪潮不同，这一时期的女性主义者认为，女性在文化中受到的歧视与其在社会生活领域受到的不平等待遇一样，需要予以批判性的观照和解决。这一时期，马克思主义、精神分析、结构主义、文化研究等理论体系开始对女性主义产生影响，女性主义成为一个学术研究体系，其各项研究成果不断与社会实践范畴内的性别平权运动紧密结合。

法国批评家**西蒙娜·德·波伏娃**（Simone de Beauvoir）（图 7.12）是 20 世纪女性主义批评的先驱。在其著作《第二性》（*Le Deuxième Sexe*）中，

---

[1] 参见 Fedwa Malti-Douglas, *Encyclopedia of Sex and Gender*, Macmillan, 2007。

图7.12 西蒙娜·德·波伏娃

她从文学、历史、社会学、生物学和医学等角度，全方位展现了女性在现代社会中的弱势地位及其成因。此外，她还系统性论述了"生物性别"（sex）和"社会性别"（gender）两个概念的差异，并强调"女人并非生为女人，而是后天变成女人的"，意指女性的身体和气质皆为文化建构的结果。自此，文化和媒介如何再现与建构女性形象、女性气质的内涵和形成以及现代社会中的主流性别关系，就成为女性主义批评家格外关注的议题。[1] 另一位对女性主义文化批评产生巨大影响力的学者是美国哲学家、文化理论家**朱迪斯·巴特勒**（Judith Butler），她站在后结构主义的立场上，反对性别是人的一种本质属性的观点，而提出其是一个**"操演"**（performativity）的过程。亦即，并不存在天然的"男性"或"女性"这样牢固的性别概念实体，人们关于性别的种种理解和表达都是在文化的规训之中，以近乎"表演"的方式被塑造出来的。性别本身是流动的、可变的，人们需要警惕那些试图将性别身份和性别关系固化的文化常规。[2]

以电视为代表的大众传媒对于既有性别及性别权力关系的维护，主要是通过对男性气质（masculinity）和女性气质（femininity）的再现来完成的。由于父权制的深厚根基，在主流的媒介再现或叙事中，男性气质多被强调为具有勇敢、理性、独立、自信、决断等基本特征，而带有温顺、善良、敏感等特征的女性气质则受到大众媒体和流行文化的推崇。在父权制的作用下，男性气质往往被视为社会性别文化的主导者，而女性在社会中的身份和地位则时常与其作为生育者的生理角色有密不可分的关系。例

---

[1] 参见 Simone de Beauvoir, *The Second Sex*, Vintage, 2011。
[2] 参见 Judith Butler, *Gender Trouble: Feminism and the Subversion of Identity*, Routledge, 2006。

如，在以男性为主要生产者群体的中国的电视剧中，具有牺牲精神并以扮演好母亲、妻子和儿媳角色为使命的女性角色时常被视为一种理想状态下的女性形象，而那些被认为具有女性气质的男性角色或具有男性气质的女性角色则往往受到丑化和污名化的处理。

在广播电视文化批评实践中，女性主义视角通常有两个方面的应用：一是对广播电视节目中出现的女性形象或女性角色进行符号学或叙事学等角度的分析，从而对其内可能包孕的父权制意识形态予以批判性的审视；二是对广播电视的女性受众的接受和解读行为进行研究，发掘作为"主动受众"的女性对广播电视节目进行个性化或政治化解读的文化潜能。大量研究和批评实践表明，在女性主义批评视角的干预和影响下，西方主流广播电视文化中的性别平权状况有了较大的改善。例如，女性的电视荧屏形象较以往有了积极的变化，在主流电视剧中大量通常被认为是"男性化"的职业领域，如律师、法官、医生等，开始出现重要的女性角色，并且这些女性角色也比以往更加果敢有力。[1] 尤其值得注意的是，与传统电视频道相比，Netflix 等流媒体网站在塑造强大、独立的女性角色方面做得更好——这与 Netflix 的女性员工占比超过一半，且大量担任制片人、导演等重要职务有关。[2] 不过，也有批评者指出，即使成功塑造了独立、决断的女性角色的电视节目，也往往在其叙事中下意识地暗示或强化女性气质"与生俱来"的被动和软弱等特征。[3] 对此，女性主义广播电视文化批评者还需进行持续的关注。

---

[1] Jim Brancato, "Domesticating Politics: The Representation of Wives and Mothers in American Reality Television," *Film & History*, 37 (2), 2007, pp. 49-56.

[2] Rebecca Sun, "Netflix's 2021 Inclusion Update Reveals More Than Half of Its Global Workforce Is Female," *The Hollywood Reporter*, February 10, 2022, https://www.hollywoodreporter.com/business/business-news/netflix-diversity-report-2021-1235090549/，2023 年 3 月 5 日访问。

[3] Dana Heller, "Out for Life: Makeover Television and the Transformation of Fitness on *Brave's Work Out*," *Continuum: Journal of Media & Cultural Studies*, 22 (4), 2008, pp. 525-535.

四、后殖民主义批评

后殖民主义（Post-Colonialism）或后殖民研究（post-colonial studies）是一个以分析、阐释和反抗殖民主义（Colonialism）与帝国主义（Imperialism）的当代文化后果即新殖民主义（Neocolonialism）为价值旨归的跨学科学术和批评领域。该领域主要考察在以直接的军事占领和经济掠夺为主要形式的殖民主义和帝国主义逐渐消亡后，一种"文化的"殖民主义或帝国主义如何在当代世界持续对原有的宰制性结构进行再生产，即延续西方世界对于非西方世界的支配地位。

殖民主义作为一套根深蒂固的意识形态，是以"文明扩张论"（the Extension of Civilization）为价值内核的，这种意识形态将人类文明视为以西欧文明为核心、向其他西方及非西方国家扩散的过程，因而殖民主义在观念上体现为一种牢固的西方中心主义。殖民主义意识形态在政治经济层面上体现为西欧强国从16世纪到20世纪中期的全球殖民活动，这些国家在亚洲、非洲和美洲以军事占领的方式获得了大量在政治上依附本国政权的国家或领土，并建立起了有利于本国经济健全发展的"中心—边缘"式经济体系。殖民主义意识形态在文化上最直接地体现为一种根深蒂固的**种族主义**（Racism）偏见：殖民主义者视不同种族和族群之间的差异为一种天然并根深蒂固的等级区隔，从而主张在社会治理层面上对不同种族区别对待。

在殖民主义的发展历程中，种族主义一度利用现代自然科学及社会科学的一些结论来作为自己的理论支撑，并在西方世界拥有深厚的基础。例如，哲学和历史学领域流行着大量关于非白种人在人类文明历史上做出的贡献低于白种人的观点；生物学领域也有将白种人视为进化过程中出现的较为高级的人种的观点；在人类学领域，一些被派往殖民地的人类学家从殖民主义的政治需求和西方中心主义的文化偏见出发，对其他种族进行人为的划分与割裂，导致了后世绵延不断的种族冲突乃至战争。后殖民主义文化批评的宗旨就在于对殖民主义在文化上的残余影响予以揭示、清算和批判，而其批评实践则具体体现为对西方中心主义和种族主义两种意识形态的审视。

如果说"父权制"是女性主义批评的关键概念，那么后殖民主义批评的关键概念就是**"他者"**（other）。在西方哲学和社会科学传统中，"他者"常被用于描述与"自我"（self）不同或相反的一种身份。无论是在西方古典哲学还是在现代哲学中，人对"自我"的认识都是与人对"他者"的认识密切相关的，如存在主义哲学家萨特所强调的，"他人"是"自我"的先决条件。① 因此，"他者"不仅是一个词语或是一个指称，也成为一个拥有美学、文化、政治等维度的符号系统。在后殖民主义批评家看来，殖民主义或种族主义意识形态所采用的文化策略，就是一种"他者化"的策略，即将"自我"之外的人或文化，建构为一种与自己不同甚至截然相反的存在，并以此来强化自身的优越地位。例如，最著名的后殖民主义理论家之一**爱德华·萨义德**（Edward Said）就用**"东方主义"**（Orientalism）这个表述，来形容西方国家通过文学和知识生产的手段描绘或建构作为他者的"东方"的策略②；印度裔女性批评家**加亚特里·查克拉沃蒂·斯皮瓦克**（Gayatri Chakravorty Spivak）在其一篇著名的文章《底层人能说话吗？》（"Can the Subaltern Speak？"）中，全面探讨了"后殖民"语境下的读者如何在阅读文学作品和进行文化消费的时候挑战乃至解构"殖民主义的遗产"③。

在广播电视文化批评实践中，批评家始终十分关注这种文化的"国

---

① 参见 Jean-Paul Sartre, *Existentialism Is a Humanism*, Yale University Press, 2007。

② 参见 Edward Said, *Orientalism*, Vintage, 1979。

③ Gayatri Spivak, "Can the Subaltern Speak？" in Cary Nelson, and Lawrence Grossberg, eds., *Marxism and the Interpretation of Culture*, University of Illinois Press, 1988, pp. 271-313.

族"维度。由于文化观念的发展和进步，当代广播电视节目中已绝少含有直接、直白的种族主义再现，但不同种族或族群在广播电视文化中相互解读与相互理解的现状与问题，仍是一个值得持续探讨的议题。例如，一项关于美国 NBC 于 1984—1992 年间播出的以美国黑人家庭与社群的日常生活为题材的情景喜剧《考斯比一家》(*The Cosby Show*) 的研究发现，尽管该剧在播出期间受到观众普遍的欢迎，但实际上，黑人观众和白人观众对其理解的方式和角度是截然不同的：黑人观众大多将其视为黑人文化权力的一个重大进步，因为在此之前从未有一部在黄金时段播出的电视剧以如此正面的方式描述黑人的生活状态，其呈现的黑人社群秩序井然、亲切友善，对流行观念中的非裔美国人的"城市贫民""毒品成瘾""暴力横行""家庭关系混乱"的刻板印象有显著改善；而喜欢该剧的白人观众则几乎没有意识到该剧的这种文化价值，他们普遍将其视为"美国梦"的象征和美国中产阶级生活方式的展现。[1]

广播电视文化后殖民主义批评的另一个重要议题，是西方主流电视节目对于少数族裔的刻板化再现。例如，美国电视剧《生活大爆炸》中的一个主要角色拉杰什·库萨帕里（Rajesh Koothrappali）的身份是来自印度的移民，制作方对该角色的形象设置使得这部具有国际影响力的电视剧始终面临潜在的种族主义的批评。一位加拿大批评者称，拉杰什在剧中所操的一口十分古怪却又很"典型"的印度英语口音以及他在恋爱关系上的频频失败，是美国主流电视文化"对印度男性的一种去势处理"，这种刻板化的呈现"令人想起英国殖民印度的漫长历史"。[2] 而一位美国华裔批评者则称，该剧在展现拉杰什的日常生活时，总是将其与印度的传统文化符号联

---

[1] 参见 Sut Jhally, and Justin Lewis, *Enlightened Racism: The Cosby Show, Audiences, and the Myth of the American Dream*, Westview, 1991.

[2] Veena D. Dwivedi, "Hollywood Puts a Thin Mask on Racial Stereotyping," *Toronto Star*, September 22, 2013.

系起来，比如他的卧室房门上挂着的印度挂毯以及他经常听的印度传统音乐等，这种处理方式"显然是一种偏见……就如同当一个中国年轻人的房间呈现在电视中时，里面总会放着毛笔和宣纸一样"。在这位批评者看来，美国主流电视文化对于亚裔群体的这种处理方式"令人潜在地以为，亚洲所拥有的一切只是丰富的传统文化，没有现在，也没有未来"。①

思考题

1. 如何理解"作为生活方式"的文化？
2. 为什么说广播电视是一种"意识形态国家机器"？
3. 广播电视文化有哪些基本特征？
4. 请举例阐释电视剧中存在的父权制意识形态。
5. "他者"对于后殖民主义批评的重要性体现在哪些方面？

---

① SMZ, "Asian Stereotypes in *The Big Bang Theory* and the Boondocks: The Inability of Television to Multitask with Subalterns," February 18, 2013, Wordpress website, https://radicalcompounds.wordpress.com/2013/02/18/asians-in-the-big-bang-theory-and-the-boondocks/, 2018 年 5 月 13 日访问。

第八章　新媒体时代的广播电视业

> **要　点**
>
> 1. 广播电视新媒体化在终端上的体现。
> 2. 网络广播电视的四种主要形态。
> 3. 网络节目发展概况及特征。

最近 20 余年来，全球传媒业在新媒体技术的影响下经历着持续而剧烈的转型。以互联网为代表的传播新技术不仅对传统广播电视业的格局和生态进行着持续不断的冲击和重塑，也在极大程度上改变了广播电视媒介与社会及大众之间的关系。互联网不仅是新的文化和娱乐的提供者，也是原有的文化和娱乐形态的颠覆者。[1] 在各种媒介技术相互融合的趋势日益显著的今天，我们已不可能将广播电视与日新月异的新媒体技术区隔开来看待；各类广播电视媒介现象与传播原理也将随着媒介融合的不断深化而被进一步修正和改写。

所谓**"新媒体"**，其实是一个非常宽泛的概念，一般而言被用于指称一切以互联网和数字技术为基本介质的媒体形态。在很多学者看来，"新"

---

[1] Barrie Gunter, *Television versus the Internet: Will TV Prosper or Perish as the World Moves Online*, Chadons Publishing, 2010, p. 119.

媒体与"旧"媒体之间的差异主要体现于前者所具有的显著的交互性（interactive）色彩，"用户的选择权是新媒体技术的交互性特征的核心价值"[1]。在互联网普及的初期，新媒体仍须依托传统媒体的内容生产机制实现生存和发展，各类媒体的网络版风靡一时，网站首先是作为传统媒体的一个新奇另类的"版面""频道"存在。但随着新媒体技术的深入发展，一些脱离传统媒体范畴的原生文化形态开始在互联网的世界里生长壮大，这一态势在互联网技术迈入 Web 2.0 时代之后变得愈发明显，并在不同程度上给传统媒体带来了危机。当下主流的新媒体传播形式主要是**社交媒体**（social media），有人将其描述为"以计算机为中介，建立在用户生成内容（UGC）的创造和交换行为基础上的网络虚拟社群"[2]。在 Web 2.0 技术的驱动下，一系列新的视听内容形态得以成形、发展，并改写着传统广播电视媒介的边界和版图。

在本章中，我们着重介绍新媒体技术驱动的各种视听传播形态，及其与传统广播电视业之间的关系。

第一节　新媒体时代传播的基本概念

由于互联网拥有与传统广播电视媒介十分不同的传播方式，因此在互联网视听传播以及广播电视新媒体化的领域，也就形成了一系列与传统广播电视范畴不尽相同的新事物和新概念。在此，我们首先对这些概念进行扼要的介绍。

---

[1] Martin Lister, et al., *New Media: A Critical Introduction*, Routledge, 2009, p. 73.
[2] Andreas M. Kaplan, and Michael Haenlein, "Users of the World, Unite! The Challenges and Opportunities of Social Media," *Business Horizons*, 53 (1), 2010, p. 61.

一、音频与视频

在电子信息传播领域，**音频**（audio）和**视频**（video）多被用于指称经电子信号处理转化后的声音和图像符号。只包含声音符号的为音频，同时包含声音和图像符号的则为视频。由于经过了电子信号处理，音频和视频文件均可被很方便地播放、复制、重放以及编辑。音视频的电子信号分为模拟（analog）信号和数字（digital）信号两类。如第三章所述，数字化转型是目前全球广播电视业正在经历的一个普遍性的技术革新过程。

音视频文件中的声音和图像信息或由专门的设备（如录像机）从客观环境中采录获得，或以特定的技术手段人工合成；而受众若要对音视频文件进行收听、收看，则须根据文件的类型使用相应的播出设备（如收音机、DVD播放机）或媒体播放器（media player）对其进行解码。在互联网平台的传播过程中，受限于传输速率，音视频文件往往需要被压缩（compression），以实现在确保特定音质和画质的前提下缩小其体积、提升其流通的效率。不同的压缩方法导致了不同的音视频文件格式（format）的并存。通过互联网平台进行流通和播出的广播电视节目，在形式上即体现为不同格式的音频或视频文件。表8.1呈现的是几种目前较为主流的视频文件格式。

表 8.1 主流视频文件格式简介

格式	简介
AVI	AVI 全称为"audio video interleaved"，即音频视频交错格式，它采用的是有损压缩的方式，会对画面质量造成一定影响；主要应用于多媒体光盘，用以保存电视、电影等各类影像信息，应用渠道较为广泛，但体积通常较大
MPEG-4	MPEG 全称为"moving pictures experts group"，即动态图像专家组，MPEG-4 标准则是该专家组创立的第 4 代标准；注重多媒体系统的交互性和灵活性，主要应用于数字媒体、数字电话、数字电子邮件等领域，特点是以最少的数据获得最佳的图像质量

（续表）

格式	简介
QuickTime	QuickTime 是由苹果公司（Apple Inc.）开发的一种视频文件格式，该格式的视频文件后缀为".mov"；支持 32 位彩色以及领先的集成压缩技术，提供 150 多种视频效果，并配有包括 200 多种 MIDI 兼容音响和设备的声音装置，这是一种具备跨平台、存储空间要求小等技术特点的有损压缩编码格式
Windows Media	Windows Media 格式的视频文件的后缀为".wmv"，由美国微软公司开发并广泛适用于 Windows 操作系统，在目前的市场上占据较大的使用份额

二、流媒体

所谓**流媒体**是指将一连串的媒体数据压缩后，经过网络分段发送数据，实现对影音信息的即时传输，以满足用户不间断观赏需求的一种技术与过程。顾名思义，流媒体技术使得音视频数据得以像流水一样发送，从而实现传输和接收的同步化，用户无须在使用前下载和存储整个媒体文件。如第二章第一节所述，由于拥有上述技术优势，流媒体网站已经成为广播电视（视听传播）行业最主要的机构类型之一。

流媒体技术是从 21 世纪初开始逐渐成为网络视听内容的主流传播方式的，这主要得益于互联网带宽的迅猛增长。对于受众来说，流媒体播放自然是既节省时间又节约存储空间的接收方式；但于网络视听内容的提供者而言，对流媒体技术的采用显然意味着更高昂的运营成本，包括通信成本和存储成本。因此，提供流媒体播放服务的网站大多会对其播出的视听节目的内容进行不同程度的压缩，并对选择高清音质与画质的用户收取额外的费用。

事实上，流媒体技术在 2010 年前后即已相当成熟，但广播电视行业对这种技术的采纳经历了一个比较缓慢的过程。在美国，传统广播电视机构把以 Netflix 为代表的、技术研发出身的流媒体网站视为竞争对手，期望通过推出自有的流媒体平台与之对抗，但除了 Disney+ 等少数平台外，成功案例不多。如传媒巨头派拉蒙环球（Paramount Global）在 2014 年推出了流媒体平台 Paramount+，但直至 2020 年年底只积累了近 800 万订户，不足 Netflix 约 2 亿用户的 4%。[1] 传统广电机构附属的流媒体网站成长缓慢，这与其节目库建设过于依赖自有知识产权内容有关，而难以实现 Netflix 的"全网采购"。不过，从 2020 年开始至今，几乎所有流媒体平台都实现了订户的显著增长——这与全球新冠疫情导致的普遍性居家现象有关。在中国，流媒体网站的内容如同传统广播电视节目一样，受到国家广播电视总局和各属地广播电视监管部门的严格约束，商业流媒体网站不得独立开展直播电视业务。

三、UGC

UGC，即"user-generated content"，译成中文为"用户生成内容"，是指由其用户贡献生成网站或其他开放性媒介的内容的一种内容生产机制，是"Web 2.0"概念的组成部分之一，与传统媒介产业的专业生产内容（professional produced content，PPC）相对。

UGC 兴起于 2005 年，从这一年开始，互联网上的许多站点广泛通过用户生成的方式提供内容服务，有代表性的媒介产品包括博客、播客、维基百科、参与式新闻等，正在繁荣发展的视频分享网站也是一种十分重要的 UGC 形态。[2] 主要提供 UGC 服务的视频分享网站（如 YouTube、哔哩哔哩等）大多使用流媒体技术，但由于这类网站在内容生态上更加强调用户

---

[1] Cynthia Littleton, "Paramount Plus to Launch March 4 in U.S. and Latin America," *Variety*, January 19, 2021, https://variety.com/2021/tv/festivals/paramount-plus-streaming-debut-march-4-via-comcbs-1234887452/，2022 年 5 月 5 日访问。

[2] Marie Francine Moens, Juanzi Li, and Tat-Seng Chua, eds., *Mining User Generated Content*, CRC Press, 2014.

生产而非专业生产，与主要播出"节目"形态内容的主流流媒体网站不同，因此业界较少称其为"流媒体网站"。在 UGC 的生产环境下，网站经营者或服务提供者主要扮演监管者的角色，尤其是要尽可能避免用户自行生产、上传的内容中出现违反现行法律的内容。在大多数情况下，若 UGC 网站上承载的内容导致了法律纠纷，该网站也要负一定的连带责任。一般而言，网络用户无须为上传自己生产的内容付费，或仅需支付很少的费用；而网站则可通过广告经营或向接收这些内容的用户收费的方式盈利。

比如，中国的代表性视频分享网站哔哩哔哩（www.bilibili.com）就推出了详细的"广告分成计划"来与上传视频的用户（在哔哩哔哩被称为 UP 主）分享收益，用户只要同时满足三个条件（已加入"bilibili 创作激励计划"、近 30 天内发布自制稿件数量 ≥1、近 30 天内自制稿件总播放量 ≥40 000）就可以参与广告分成。[①]

此外，由于 UGC 与传统媒介内容生产机制相比缺少了严格的内容审核与把关环节，故其繁荣发展的过程中也出现了一些相应的问题。

比如，2022 年 1 月，全世界范围内 80 多个致力于事实核查（fact check）的机构联合发表公开信，谴责全世界最大的视频分享网站 YouTube，称其已成为传播关于新冠疫情的各类不实信息（misinformation）、虚假信息（disinformation）和恶意信息（malinformation）的主要渠道，并呼吁其领导层采取相关措施。[②] 在我国，2020 年 12 月，根据群众反映的线索，上海市"扫黄打非"工作办公室联合市委网信办、市文旅局对哔哩哔哩进行约谈，责令其限期整改两周，全面排查违法违规和不良信息。[③] 尽管各国监管政策

[①] 参见 Bilibili 网站，https://www.bilibili.com/read/cv14419783，2023 年 3 月 5 日访问。

[②] Dan Milmo, "YouTube Is Major Conduit for Fake News, Factcheckers Say," *The Guardian*, January 12, 2022, https://www.theguardian.com/technology/2022/jan/12/youtube-is-major-conduit-of-fake-news-fatcheckers-say，2023 年 3 月 5 日访问。

[③] 《哔哩哔哩被约谈和责令限期整改 2 周》，2020 年 12 月 21 日，新华网，http://www.xinhuanet.com/2020-12/21/c_1126888512.htm，2023 年 3 月 5 日访问。

不同，但在全世界范围内，呼吁视频网站改进 UGC 政策以提升网络视听内容的品质已经是一项共识。

四、OTT

OTT 服务（over-the-top media services）是指建立在基础电信服务之上，从而无须网络运营商额外支持的互联网内容或信息服务。在理论上，只要用户能够接入互联网，就可以接收到这些内容或与他人进行信息交换，而不与其选择的电信运营商发生关系。在内容传输的过程中，电信运营商仅负责数据的传输，无法对内容本身进行任何控制或限制。例如，微信就是一种 OTT 服务，手机短信则不属于 OTT 服务，而属于特定电信运营商的内容增值服务。

在互联网视听传播领域，OTT 服务是一种主流的内容服务形式，目前最具知名度和影响力的网络音视频内容供应商，包括 Netflix、YouTube、Hulu 等，几乎无一例外是 OTT 网站。尽管 OTT 服务的普及令互联网视听内容不受电信运营商的限制，但拥有数字通信基础设施网络并实力雄厚的大电信运营商还是可以通过并购电视台和网站的方式对视听内容生态施加影响。比如，康卡斯特作为美国最大的电信运营商之一，也拥有 NBC 环球和英国的天空传媒集团两大跨国传媒集团，同时还持有流媒体网站 Hulu 的 33% 的股份，是名副其实的"巨头"。用户通常可以在不同终端使用 OTT 服务，如个人电脑、智能手机和智能电视机，等等。

第二节 终端革命：智能电视机

对于传统广播电视的受众来说，内容接收终端的变化是新媒体技术对广播电视业所产生的影响中最易被察觉的部分。智能电视机的出现和日趋普及就是广播电视内容接收终端的一场重要革命。

第八章 新媒体时代的广播电视业

所谓**智能电视机**（smart TV），是指能够接入互联网并集成了 Web 2.0 技术的某些特征的电视机或外接了专门的数字视频转换盒（set-top box，STB，也可译为"机顶盒"）的电视机，是家用电脑和电视机两种终端相互融合的产物。在特定政策的支持下，一台智能电视机通常既能收听收看传统电台与电视台播出的内容，也能以检索、互动、点播等方式接收来自其他互联网内容供应商提供的音视频节目内容。[1] 在智能电视机中，生产者往往预装了相应的操作系统和一系列软件或应用，用户亦可像使用家用电脑和手机一样从指定的网站下载系统支持的软件或应用。当然，在 Web 2.0 技术的支持下，智能电视机的用户不仅可以观看节目，而且可以对节目和服务做出实时反馈，甚至与其他使用者进行线上社交。

尽管世界上第一个智能电视机专利早在 1994 年便诞生了，但直到数字电视技术基本成熟的 2010 年前后，智能电视机才开始大规模批量生产。谷歌的 Google TV 和苹果的 Apple TV 则是最早获得行业领先地位的智能电视终端。从 2015 年开始，包括索尼、三星在内的多个知名传统电器厂商也开始全面涉足智能电视产品竞争领域。目前，在世界上的很多国家，智能电视机已经取代传统电视机成为家用电视机的主流，其因融合了广播电视节目、音视频内容点播、线上游戏、线上音乐、电视购物等多种家庭娱乐功能，极大地改变了传统电视时代形成的家庭休闲模式。数据显示，2018 年，美国已有 68% 的家庭拥有可联网的电视机，而当时订阅了至少一个流媒体网站内容的家庭比例则为 67%，这意味着智能电视机与流媒体网站的普及趋势大体同步。[2] 在中国，统计数据显示，2020 年智能电视机用户的

---

[1] Carmi Levy, "Future of Television Is Online and On-demand," *Toronto Star*, October 15, 2010.
[2] Jon Lafayette, "Traditional TV Still Sinking in Stream of Digital Video," March 19, 2019, Next TV website, https://www.nexttv.com/news/traditional-tv-still-sinking-in-stream-of-digital-video, 2022 年 7 月 8 日访问。

277

数量达到 2.55 亿，为 2016 年用户数量的 3.27 倍。[①] 有人甚至将智能电视机的出现称为"起居室里的技术革命"，并预言其"不仅会让电视变得更具交互性，也能让看电视这一行为日益深刻地成为一种社会经验"。[②]

　　智能电视机的迅猛发展与流媒体网站、OTT 服务的崛起相互促进，给传统广播电视业态带来了巨大的挑战。目前，在内容生产上，除新闻等为数不多的节目类型外，传统广播电视机构已不具备相对于流媒体网站的优势，这迫使前者面对现实：要么与成熟的流媒体网站合作，要么斥巨资打造自有流媒体播放平台。表 8.2 即中外一些代表性广播电视机构自主建设流媒体网站平台的概况。此外，一些国家对于网络节目内容的监管也是智能电视机发展中的一个重要的影响因素。例如，早在 2011 年，中国国家广播电影电视总局办公厅就印发了 181 号文件，明确各 STB 终端必须与政府许可的 7 家牌照持有者[③]合作，不能有其他访问互联网的通道，也不能与网络运营企业的数据库进行连接；而 7 家牌照商提供的互联网内容也必须经过严格审定方可在电视机上播放。2014 年 7 月 17 日，国家新闻出版广电总局再一次强调，"商业网站以节目服务平台形式，与牌照商进行服务专区合作，是总局坚决不允许的合作模式"，因此小米、乐视、天猫等中国市场上的流行 STB 终端取消了直播电视、回放电视、链接其他商业视频网站等功能。[④]

[①] 参见 Statista，https://www.statista.com/statistics/1279080/china-number-of-active-smart-tv-users/，2022 年 7 月 8 日访问。

[②] Michael de Kare-Silver, *E-shock 2020: How the Digital Technology Revolution Is Changing Business and All Our Lives*, Palgrave Macmillan, 2011, p. 73.

[③] 分别为：银河互联（GITV）、国广东方（CIBN）、未来电视（CNTV）、南方传媒（SMC）、华数 TV（WASU）、芒果 TV（MGTV）、百事通（BesTV）。

[④] 郭晶晶：《解读电视盒子禁令：只针对互联网盒子》，《成都商报》2014 年 7 月 25 日第 30 版。

表8.2 传统广播电视机构自建流媒体平台情况

机构名称	流媒体平台	上线日期	网址
派拉蒙环球（拥有CBS）	Paramount+	2014.10	www.paramountplus.com
迪士尼（拥有ABC）	Disney+	2019.11	www.disneyplus.com
NBC环球（拥有NBC）	Peacock	2020.04	www.peacocktv.com
福克斯（拥有Fox）	Tubi	2014.04	www.tubitv.com
华纳兄弟探索（拥有HBO）	HBO Max	2020.05	www.hbomax.com
中央广播电视总台（拥有中央电视台）	CCTV新视听	2019.09	www.chinaott.com
湖南广播电视台（拥有湖南卫视）	芒果TV	2014.04	www.mgtv.com

尽管仍受到多方面因素的掣肘，学者和从业者们普遍认为，智能电视机的普及将是一场从终端开始、逐步对传统广播电视行业进行颠覆与重塑的革命。对此，BBC的新媒体与技术总监阿什利·海菲尔德（Ashley Highfield）的评述很有代表性："与今日的电视相比，未来的电视或许是面目全非的，因为传统电视频道的线性播出方式以及由电视行业决策者预先设计好的节目编排方针将为变化万千、数量浩繁的流媒体内容所取代……传统广播电视机构的内容势必要同用户自己生产的内容交织在一起……过去那种广播电视网'高高在上'而观众只能'感激涕零'的传受关系则将土崩瓦解。"[1]

---

[1] Jeremy Orlebar, *The Television Handbook*, Routledge, 2011, p. 8.

第三节　渠道革命：网络广播电视

网络广播电视（online radio/television 或 webcast）是传统广播电视进行新媒体转型的重要形式，主要是指广播电视内容借助互联网平台抵达受众的一种传播模式，这种传播模式将互联网视为继无线、有线和卫星传输之后的一种新的内容传输渠道。需要指出的是，这里的"广播电视内容"不仅包括传统电台和电视台播出过的内容，也包括各类广播电视节目制作机构和个人生产的、仅以互联网为播出平台的音视频内容产品。这些网络原生内容产品中的很大一部分因采取了与传统广播电视节目十分相似的形态也被称为"节目"；这些特殊的节目或许从未在电台或电视台播出过，却被视为广播电视节目文化在互联网世界中的延续。

由于互联网日趋深入人们的日常生活已是一种不可逆转的趋势，因此对于广播电视业来说，将互联网纳入自身的信息传播系统也是一条必由之路。早在 20 世纪 90 年代中期，世界上主要的广播电视机构便已开始了将全部或部分节目内容进行数字化转换并用于网络播出的工作。现在，人们已经可以毫无困难地通过互联网接触到世界上主要广播电视机构的节目内容，这无疑丰富了广播电视的信息传播渠道，扩大了广播电视媒体的社会影响力。但与此同时，随着网络传播技术的进一步发展，尤其是宽带互联网的普及，越来越多来自非传统广播电视行业的互联网使用者也加入了网络节目内容生产的队伍，他们将自己的身份从"受众"转变为"生产者"，而各类新兴的网络音视频 UGC 平台则为其生产的内容提供了承载空间。互联网世界里的视听内容在数量上进入了几何级增长的阶段，这一状况又不可避免地对传统广播电视媒体"一家独大"的人类视听传播格局构成了挑战。

总体而言，视听内容主要通过四种平台实现网络传播：节目点播网站、综合性流媒体网站、音视频分享网站、音乐流媒体网站。需要强调的

第八章　新媒体时代的广播电视业

是，这四种平台并不是泾渭分明的，而是在技术、机构和产业上存在复杂的交叉。比如，无论什么类型的网站，其实都建基于通用的流媒体技术标准，因而都可以算作"流媒体网站"；而音视频分享网站尽管以 UGC 内容为主，却也往往兼有点播传统广播电视节目的功能。因此，这种分类更多是一种行业内的约定俗成。

一、节目点播网站

通过互联网点播传统广播电视节目的服务主要是依托传统广播电视机构创办的网站实现的。借助自身在内容生产领域积累的经验和名望，以及坐拥大量版权节目资源的优势，传统广播电视机构从 20 世纪 90 年代起，通过自己创建的网站对自身拥有知识产权的节目进行网络播出或发售，以寻求新的利润增长点，这是一种将互联网纳入广播电视节目发行渠道的行之有效的手段。

传统广播电视网站几乎是伴随着第一代互联网技术的普及诞生的。英国广播公司（BBC）早在 1994 年便开始将其在传统平台播出的广播电视节目上传至线上播出，后于 1997 年正式推出了官方网站 BBC Online（其间一度更名为 BBCi，网址为 www.bbc.co.uk）。BBC Online 是目前全世界范围内最为知名的传统广播电视节目网络播出平台之一，集成了新闻（BBC News）、体育（BBC Sport）、节目点播（BBC iPlayer）、儿童节目（CBeebies）以及教学类节目（Bitesize）等各种内容服务。其中尤以 2007 年 12 月 25 日正式上线的广播电视节目点播服务 BBC iPlayer 最为知名，英国境内的用户可以通过多种终端，包括家用电脑和各式各样的移动上网设备，使用这项服务。从 2011 年 2 月开始，用户甚至可以使用 BBC iPlayer 检索英国其他电视台的节目，点击之后则会自动链接至相应的电视台网站。用户可以通过 BBC iPlayer 回看 BBC 在过去 7—30 天内播出的节目（因节目类型和版权协议的不同而有差异），但大多数新闻视频则只可在服务器上保存

24 小时。[1]

  BBC Online 已是 BBC 不可分割的一部分。2010 年的数据显示，该网站每个月平均收到 1.23 亿次点播请求，其中三分之二为电视节目点播，三分之一为电台节目点播；至 2012 年，英国有 40% 的成年网络用户通过 BBC 的网站点播节目。[2] 不过，由于 BBC Online 的运营经费主要来自英国广播电视受众的收听收视费，故只有英国国内的 IP 地址可以通过 BBC iPlayer 点播收看完整的、无插播广告的电视节目；电台节目则大多不受此限制，世界各地的听众均可点播收听。2011 年 7 月，BBC 推出了国际版点播服务平台 BBC Global iPlayer，面向 11 个西欧国家开放，这些国家的互联网用户可以通过该服务的 iPad 应用收看一定数量的含广告的节目，且需要付费。2015 年 5 月，BBC 宣布关闭其国际点播服务。

  在美国，各大广播电视网也纷纷创建网络平台，提供节目点播服务，甚至推出了专门的网络频道，进行专业化的网络节目生产。例如，哥伦比亚广播公司（CBS）于 2014 年 11 月 6 日推出了网络电视新闻频道 CBSN，甫一降生就成为 CNN、MSNBC、Fox News 等有线电视新闻频道的有力竞争对手；其收看方式也很便捷：用户只需使用任何一种合法的终端登录 CBS 的官方网站，就可以看到该频道的节目。作为一个新闻频道，CBSN 和其他传统电视新闻频道一样拥有自己固定的节目编排顺序和时间表；但与此同时，用户也可以通过点播服务收看 CBS 全国频道以往播出过的节目。[3] 至于老牌有线电视新闻频道 CNN，则早在 2005 年 12 月 5 日就推出了在线

---

 ① Dan Taylor Watt, "Rolling out 30 Day Programme Availability on BBC iPlayer," October 5, 2014, BBC Online, http://www.bbc.co.uk/blogs/internet/entries/8518caee-e777-3780-ad36-606d9a1d4be7, 2018 年 5 月 7 日访问。

 ② Tim Bradshaw, "BBC Expects Olympics to Usher in New TV Age," *Financial Times*, March 6, 2012.

 ③ "CBS Debuts CBSN Interactive Streaming News," December 6, 2014, TVNewsCheck website, http://www.tvnewscheck.com/article/80611/cbs-debuts-cbsn-interactive-streaming-news, 2018 年 8 月 16 日访问。

第八章 新媒体时代的广播电视业

节目播放与点播平台 CNN Pipeline，但出于种种原因于 2007 年 6 月 27 日将其关闭，此后用户只能通过 CNN 官方网站（www.cnn.com）的视频专区观看节目片段。2014 年 9 月 30 日，CNN 推出了新的网络点播平台 CNNGo（www.go.cnn.com），不过由于 CNN 是付费有线频道，故用户必须在登录界面输入自己作为其订户的用户名和密码，方能收看全部节目。此外，美国著名的付费有线影视专业电视频道 HBO 曾先后于 2010 年 2 月 8 日和 2015 年 4 月 7 日推出了两个在线节目点播服务平台 HBO Go（www.hbogo.com）和 HBO Now（www.hbonow.com），前者可供 HBO 既有订户点播该电视频道播出过的节目，后者则是面向所有网络用户的付费点播平台，非 HBO 订户也能通过付费的方式点播观看 HBO 资料库中的节目。2020 年 5 月 HBO 全新流媒体平台 HBO Max 上线后，以上点播服务相继被中止并整合进 HBO Max 平台。

不过，早期影响力最大的传统广播电视节目点播网站当属成立于 2006 年的 Hulu（www.hulu.com），该网站最初是由美国四大电视网中的三家——NBC、Fox 和 ABC 合资创办的，其持股比例分别为 32%、36% 和 32%。Hulu 的点播服务以传统电视平台播出的节目为主，用户可以通过家用电脑在上述三大电视网及一些与之有合作关系的有线频道的节目播出后的第二天，对这些节目进行在线流媒体收看。此外，从 2010 年 11 月 17 日开始，该网站正式推出订阅服务，付费订户不但可以收看三大电视网正在播出的节目，而且可以点播以往播出过的节目。至 2023 年 4 月，Hulu 已经拥有 4820 万付费用户[1]，收费标准有每月 7.99 美元和每月 11.99 美元两档，选择后面一档的用户可以观看无插播广告的节目[2]。一些著名的电视节目，如成人动画片《南方公园》，甚至选择 Hulu 为其独家网络播出平

---

[1] Jennifer Maas, "Disney⁺ Sheds 4 Million Subscribers in Second Straight Quarterly Drop, Streaming Losses Narrow by 26%," *Variety*, May 10, 2023, https://variety.com/2023/tv/news/disney-plus-subscribers-q2-earnings-1235607524/，2023 年 8 月 5 日访问。

[2] "About Hulu," Hulu website, http://www.hulu.com/press/about, 2018 年 8 月 7 日访问。

台。2019年3月，ABC的母公司迪士尼通过并购的方式全面控股Hulu，Hulu也逐渐摆脱依附传统电视网的成长路径，迅速转型为与Netflix、Amazon Prime Video类似的综合性流媒体网站。2022年3月，Hulu的创始机构NBC宣布将自己的版权节目全部撤出Hulu平台，改在NBC环球的Peacock平台上线，标志着Hulu与传统电视节目点播服务的进一步"解绑"。

在中国，依托传统广播电视机构创建的广播电视内容网站的发展也相当繁荣。比如，中央广播电视总台旗下三家广播电视机构均通过自己的官方网站——央视网、央广网、国际在线提供节目直播和点播服务。其中，创办于1996年的央视网是具有国际知名度的综合性媒体网站，观众可以在任何时间、任何地点通过央视网观看中央电视台所有频道的直播节目，以及点播往期节目。

二、综合性流媒体网站

所谓**综合性流媒体网站**，是指不完全依附传统广播电视机构的OTT服务内容网站。这些网站既可通过购买版权的方式播出传统广播电视平台上播出过的节目，亦可播出其直接从节目制作者处购买的节目或自制的节目，即网络节目。

与林林总总的传统节目点播网站相比，独立综合性流媒体网站数量仍不多。目前，全球范围内影响力最大的综合性流媒体网站当属美国的Netflix（www.netflix.com）。该网站创办于1997年，最初从事全美范围内的影视DVD租借邮寄服务，从2007年开始转型成为在线视频内容供应商。2022年4月的统计数据显示，该网站在全球范围内总计拥有超过2.2亿付费订户，以及190余个国家或地区的播出市场；其2021年的经营总收入达到297亿美元，超过所有传统电视网和电影发行公司。[①] 在内容上，Netflix

---

[①] 参见Statista website，https://www.statista.com/statistics/273883/netflixs-quarterly-revenue/#:~:text=The%20company´s%20annual%20revenue%20in，enjoyed%20over%20the%20last%20decade，2022年8月9日访问。

主要通过与美国国内众多传统影视制播机构，如电视网、有线电视台和制片公司等合作的方式来充实自己的资料库。目前，与 Netflix 进行内容合作的传统电视网和有线台包括 NBC、CBS、ABC、Fox、HBO、TBS、TNT、Cartoon Network 等；而好莱坞的诸多著名制片公司，如华纳兄弟、迪士尼、皮克斯（Pixar）、梦工厂（DreamWorks）、索尼影业等，也与 Netflix 之间保持着不同类型的合作关系。此外，Netflix 还集中力量发展自制节目，从 2013 年开始相继推出了一系列十分成功的网络剧，包括《纸牌屋》、《女子监狱》、《马男波杰克》（*BoJack Horseman*）和《怪奇物语》（*Stranger Things*）等。Netflix 正日渐成为美国继传统电视网之后一个新的具有全国性影响力的广播电视内容播出平台。

除脱胎于传统音像行业的 Netflix 外，一些高科技互联网公司也借助自身的技术优势纷纷涉足网络节目点播服务领域，代表性的平台包括全球电子商务巨头亚马逊于 2006 年 9 月推出的 Amazon Prime Video（www.primevideo.com）以及苹果公司于 2019 年 11 月推出的 Apple TV+（www.apple.com/tm/apple-tv-plus）等。此外，康卡斯特旗下的 XUMO（corp.xumo.com），以及英国两家老牌广播电视机构 BBC 和 ITV 共同投资的 BritBox（www.britbox.com）也呈现出良好的发展态势。但总体而言，全球流媒体行业日益呈现为寡头垄断格局，Nefflix、Disney+、Amazon Prime Video 等少数几个实力雄厚的平台引领着全行业的发展。

与传统广播电视机构相比，综合性流媒体网站具有一个天然的劣势，那就是缺乏拥有数量众多、种类丰富的版权节目的资料库的支持，因此不得不通过与传统广播电视机构展开合作的方式来获取使用其内容资源的权限。但这一劣势也可在特定情况下转化为广播电视和互联网音视频行业的一个新的增长点，那就是网站自制及网站独播节目的兴起。对此，我们将在后文中详细介绍。

三、音视频分享网站

音视频分享网站（audio/video sharing website）是指提供用户自行上传音视频内容并与全球用户共享服务的社交媒体网站，是 Web 2.0 时代最重要的 UGC 媒介形态之一，也是如今人们获取视听服务最主要的途径之一。音视频分享网站的内容除用于用户针对性访问收听收看外，还可借由链接共享（link sharing）的方式，借助 Twitter、Facebook、微博、微信等综合性社交平台，实现"病毒式"的扩散传播，甫一诞生，就成为传统广播电视机构的"必争之地"。尽管同样是使用流媒体技术实现内容播出，但与 Netflix 等综合性流媒体网站相比，音视频分享网站体现出三方面的独特性：(1) 以 UGC 为主要内容生产模式；(2) 内容大多为免费，并通过在内容中插播广告盈利；(3) 内容形式多样且较为碎片化。

目前全球最大的视频分享网站是成立于 2005 年 2 月 14 日、总部位于美国加州的 YouTube（www.youtube.com），其母公司则为全球搜索引擎巨头 Alphabet。早在 2010 年 5 月，便有媒体报道，刚刚创立 5 年的 YouTube 已实现平均每天可提供超过 20 亿个视频作品供用户自由观看，其用户数是美国三大电视网黄金时段观众人数的近两倍[1]；到了 2012 年 1 月，YouTube 平均每日提供视频作品数翻了一番，变成 40 亿[2]。2022 年 1 月的数据显示，YouTube 的月活用户数达到 25.62 亿，位居全球所有网站排名的第二位，仅次于 Facebook；而每分钟由用户自行上传的视频时长则达 500 小时；与此同时，YouTube 还拥有专门播出传统电视节目的流媒体应

---

[1] AFP, "Five-year-old YouTube Serves up Two Billion Video Daily," *The Independent*, May 17, 2010.

[2] Alexei Oreskovic, "YouTube Hits 4 Billion Daily Video Views," *Reuters*, January 23, 2012.

用 YouTube TV（tv.youtube.com）。① 照此看来，YouTube 已经成为全球范围内影响力最大的视频内容提供者之一。

与前面提到的两类网站不同，YouTube 是典型的社交媒体，其运作的核心理念体现为普通互联网用户的视频（也包括音频）内容生产和交换行为，而不仅仅是对传统形态的广播电视节目的放送或点播。因此，传统广播电视机构若要将 YouTube 当作一个新的节目传播渠道，也必须如同普通用户一样注册账号并自行上传，同时也要和其他用户一样确保自己上传的视频不违反现行法律。目前，YouTube 并不会对用户上传的视频进行版权上的审查，但若哪位用户因上传非法内容而被版权持有者成功投诉超过三次，YouTube 会将该用户上传的所有视频一并删除。②

此外，YouTube 是一种社交媒体，用户之间的互动以及用户对视频的评论在 YouTube 所提供的服务中扮演了十分重要的角色。对于传统广播电视机构来说，以 YouTube 为代表的视频分享网站的主要功用在于扩大机构自身的知名度以及吸引人们的关注和讨论，因此其上传至 YouTube 的视频以节目片段，尤其是新闻节目片段（news clips）为主。同时，电影和电视剧的预告片在 YouTube 上也较为常见。值得一提的是，一些中国的传统广播电视机构将 YouTube 视为向华侨华人提供节目服务的重要平台，故观众可以在 YouTube 上看到很多完整的中国电视节目。如浙江卫视即于 2015 年 9 月开设了 YouTube 官方频道，用户可以在此观看《奔跑吧》《王牌对王牌》等综艺节目。③

除 YouTube 外，总部位于美国纽约的 Vimeo（www.vimeo.com）和总

---

① Alex Weprin, "YouTube Ad Revenue Top ＄8.6B, Beating Netflix in the Quarter," *The Hollywood Reporter*, February 1, 2022, https://www.hollywoodreporter.com/business/digital/youtube-ad-revenue-tops-8-6b-beating-netflix-in-the-quarter-1235085391/，2023 年 3 月 5 日访问。

② "Is YouTube's Three-strike Rule Fair to Users?" May 21, 2010, BBC website, http://news.bbc.co.uk/2/hi/programmes/click_online/8696716.stm，2023 年 3 月 5 日访问。

③ 参见 https://www.youtube.com/c/zhejiangtv，2022 年 6 月 15 日访问。

部位于旧金山的 Crunchyroll（www.crunchyroll.com）也是拥有一定影响力的视频分享网站。Vimeo 创办于 2004 年 11 月，于 2007 年 10 月成为全世界第一家支持高清视频上传和播放的网站。[1] 从 2016 年开始，Vimeo 又成为世界上第一家提供 4K 播放技术的视频网站。而成立于 2006 年的 Crunchyroll 则是一个专事东亚地区视频内容交流分享的网络平台，尤以动画最为知名。2021 年 8 月的数据显示，Crunchyroll 总计拥有约 500 万付费用户[2]，同时该网站业已涉足动画片制作领域。

在中国，视频分享网站从 2003 年开始经历了蓬勃的发展过程，目前影响力最大的平台包括哔哩哔哩（www.bilibili.com）等；而优酷、爱奇艺等早期的代表性 UGC 网站则已基本转型为综合性流媒体网站。与美国的情况不同，中国的视频分享网站往往兼具多种经营特色，不仅提供用户生成内容的播放与交流服务，也通过购买播放权的方式播出传统广播电视机构制作的节目，并参与网络原创节目的制作。比如，2022 年 2 月，哔哩哔哩就正式引进播出经典美剧《老友记》。因此，中国的视频网站更像是 Netflix 与 YouTube 的集合体，这体现出中国广播电视业在体制和文化上与西方国家不同。目前，除湖南卫视等少数机构外，绝大多数传统影视机构均将商业视频网站作为节目传播与发行的一个渠道，如 2021 年央视一套首播献礼建党 100 周年的电视剧《觉醒年代》就实现了在爱奇艺和优酷两个网站同步播出，以覆盖全部青年观众群体。[3]

从经营方式上看，广告和付费订阅是视频分享网站主要的盈利模式。YouTube 从诞生之日起便坚持对用户免费的策略，故广告收入成为其主要

---

[1] Peter Lauria, "Video-sharing Website Goes High-def," *New York Post*, October 16, 2007.

[2] 参见 Statista website，https://www.statista.com/statistics/594952/crunchyroll-users/，2023 年 8 月 5 日访问。

[3]《从〈觉醒年代〉到〈大决战〉：党史剧创新表达年轻人同频共振》，2021 年 7 月 30 日，新华网，http://www.xinhuanet.com/ent/20210730/2f5e915cabe34e29b119a70f3c5930e8/c.html，2021 年 12 月 12 日访问。

的经济来源，具体经营方式则是 YouTube 与超过 100 万注册为其广告合作伙伴的视频生产者分享广告收益。2013 年的数据显示，YouTube 的广告收费标准大约为每 1000 点击量 7.6 美元，YouTube 分得其中的 45%。[①] 不过从 2013 年 5 月起，YouTube 开始推出一些付费订阅频道，以应对 Netflix 和 Hulu 等网站的竞争，每月收费从 0.99 美元到 6.99 美元不等。[②] Vimeo 则早在 2008 年 10 月即推出了每月 9.95 美元、每年 59.95 美元的收费计划 Vimeo Plus，付费用户不但可以免受广告打扰，而且可以享受诸多免费用户无法拥有的服务。

除视频分享网站外，音频分享网站也拥有特定的发展空间。例如，2012 年创建于中国上海的喜马拉雅（www.ximalaya.com），就是一个专为网络用户提供自制音频节目上传播出以及个人电台创建服务的音频分享网站。

四、音乐流媒体网站

音乐流媒体网站（music streaming website）是网络广播或播客（online radio/podcast）的一种形式，其以近似电台广播的方式，为网络用户提供音乐内容播放服务。音乐流媒体网站的运作模式与 Netflix 等独立点播网站类似，主要通过与唱片公司或其他传统音像机构合作的方式，为用户提供规模庞大、品种繁多的音乐资料库，供用户点播收听。由于用户对于电台广播或音乐的接收总体呈现为一种伴随状态，故音乐流媒体网站比各类视频网站更强调移动终端的支持。

目前，音乐流媒体网站有两种主流的传播方式。第一种为自由点播式，以总部位于瑞典的 Spotify（www.spotify.com）为代表。该网站成立于

[①] Leslie Kaufman, "Chasing Their Star, on YouTube," *The New York Times*, February 1, 2014.

[②] "YouTube Launches Pay-to-watch Subscription Channels," May 9, 2013, BBC website, http://www.bbc.com/news/business-22474715，2020 年 3 月 7 日访问。

2008年10月7日，至2022年8月已拥有4.22亿活跃用户，其中包括1.82亿付费用户，服务范围涵盖180余个国家和地区。① Spotify为用户提供了十分丰富的曲库，供其自由点播收听；用户更可通过曲名、表演者、专辑名称、类型等关键词在曲库进行搜索。免费用户在点播的同时须接收广告信息，付费用户则不但可以免受广告打扰，而且能够收听高音质版本的音乐以及将音乐下载至终端、进行离线收听。Spotify在美国的收费标准是每个月9.99美元。

第二种为集成播放式，以美国的**Pandora**（www.pandora.com）为代表。该网站成立于2000年，至2021年已拥有5590万月活用户，其中包括640万付费用户。② Pandora的用户不能对音乐进行自由点播，而只能根据自己的音乐类型和风格偏好收听网站预先编排好的推荐曲目，其接收方式与传统音乐电台十分相似。与此同时，用户可以从自己的收听体验出发，对网站推荐的曲目给出肯定或否定的反馈，网站则会根据用户的反馈对自己推送的曲目进行调整。

此外，科技巨头苹果公司于2013年9月18日推出的iTunes Radio也采用了与Pandora相同的播放方式，2015年6月30日，苹果公司将该项服务整合至新的综合性流媒体播放网站Apple Music（music.apple.com）中。Apple Music同时提供自由点播和集成播放两种服务，用户既可在曲库中任意点播收听歌曲，亦可选择收听网站推荐的某一类型的曲目。在三个月的免费试用期结束后，Apple Music于2015年9月正式开始收费，个人月费为9.99美元，家庭月费则为14.99美元，至2022年2月已拥有9800万付

---

① 参见Spotify website，https://newsroom.spotify.com/company-info，2022年7月15日访问。
② 参见Stuart Dredge, "Pandora ended Q1 2021 with 55.9m Monthly Active Listeners," *Music Ally*, April 29, 2021, https://musically.com/2021/04/29/pandora-ended-q1-2021-with-55-9m-monthly-active-listeners/，2023年8月5日访问。

费用户，进入全世界 160 余个国家和地区。①

除 Spotify、Pandora 和 Apply Music 外，其他具有较大影响力的流媒体音乐网站还包括 iHeartRadio（www.iheartradio.com）以及中国两家互联网公司分别创办的网易云音乐（www.music.163.com）和 QQ 音乐（y.qq.com）等。

第四节　内容革命：网络节目

新媒体技术对传统广播电视业产生的另一个重要的影响,是电台和电视台不再是节目唯一或首要的播出渠道。一种完全以上述几类网络平台为播出渠道的视听内容生产模式近年来渐趋成熟。在这种生产模式中，各类传统、独立或社交化的广播电视内容网站开始扮演与传统电台和电视台十分类似的角色，它们通过购买或订制等方式，直接从制片机构获得节目，并独立进行节目的首轮播出和发行；一些网站甚至也参与节目的制作，兼有制片方和发行方两个身份。这类基本摆脱了对传统广播电视播出渠道的依赖、首要通过互联网进行传播的节目，即**网络节目**；其中，最具影响力的一类节目则为网络剧，在中国亦被称为网络自制剧。

一、网络节目发展概况

总体而言，网络节目的发展大致经历了个人化、商业化与机制化三个阶段。

尽管最早的、真正意义上的网络节目 1995 年便出现于美国，但在相当长的时间里，网络节目仅仅是业余视频制作爱好者自娱自乐的作品，没有显著的社会影响力。由于电视媒介在 20 世纪 90 年代仍占据着毋庸置疑的

---

① 参见 Statista website，https://www.statista.com/statistics/604959/number-of-apple-music-subscribers/，2022 年 7 月 15 日访问。

强势地位，再加上当时的主流家庭网络带宽不足以支持大容量视频内容的上传和播出，故 2003 年以前，网络节目始终未实现突破性的发展。

2003 年微软公司推出 MSN Video 服务是网络节目开始进入商业化时代的标志，网络用户自制的节目伴随着即时通信和社交媒体技术的发展而日趋繁荣。2005 年诞生的视频分享网站 YouTube 不仅自然而然地成为大量网络节目的集散地和热点平台，也为这些被排除于主流电视播出体系之外的节目提供了自我展示的空间和可盈利的商业模式。这一时期出现的一些广受欢迎的网络剧，如《红对蓝》（*Red vs. Blue*）和《山姆有七个朋友》（*Sam Has 7 Friends*）等，大多以 YouTube 为播出平台。网络节目在这一时期仍首要是作为一种网络亚文化的形态存在的，其在影响力上完全无法与传统电视节目相抗衡。

2011 年前后，随着实力雄厚的内容点播网站 Hulu 和 Netflix 开始涉足网络节目制播与发行，网络节目这一新兴的互联网视听内容形态进入了一个更为成熟、更为专业化、更为机制化的发展时期。其中，Netflix 的《纸牌屋》因其在商业和美学上所取得的巨大成功而被视为美国网络节目发展的里程碑。仅 2013 年，Netflix 便以三部原创网络剧赢得了美国电视艺术最高奖"艾美奖"的 14 项提名。研究者认为，正是由于其成功的原创节目制播活动，Netflix 已被视为美国的一个全新的"电视网"。[①] 此外，Netflix 在商业上的成功亦是造成网络节目的制作成本大大提高的重要原因，其于 2014 年 12 月 12 日首播的《马可·波罗》（*Marco Polo*）第一季 10 集的总制作成本高达 9000 万美元，成为美国电视史上造价最为昂贵的剧集之一。[②]

[①] Jeff Ulin, *The Business of Media Distribution: Monetizing Film, TV and Video Content*, CRC Press, 2013, p. 433.

[②] Lisa Eadicicco, "Netflix Is Creating One of the Most Expensive TV Shows in the World: Here's Why It's So important," November 30, 2014, Business Insider website, http://uk.businessinsider.com/netflix-marco-polo-tv-sho w-budget-2014–11？r=US&IR=T，2018 年 7 月 30 日访问。

目前，YouTube 和 Netflix 是美国最大的两个网络节目播出平台。前者播出的多为小成本节目，类型繁多，且风格与传统电视节目有较大不同，创新性乃至先锋性色彩更为鲜明。而后者则成为"准电视网"，以播出成本高昂、制作精良且内容和形式均与传统电视剧极为相近的网络节目著称。一些成功的网络节目甚至会因其在观众中极高的知名度而实现"回流"，被传统电视频道购买播出，如 2012—2013 年曾在视频网站 Yahoo! Screen（已于 2016 年 1 月关闭服务）播出的网络剧《燃烧的爱》（*Burning Love*），就因其出色的收视表现而被美国著名的有线电视娱乐频道 E! 购买播出。[①]

在中国，网络节目从 2006 年开始零星出现，至 2014 年实现爆发式的发展，这一年全年共涌现出超过 50 部有较大影响力的网络剧，达到 1200 多集的总体量。据行业调查机构骨朵传媒统计，仅 2015 年 10 月一个月，全网即播出 90 部网络剧，其中在播剧 40 部、新增剧 32 部、完结剧 18 部。[②] 短短一年间，中国网络剧的增量、增速和发展态势之迅猛，均令人瞩目。目前，中国几乎所有的视频网站均涉足网络节目的制作和播出，网络剧和网络综艺是最常见的两种节目形态，其中，《万万没想到》（优酷网）、《创造 101》（腾讯视频）、《乐队的夏天》（爱奇艺）等节目则在不同时间段成为中国互联网流行文化的代表。数据显示，截至 2020 年 12 月，中国网络视听用户规模达到 9.44 亿，泛网络视听年产业规模则突破 6000 亿元。[③]

[①] Mandi Bierly, "*Burning Love* Comes to E!" *Entertainment Weekly*, January 28, 2013.

[②] 骨朵网络剧：《2015 年 10 月全网网络剧数据统计报告》，2015 年 11 月 19 日，流媒体网，http://lmtv.com/mzw/content/detail/id/123614，2023 年 6 月 8 日访问。

[③] 《报告显示：我国网络视听用户规模达 9.44 亿 泛网络视听产业突破 6000 亿元》，2021 年 6 月 3 日，新华网，http://www.xinhuanet.com/info/2021-06/03/c_139986489.htm，2022 年 7 月 1 日访问。

二、技术对内容的影响

由于网络节目与传统广播电视节目之间最主要的差异体现在平台和渠道的区别上，因此在对网络节目进行观察和研究的过程中，一个十分重要的话题就是：与传统广播电视媒介技术显著不同的互联网技术究竟对其原生的内容（网络节目）产生了何种影响？

显而易见，互联网平台的某些技术属性使得网络节目在内容和形态上均呈现出一些与传统广播电视节目不尽相同的特点。一方面，传统电视台播出的单期节目的时长由于受时段和插播广告的限制往往较为固定，但网站播出则不受此限制，如从 2020 年开始在 YouTube 播出的网络剧《蝴蝶》（*Butterflies*）单集的时长即从 3 分钟到 15 分钟不等，而著名的《纸牌屋》单集的时长在 43—59 分钟之间波动。另一方面，时间的灵活性带来了信息容量和叙事方式的灵活性，必然预示着网络节目在不久的将来或形成与传统广播电视节目不尽相同的文化。另外，一些因内容另类而难以被主流电视网或电视频道所接受的节目，也往往选择通过网络来实现播出甚至盈利。如美国青年电视制片人戴恩·伯迪希海默（Dane Boedigheimer）即选择不设准入门槛的 YouTube 为其制作的带有浓烈的黑色幽默色彩的荒诞动画片《恼人的橙子》（*Annoying Orange*）的唯一播出平台，从 2009 年 10 月至 2022 年 7 月，该剧已连续播出了 14 季 701 集，拥有 1130 万订阅者。[①]

一种流行的观点认为，技术与文化是演进方向完全相反的两种力量：前者求新求变，后者则倾向维护价值内核的稳定。因此，有研究者提出了一个命题：技术令文化发生位移（technology displaces culture）。[②] 这一观点

[①] 参见 https://www.youtube.com/c/AnnoyingOrange，2023 年 3 月 5 日访问。

[②] Mieczystaw Murasakiewicz, "Mobile Society, Technology, and Culture," in Wojciech Cellary, and Arun Lyengar, eds., *Internet Technologies: Applications and Societal Impact*, Kluwer Academic Publishers, 2002, p. 188.

固然有过犹不及之处，但它恰如其分地强调了一个道理：在对包括网络节目在内的新型互联网文化形态进行考察的时候，不可忽视技术在其中扮演的角色。总体而言，我们可以归纳出，互联网技术三方面的特征对原生网络节目内容产生了有力的影响和塑造作用。

（一）对日常生活的高度嵌入性

网络技术对日常生活的高度嵌入性，使得网络节目的文化呈现出显著的现实指涉色彩。如果说传统媒介是位于人和社会现实之间的"拟态环境"，那么互联网技术则在很大程度上消弭了媒介与真正意义上的社会现实之间的界限；如果说广播电视赋予受众的是一种自外而内的"获得型文化"，那么互联网赋予受众的则是一种与现实生活重合度极高的"体验型文化"。互联网不仅是外加于人的一种媒介，也是越来越多人从事社会活动的直接空间：他们不但在互联网的世界里参与娱乐、学习知识、获取新闻，还将传统的社交模式、消费行为与情感体验完全互联网化。因此，一档网络节目的成功与否，在很大程度上取决于能否令观看者产生一种与真实社会生活高度契合乃至高度重合的体验。这种体验无疑是互联网化的，但它同时也是真实的，与传统广播电视节目所传导的那种带有隔绝与幻想色彩的文化有着本质的不同。即使是悬疑、奇幻类题材的网络节目，其文化内核也往往是社会结构、家庭伦理、人际关系，乃至人的存在等现实价值。在这个意义上，我们能否将网络节目视为一种与传统广播电视节目等同的艺术样式，以及能否将网络节目的观看行为视为一种"审美行为"，都是值得商榷的，因为它们与日常生活的体验距离如此之近。

（二）高度灵活的交互性

网络技术高度灵活的交互性，使得网络节目的内容富有多元主义色彩。互联网技术对传统广播电视构成的最为巨大的冲击，即在于其将内容生产的一部分权力"让渡"给了传统意义上的受众,从而使得网络平台相对于原来的强势媒介广播电视来说,呈现了更为强烈的"文化民主化"的潜能。如有学者指出,在互联网时代,"文化生产已不再仅仅是一个简单的工业或社会分层问题"[1]。交互技术在网络节目的生产中扮演了至关重要的角色,在高度灵活的"边拍边播"和社交分享的传播模式下,制播者总是能够根据网络用户的实时反馈对内容做出必要的设计和调整,以最大限度实现"按需生产"。这一状况表面上看是"以用户参与为出发点的开放精神与网络生态"的体现[2],而实际的逻辑则是"不这样就不行",亦即互联网技术的互动性本质决定了任何一种以其为载体的文化形态都必须遵从"互动"的法则,否则便难以在这个平台上生存下去。这种互动带来的一个必然结果,就是网络节目呈现为一个高度去中心化的话语体系:对"中心"和"边缘"的区分已经没有实质的意义,那些在传统媒介环境下的"无权者"的声音在网络节目的生产过程中被格外放大,从而最终影响了网络节目的文化面貌,使一种带有强烈的批判性和解构性色彩的去中心化的表达模式得以固化。

(三)去语境化倾向

网络技术的去语境化(de-contextualized)倾向,赋予了网络节目一种非线性的、碎片化的文化气质,并使得其文本的意义高度依赖接收环境的不同特征。传统的广播电视媒介具有十分鲜明的时空语境边界,高度强调诸如"起居室里的家庭观看"这样典型的接收环境。这种语境化特质的形成,源于传统广播电视媒介接收终端的独一性,即在正常情况下,只有收音机或电视机这么一个合法终端。但互联网技术终结了"单屏"的历史,

---

[1] Michael Strangelove, *Watching YouTube: Extraordinary Videos by Ordinary People*, University of Toronto Press, 2010, p. 191.

[2] 张名章:《网络剧的艺术生成与美学特征》,《民族艺术研究》2011年第5期,第126页。

令人类的视听媒介文化进入了"多屏"时代。网络节目的收听收看行为不再局限于极为有限的时空环境之内,借助移动技术的发展,这一行为甚至可以实现"随时随地""时时刻刻"。因此,一种碎片化的表达方式应运而生,它所应对的就是人们无所不在的接收需求和产生这种需求的各种各样的灵活多变的场合。而对于同一档网络节目,人们在不同的接收环境之下也往往会产生不同的体验,这些体验以交互反馈(如网络留言、"弹幕")的方式,又被创作者融入新的生产实践,从而进一步强化了碎片式表达的合理性。传统广播电视节目需要用较为宏大的结构和较为绵长的线索来制造一个总体性概念,而主流网络节目的文化构成如同由一个个亮度不一的闪光点串联起来的巨大意义网络,观众从任何一点接入都不会妨碍其对整个节目的文化意涵的理解。

可以说,网络节目与传统广播电视节目之间的内容及文化差异,正是在互联网所具有的嵌入性、交互性和去语境化三种独特的技术特征的影响下形成的。技术的视角令我们可以超越对网络节目的生产与传播模式做出行为主义或产业逻辑上的简单描述,而在更为本质的层面上对其与传统广播电视节目的差异进行理论阐释。

第五节 技术前沿:虚拟现实

虚拟现实(virtual reality,VR)技术无疑是信息科技在可预见的未来的一个重要发展方向,其对媒体行业,尤其是媒介内容生产领域产生的显在或潜在的影响,也因近年来的一些成功的试验性实践而获得人们的热切关注。与大数据、机器人等前沿科技驱动的新型媒介内容生产方式一样,VR技术在为传统内容生产模式带来变革乃至颠覆的同时,也在一定程度上对现代传媒业的大量固有观念构成了巨大的冲击。由于 VR 技术提供的虚拟情境是建立在对包括图像和声音在内的感官性符号的模拟和创衍之上的,因此基于 VR 技术的媒介内容目前仍被很多人视为一种加强版的视听内容（audio/visual content），甚至是传统广播电视内容的一种新形态，尽管这些内容的生产者并不局限于广播电视机构，也包括其他媒体机构和非媒体机构。

一、虚拟现实技术概述

虚拟现实技术是一种建立在计算机模拟（computer-simulated）和沉浸式多媒体（immersive multimedia）技术基础之上的新型科技，其主要特点在于高度仿真地模拟现实情境，并令其使用者能够对自己无法置身其中的（真实或虚拟的）时空进行犹如身临其境的"体验"，甚至进行交互。理想的 VR 技术可以对情境进行全方位的"重现"乃至"创造"，包括对于情境下特有的感官，如图像、声音、气味、触感等做出精确的模拟。例如，我们所熟悉的 3D 电影和 3D 电视就是一种较为初级的 VR 技术，观众可以通过佩戴 3D 眼镜的方式获得与现实世界相同的三维视效。

早在 20 世纪五六十年代，关于 VR 技术的试验性探索即已展开，重要的早期成果包括莫顿·海利希（Morton Heilig）从 1957 年开始研制并在 1962 年正式推出的 VR 设备 Sensorama。该设备是一台游戏机，使用者能够获得在美国纽约布鲁克林区街头骑摩托车的虚拟体验，这种体验除 3D 视效外，还包括迎面的风以及城市空气中的气味等其他感觉。[1] 但由于造价昂贵以及计算机和多媒体技术不成熟，因此至 20 世纪 90 年代，VR 技术的发展始终停留在较为初级的探索阶段。进入 21 世纪后，VR 设备的大规模设计与生产条件成熟，VR 技术开始渗入现代人的日常生活，著名产品如全球最大的搜索引擎谷歌于 2007 年推出的"街景"（Street View），以及美国西海岸高科技公司 Oculus VR 于 2012 年 9 月推出的头戴式显示设备

---

[1] N. Koch, "E-collaboration and E-commerce in Virtual Worlds: The Potential of *Second Life* and *World of Warcraft*," *International Journal of E-Collaboration*, 4 (3), 2008, pp. 1–13.

（head-mounted display）Oculus Rift 等。Oculus VR 于 2014 年 3 月被 Facebook 以 20 亿美元价格收购成为当年高科技企业领域的热点事件。[①] 目前，VR 技术的应用主要集中于教育培训、电子游戏、艺术创作、考古与遗迹保护、建筑与城市设计等领域。[②] 统计数据显示，2021 年全球 VR 头显的保有量已经达到 1 亿，且 VR 行业正在以年均 30%的幅度实现快速增长。[③]

在媒介内容生产领域，VR 技术的应用起步于 2015 年前后。由于 VR 技术对于"虚拟性"的强调与传统媒体，尤其是传统新闻业根基深厚的"真实性"传统相抵触，以及 VR 设备的造价和普及成本昂贵，因此 2015 年之前，VR 媒介内容生产的发展基本停留在观念探讨的层面上，真正采用 VR 技术展开系统性内容生产实践的媒体机构尚未出现。但 2015 年，VR 内容同时在技术和应用领域取得重大突破。也是在 2015 年，Facebook 与硬件商三星公司已在研发专供网络新闻受众使用的 VR 外接技术装备 Gear VR，这种设备能够令用户通过模拟出来的三维世界获得与新闻中的人物相同的体验。也就是说，通过这种技术，受众不再是新闻事件的冷眼旁观者，而能够"身临其境"于新闻现场，并获得与现场人物高度一致的感官体验，从而一种"经验与情感"合二为一的接受模式形成了。尤其值得关注的是，包括美国老牌广播电视网 ABC 在内的多家全球知名媒体机构，正是从 2015 年开始了机制化的 VR 内容生产。

二、虚拟现实与媒介内容生产

2015 年是 VR 媒介内容生产取得突破性进展的一年，这是因为代表西

---

① P. Warr, "Minecraft for Oculus Rift Axed, Facebook Too 'Creepy'," *Wired*, March 26, 2014.

② N. Foreman, and L. Korallo, "Past and Future Applications of 3-D (Virtual Reality) Technology," *Scientific and Technological Journal of Information Technologies, Mechanics and Optics*, 14 (6), 2014, pp. 1-8.

③ 参见 https://www.pwc.com/gx/en/entertainment-media/outlook-2021/perspectives-2021-2025.pdf, 2022 年 5 月 7 日访问。

方主流传统媒体价值与实践基石的三家老牌机构——美国全国性广播电视网美国广播公司（ABC）、严肃报纸的代表《纽约时报》（*The New York Times*）和全球最大通讯社美联社（The Associated Press）开始正式将 VR 技术引入自己的日常内容生产机制。此举不仅展现了传统媒体对于这一不无争议的新技术的开放态度，也将 VR 技术与传媒业相结合所必然带来的一系列争议推上了风口浪尖。

传统广播电视机构的代表 ABC 成为世界上第一家正式进行 VR 内容生产的媒体机构。2015 年 9 月 16 日，ABC 的网站播出了一期使用 VR 技术制作的沉浸式节目，观众可以通过电视台指定的合作方 Jaunt VR 公司提供的头戴显示设备，对叙利亚首都大马士革的历史与现实景象进行虚拟体验。该设备共计包括 16 个不同的摄像头，能够将电视台拍摄团队于不同时间、地点拍摄获得的影像"缝合"为一体，给观众带来完整的体验。ABC 新闻总监詹姆斯·戈德斯通（James Goldston）坦言："我简直等不及要看到这项新技术会给我们的观众带来的新的震撼了。"而当时 ABC 也计划将 VR 技术运用于对即将到来的教宗访美和 2016 年美国总统大选的报道之中。①

老牌严肃报纸《纽约时报》一直是传统媒体机构中最为积极的新技术的采用者。从 2015 年 11 月起，《纽约时报》开始与谷歌公司合作生产供其订户使用的廉价头戴式设备 Cardboard set，并开发了专门的 VR 手机应用 NYT VR，首批获得这一设备的订户达 100 万人。该报于 11 月 5 日推出的第一条 VR 报道是一则 11 分钟时长的视频新闻，题为《流离失所》（*The Displaced*），其报道的内容是逃亡至黎巴嫩的难民儿童以及南苏丹和乌克兰的无家可归者的生活，用户可以通过专用的 Cardboard set 获得 360 度的沉

---

① 参见 L. Chang, "Truly Immersive Journalism Takes form in ABC's Virtual Reality tour of Syria," September 18, 2015, Digital Trends website, http://www.digitaltrends.com/cool-tech/virtual-reality-brings-journalism-into-the-21st-century-in-a-major-way/，2022 年 5 月 7 日访问。

第八章 新媒体时代的广播电视业

浸式体验。尽管这条报道受到了一些较为保守的新闻从业者和观察家的批评，就连《纽约时报》VR 项目负责人杰克·西尔弗斯坦（Jake Silverstein）也坦言，"报道者始终挣扎于虚拟新闻的道德标准问题之中"①，但其在传播效果上的成功还是令《纽约时报》再次成为传统新闻生产革新领域的佼佼者。

老牌新闻通讯社美联社也从 2015 年 11 月开始正式将 VR 技术引入日常新闻生产机制，其合作方是位于洛杉矶的高科技公司 RYOT。双方计划在未来五个月里推出一系列 VR 报道，其制作的第一条 VR 视频报道题为《寻找家园：加莱移民营内的生活》（"Seeking Home: Life Inside the Calais Migrant Camp"）（图 8.1），讲述法国北部最大的移民营内人们的生活，这些人历经重重危险抵达此地，并试图穿越英吉利海峡进入英国。在与美联社合作之前，RYOT 即尝试过 VR 视频，2015 年曾先后对尼泊尔地震与叙利亚战争进行过颇为成功的 VR 呈现，并产生了一定的国际影响力。

图 8.1　VR 报道《寻找家园：加莱移民营内的生活》

---

① M. Ingram, "We Need to Keep in 'Reality' in Virtual Reality," *Fortune*, November 16, 2015.

除 ABC、《纽约时报》和美联社的作品外，2015 年较为著名的 VR 内容产品还包括美国南加州大学电影艺术学院的诺妮·德拉佩纳（Nonny de la Peña）团队研发的"叙利亚项目"（Project Syria），以及美国艾奥瓦州地方报纸《得梅因纪事报》（*The Des Moines Register*）推出的《变化的收获》（"Harvest of Change"）等。前者通过大量图片与电视新闻中提供的关于叙利亚冲突的视觉资料，借助计算机技术营造出了高度逼真的虚拟时空，从而令受众可以切身感受叙利亚难民的真实处境；后者则设计了对于艾奥瓦州一座家庭农场的虚拟参观路线。这些成功的项目连同前文提到的三大传统新闻机构的内容生产实践，共同构成了 2015 年美国传媒业 VR 内容生产的重大突破。

有了"试验"的成功，包括 ABC、CNN、YouTube 在内的传统和新型视听媒体机构相继推出专门的 VR 内容频道或应用，并不定期推出自制或订制的 VR 作品。这些作品题材各异，但大多赋予用户第一人视角，并尝试以全景式、高保真的影像资料为其提供沉浸式体验。比如，在 CNN 于 2018 年推出的 VR 项目《与法国野马奔跑》（"Running with France's Wild Horses"）中，体验者被明确地赋予了"骑马者"这一角色：镜头架设在马背上，随着马的奔跑来回晃动；开头的旁白"你现在骑马飞驰的地方是卡马格湿地国家公园"直接交代了地点、动作和状态，观众与马场驯马者的互动也是骑马的同行人在马背上进行的。再如，在英国《卫报》2018 年的 VR 作品《第一印象》（"First Impressions"）中，体验者可以化身为刚出生的婴儿，感受自身感官的初始化、周边的环境、父母的动作等。作品的旁白全程使用第二人称，如"欢迎来到这个世界""你很小，很脆弱""你的眼睛开始能见到颜色了，一开始是红绿色，后来是彩色的"等，不断强化体验者被赋予的婴儿角色，使他们在体验的过程中了解婴儿对世界的"第一印象"及其对成长产生的影响。不过，由于制作成本高昂，兼家用接收设备尚未普及，因此 VR 影像作品无论是产量还是影响力均较为有限。

三、观察与阐释

综观 2015 年以来 VR 新闻的发展，我们不难发现该项技术在传统媒体内容生产领域的应用仍有较强的局限性，目前主要集中于深度报道、调查性报道和纪录片等新闻纪实类产品，这在一定程度上是由 VR 内容生产成本和体验设备价格过于昂贵所致。例如，《得梅因纪事报》的《变化的收获》的造价达 5 万美元，《纽约时报》的《流离失所》的制作成本更高达每分钟 10 万美元；而公认性能较好的 VR 设备 Oculus Rift 的价格也达 350 美元，难以为大多数普通受众所接受。高昂的成本使得 VR 内容生产在目前阶段只能是一种带有前沿性、试验性色彩的实践尝试，ABC 等传统媒体机构对 VR 新闻的"试水"毋宁是一种宣称 VR 技术即将与传统媒体业相融合的姿态，VR 内容生产与日常化、系统化、批量化之间还有较远的距离。但也有评论者指出，并不是所有的 VR 新闻都需要 360 度摄像头与丰富的多媒体技术；而且随着设备的普及和制作工序的程式化，VR 内容的生产成本和设备价格完全有可能大幅度降低，例如，谷歌已经推出售价不到 15 美元的 Cardboard 设备。[①]

此外，尽管 VR 内容为其受众提供的是名义上的虚拟情境，但出于体验真实性的考虑，这些情境目前仍须来源于摄影师的实地拍摄。无论 VR 新闻片中的"现场"和真正意义上的"现场"之间具有多大程度的时空错位，对于真实的现场信息的捕捉仍然是 VR 内容生产者目前普遍坚持的底线。例如，VR 新闻片《流离失所》所用的全部视觉资料即由《纽约时报》的摄像记者亲身拍摄，尽管该新闻片在全球范围内取得了震撼性的传播效果，但生产者为此付出的代价也极为巨大，毕竟 VR 内容要求影像不是断片式的，而是相对完整或至少能够被合成为完整的。因此，项目负责人杰

[①] E. Polgreen, "Virtual Reality Is Journalism's Next Frontier: Why Newsrooms Need to Consider Telling Stories in a Different Way," *Columbia Journalism Review*, November 19, 2014.

克·西尔弗斯坦指出:"比起传统视频新闻来,VR 视频要求拍摄者与被摄对象之间有更为紧密的关系。"①

不过,影响 VR 内容发展的主要因素并不仅仅是成本的高昂和制作过程的复杂。由于目前传统媒体机构的 VR 内容生产以新闻片和纪录片为主,故来自传统新闻业和纪录片业的某些根深蒂固的观念就成为对 VR 内容进行批判性审视的一个重要的话语来源。一个显而易见的话语困境就是:"虚拟现实"中的"现实"究竟还是不是真实的?VR 技术的领军人物之一诺妮·德拉佩纳曾表示,VR 新闻完全可以"创造出未曾被摄像机拍摄下来的场景",并强调 VR 内容"应当使用一切办法确保所创造的情境是准确(accurate)的"②,而"准确"和"真实"(real)之间显然并不是等同的关系。《华盛顿邮报》前总编辑罗伯特·凯撒(Robert Kaiser)也不无忧虑地表示,VR 新闻"往往建立在摄像师的欺骗性把戏的基础上"③。此外,VR 新闻还被普遍视为一种情感导向的新闻,即生产者对虚拟情境的创造并不只是为了呈现简单的新闻事实,还要使受众"陷入"这一情境从而产生一种对于新闻人物或新闻事件的强烈情感,这也必然会对新闻业长期以来所秉持的客观性理念构成冲击。如美国学者弗格斯·皮特(Fergus Pitt)所说的,"那些模拟出来的情境会在受众的头脑中乃至潜意识中留下不可磨灭的印记,这对于新闻业来说是一项很严肃的责任"④。

还有一些来自心理学和行为科学的反思:VR 作品消弭了用户与影像内容之间的距离感,甚至呈现用户与影像内容融为一体的趋势,这可能引

---

① J. Silverstone, "Virtual Reality: A New Way to Tell Stories," *The New York Times Magazines*, November 5, 2015.

② T. Kent, "An Ethical Reality Check for Virtual Reality Journalism," August 31, 2015, https://medium.com/@tjrkent/an-ethical-reality-check-for-virtual-reality-journalism-8e 5230673507#. 61v5j4wg5, 2018 年 5 月 7 日访问。

③ M. Ingram, "We Need to Keep in 'Reality' in Virtual Reality," *Fortune*, November 16, 2015.

④ B. Cardew, "VR Brings Fresh Perspective to Journalism," *The Guardian*, November 22, 2015.

发一系列严重的问题。比如，2018年的翠贝卡影展（Tribeca Festival）上展映的VR作品《此时此刻》(*In the Now*) 就引发了不小的争议。该作品让用户置身于幽暗、密闭的深海环境，其中更有"与鲨鱼共舞"这样的情节。《此时此刻》的主题是呼吁社会关注各种类型的恐惧症（phobia）和创伤后应激障碍（PTSD），但批评家却对其强烈的沉浸感和刺激性进行质疑：是否应该提醒体验者注意作品内容的激烈程度？是否应该为体验者提供更加详细的背景信息？另外，如果这真的是一个带有医疗意图的作品，那么在被大众体验之前，是否做过充分的试验，以及接受过医学伦理委员会的审查？这在某种程度上带给我们一个启发：如同其他一切由前沿技术引领的新型内容生产实践一样，也需要对VR作品的生产建立完善的行业标准和道德法则。

毫无疑问，VR内容是对原始视听素材加以采集和呈现的方法，更是一种新的叙事模式（narrative form）[1]，但在VR技术尚未完全成熟的当下，这种新的叙事模式也暂时处于萌芽的阶段。在后续发展中，如何在不对新闻业的传统价值和伦理构成根本性颠覆的前提下形成自己的成熟叙事风格，将是VR新闻必然要面对和解决的问题。不难发现，近年来产生巨大影响力的VR新闻，其实仍采用了较为传统的新闻纪录片的叙事方式，因此这些报道实际上只是使用了VR技术的电视（视频）新闻；但由于VR新闻独特的制作方式，叙事者（如记者）的存在感将被进一步削弱，"现场"这一概念的内核也将发生根本性的改变，电视（视频）新闻则会最终演变为"导演"的产物。不过，由于这一过程在名义上仍宣称是对"真实性"的坚持，故新闻业内对于"真实"的理解，以及"真实"和"虚拟"之间的界限，也将发生较大改变。从目前的情况来看，VR新闻完全有可能创造另一种"真实"，而这种"真实"所能产生的强大的力量是传统

---

[1] J. Silverstone, "Virtual Reality: A New Way to Tell Stories," *The New York Times Magazines*, November 5, 2015.

电视新闻望尘莫及的。对于这一点，坚守新闻学传统的人必然会保持足够的警醒。

当然，在某种意义上，VR新闻提出的新闻真实性难题并不是什么新鲜事。即使在没有VR技术的时代里，电视新闻片和纪录片如何通过摄像和剪辑等技术手段对"现实"进行精心的或下意识的"编撰"也已是行业内老生常谈的话题。正因如此，诺妮·德拉佩纳才强调，现在很多人对VR内容产品的指责其实毫无新意。但VR新闻在话语上将"虚拟"置于"现实"之前，导致影像技术与真实性之间的矛盾公开化，从而掀起了"虚拟"的"现实"的真实性究竟有没有资格得到公开承认的争论。所以，在可预见的将来，随着VR内容生产的日趋社会化和机制化，"真实性"也将日益成为关涉未来新闻业的一个核心概念，以及被各方面予以密切关注和激烈讨论。

从新闻传播学和广播电视学教育的角度看，VR内容的发展和成熟也将引发一场广播电视新闻与互联网音视频制作教育领域声势浩大的"革命"，其中包括三个至关重要的观念转型：

（1）长期在受众和新闻事件之间扮演中介角色的出镜记者与新闻主播将被一种融合了生产、制作、编辑等多种职能的"新闻导演"所取代，而充分利用VR技术完成新闻叙事将成为这种新型新闻人才所需掌握的核心技能。

（2）在电视（视频）新闻从业者的培养体系中，可视化（visibility/visualization）的重要性将逐渐超过真实性和客观性等传统新闻理念，"真实"和"客观"本身均需在可视化表达体系中找到自己的位置，方可延续自身的影响力。

（3）VR内容生产模式的成熟将进一步导致动态可视化内容（包括但不限于电视新闻和互联网音视频新闻）在理念和实践上与文字和静态图片内容分裂，视觉传播将获得完全独立于语言文字体系的地位和逻辑。

第八章　新媒体时代的广播电视业

VR 新闻在 2015 年前后取得的突破性进展在一定程度上预示着，W. J. T. 米歇尔（W. J. T. Mitchell）所声称的人类文化的"图像转向"（the pictorial turn）正在一步步变成现实。[1] 信息生产与传播的视觉化已经是现代社会发展的一个基本趋势。调查数据显示，在 2014—2015 年间，可视化程度极高的社交媒体应用 Pinterest 的活跃用户增长率高达 97%，Tumblr 的增长率高达 94%，Instagram 也达 46%，而老牌的 Twitter 的增长率则只有 8%，Facebook 甚至出现 8% 的负增长。[2] 在社会心理学上，人们对于视觉手段的高度依赖被称为"图优效应"（picture superiority effect）。加拿大心理学家艾伦·派维奥（Allan Paivio）在 20 世纪 70—80 年代的一系列实验表明，使用图像形式编码的信息和概念比使用词语形式编码的信息和概念更容易被人们牢牢记住。[3] 一些研究还指出，人脑处理视觉信息的速度比处理文字信息的速度快 6 万倍，而被人们摄入大脑的全部信息中有 90% 是视觉信息。[4] 这一理论可被视为媒介内容生产日趋视觉化的一个基本逻辑。

在图像技术与网络带宽的发展程度极高的当下，人们对信息的可视化程度也自然提出了更高的要求。这一趋势在 VR 新闻而非其他视觉传播领域尤为引人注目，主要原因在于新闻这一事物本身在人类认识论意义上的独特性：当一类名义上和实质上均与社会现实有着最直接、最紧密的关联，并在理念和实践的方方面面维护纪实法则的媒介内容开始通过拟像乃至仿真的手段去"创造"现实时，那么人类社会关于"现实"这个概念本身的理解也将不可避免地被图像的逻辑所改造。

---

[1] W. J. T. Mitchell, *Picture Theory: Essays on Verbal and Visual Representation*, The University of Chicago Press, 1994.

[2] 参见 Global Web Index 发布的 2014 年第一季度至 2015 年第一季度的调查报告。

[3] 参见 Allan Paivio, *Imagery and Verbal Processes*, Holt, Rinehart and Winston, 1971；Allan Paivio, *Mental Representations: A Dual-coding Approach*, Oxford University Press, 1986。

[4] 参见 http://visualteachingalliance.com/，2022 年 7 月 15 日访问。

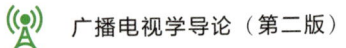

思考题

1. UGC 与 PPC 有什么差异？
2. 为什么说智能电视机是"起居室里的技术革命"？
3. 视频分享网站在广播电视节目的网络传播中扮演了什么角色？
4. 以网络剧为例，分析互联网技术对广播电视内容产生的影响。
5. 如何看待虚拟现实新闻在"真实性"问题上面临的争议？

第九章　全球化语境下的广播电视业

>> **要　点**

1. 跨国广播电视发展的历程。
2. 中国广播电视"走出去"的三种模式。
3. 社交媒体对跨国广播电视的影响。

全球化是当今世界最重要的结构性特征之一，也是最显著的趋势性特征之一。目前，人们尚未对全球化的明确内涵达成共识，但无论持何种观点的人，都赞同全球化是指机构、商品、价值观等物质与精神领域实现跨境、跨文化融合的过程[1]，是"全人类共同融入同一个世界社会（world society）"[2]的趋势。如英国社会学家**安东尼·吉登斯**（Anthony Giddens）（图 9.1）在《现代性的后果》（*The Consequences of*

图 9.1　安东尼·吉登斯

---

[1] 参见 Nayef R. F. Alrodhan, and Gerard Stoudmann, *Definition of Globalization: A Comprehensive Overview and a Proposed Definition*, Geneva Center for Security Policy, 2006。

[2] Martin Albrow, and Elizabeth King, eds., *Globalization, Knowledge and Society: Readings from International Sociology*, 1990, Routledge, p. 8.

Modernity)一书中所言:"在全球化时代,那些将世界范围内的不同物理空间联系在一起的各种社会关系得到空前强化,这使得'本土'与'全球'事务实现了相互的影响和塑造。"①

全球化作为一种人类社会发展的趋势源远流长,其雏形出现于公元前3000年前后的苏美尔与印度河流域古文明之间的贸易活动;随后,古希腊人的海上贸易使得一定范围内的"跨域经济圈"得以形成②;中国的"丝绸之路"也在欧亚两大陆的物品、人员、科技与文化的交流和往来中扮演了至关重要的角色③。15—17世纪的"大航海时代"更是为以西方为中心的全球贸易及殖民体系的形成奠定了坚实的基础。但直到19世纪末20世纪初,随着西方国家全球殖民步伐的加紧和全球商品与资本市场的形成,全球化才真正迎来迅猛的发展。20世纪,全球化成为人类社会变迁的主题,交通工具与电子通信技术的发展在其中发挥了至关重要的作用:前者极大拓展了人在物理空间中的活动范围,促进了人员、商品和物资在全球范围内的自由流通;而后者,尤其是电报、通信卫星和互联网的诞生,则令信息的生产和交换变得日益便捷,来自不同国家、文化及传统的理念及价值得以愈发迅即和顺畅地交流,促进了人类社会观念上的融合与冲突。④

全球化的历史、现状和趋势加诸整个人类社会的影响是无远弗届的,已全面渗入社会生活的肌理。大到国与国的关系、国家政治的结构与走向,小到普通人在日常生活中的衣食住行、所思所感,均浸润在无处不在却又难以察觉的全球格局当中。而作为诞生于20世纪的现代社会最重要的大众媒介之一,广播电视业在发展演进过程中自然也不可避免地被打上全

---

① Anthony Giddens, *The Consequences of Modernity*, Polity, 1991, p. 64.

② 参见 Andre Gunder Frank, *ReOrient: Global Economy in the Asian Age*, University of California Press, 1998。

③ 参见 Jerry Bently, *Old World Encounters: Cross-cultural Contacts and Exchanges in Pre-modern Times*, Oxford University Press, 1993。

④ Guyford Stever, "Science, System, and Society," *Journal of Cybernetics*, 2 (3), 1972, pp. 1-3.

第九章　全球化语境下的广播电视业

球化的深刻烙印。在本章中，我们就在全球化的语境下，对广播电视业的机构、内容和受众等方面的特征和趋势，做出全面的考察。

第一节　跨国广播电视媒体

广播电视业全球化最主要的体现就是跨国广播电视媒体的形成与发展。全球化令广播电视机构的活动范围、影响力以及内容产品均得以超越国界的藩篱，实现了全球范围内的流通。

一、作为宣传工具的跨国电台广播

跨国电台广播是指信号传输范围超越了单一国家或地区的电台广播。跨国电台广播的历史几乎与电台广播的历史一样悠久，这与20世纪的世界政治经济格局有密切的关系。

电台广播技术在第一次世界大战期间即已发展成熟，于是便顺理成章地被运用于战争中的对敌宣传。例如，1917年，美国海军位于加拿大新布伦瑞克（New Brunswick）的电台成功地将诵读"十四点和平原则"（Fourteen Points）的声音信号传递至德国瑙恩（Nauen）；1918年11月10日，位于瑙恩的德国电台在对外广播中宣布了德皇威廉二世（Wilhelm Ⅱ）退位的消息。[1] 不过，由于当时广播技术在信号质量和传输距离两方面的桎梏，对外广播在第一次世界大战期间只得到了较为有限的运用。

第一次世界大战结束后，民用广播业正式诞生，广播技术得以在经济繁荣、社会稳定、国家重视的良好氛围中迎来其发展的"黄金时代"。20世纪20年代初期，无线电的发明人马可尼经多次试验，成功实现了对声音信号的远距离、高质量传输，国际广播开始走出探索阶段。进入30年代，

---

[1] James Wood, *History of International Broadcasting*, IET, 2000, p. 56.

大量技术先进的短波电台纷纷出现，一些甚至以跨国广播为专门使命，如罗马教廷的梵蒂冈电台和苏联的莫斯科电台等，均以发射功率大、国际覆盖面广而著称。在第一次世界大战之前便已拥有成熟广播技术的德国，希特勒上台之后大力发展短波广播，纳粹党甚至为电台广播设立了专门的国家机构，使之成为战争宣传的重要工具。

在第二次世界大战中，已高度成熟的国际广播成为"没有硝烟的战场"。主要参战国，如苏联、德国、英国、意大利、日本等，均以战时宣传为名大力发展对外广播事业。美国于1941年年底加入战争后，立刻启动了对轴心国的广播战略，并从1942年2月开始正式启用呼号为"来自美国的声音"（Voices from America）的短波电台对德播放节目。后来，该电台更名为"美国之音"（VOA），成为美国联邦政府拥有并控制的官方外宣机构。借助美国强大的经济与军事实力，"美国之音"在第二次世界大战之后成为全球最为知名的对外广播媒体，每天以44种语言向世界各地广播，包括汉语普通话、粤语以及藏语。美国的历任总统均十分重视"美国之音"在对外宣扬美国政府意图、维护美国国家利益方面的作用。

在冷战时期，对外广播继续在两大意识形态阵营的对垒中扮演重要角色。从20世纪50年代初开始，世界上的主要大国纷纷仿照"美国之音"的模式，创办或整合专门的对外广播机构，如诞生于1953年5月3日的"德国之声"（Deutsche Welle）电台、1965年5月1日完成改组并接受英国政府津贴的BBC世界广播（BBC World Service）电台，以及以"Radio Peking"为呼号、从1950年4月10日开始进行对外广播的中国中央人民广播电台对外部（**中国国际广播电台**的前身），等等。在冷战局势最为胶着的六七十年代，两大阵营的国家均对这些外宣机构给予资金和政策上的有力支持，对外广播亦在全球意识形态的冲突和对垒中"身先士卒"。例如，在中美交恶的二十余年时间里，"美国之音"持全面反共、反华的立场，长期对中华人民共和国政权进行攻击；而在 1972 年尼克松总统访华之后，"美国之音"节目中的对华态度即开始软化。

不过，由于各国普遍设立了较为严格的无线电信号准入壁垒，再加上官方的冷战思维并不一定在民间拥有广阔市场，因此若说冷战时期各国的对外广播对"敌国"达成多么强大的效果，难以令人信服。苏联 1987 年 1 月之前一直在通过技术手段干扰"美国之音"的俄语广播，其民众收听境外广播十分困难。① 另外，1972 年之前，中国也几乎没有成形的"美国之音"听众群，二十多年间来自中国的听众来信仅 20 余封；而在中美关系缓和、中美建交之后，"美国之音"的听众规模扩大，平均每月都有 1000 封以上的听众来信。据资料记载，1982 年，"美国之音"曾通过美国新闻署向中国听众寄发 3000 份调查表，收回 1212 份，分析得出，听众对节目最正面的印象是"新闻时效强"以及"英语教学节目的内容和水平高"。②

随着冷战在 20 世纪 90 年代初结束，作为意识形态首要工具的对外广播的重要性大大降低，各大国际电台进入发展的低谷，纷纷面临财政紧缩和部门被裁撤的命运。从 2002 年开始，"美国之音"相继关闭了印地语、俄语、乌克兰语、塞尔维亚语、马其顿语、波斯尼亚语节目的广播，并中止了对亚洲地区的英文短波广播服务。③

不难发现，跨国电台广播很大程度上是在国际政治与意识形态格局，尤其是战争的直接影响下诞生、发展的，是较为纯粹的宣传机构，所以其运行机制不但有明确的利益主体支撑，还要倚赖国家财政的扶持。因此，

---

① 参见 A. Ross Johnson, and R. Eugene Parta, *Cold War Broadcasting: Impact on the Soviet Union and Eastern Europe*, Central European University Press, 2010。

② 中央对外宣传办公室研究室编：《对外宣传工作论文集》，五洲传播出版社 1998 年版，第 267 页。

③ Paul Kiel, "Voice of America to Cut Language Services," July 9, 2008, ProPublica website, http://www.propublica.org/article/voice-of-america-to-cut-language-services-709, 2018 年 3 月 5 日访问。

在西方国家的传统中,"对外广播"和"对内广播"有本质的区别,前者的理念和实践亦在相当程度上不受一般意义上的"专业主义"的束缚,而以国家利益为最高准绳。在奉行公营广播体制的西欧国家,对外广播机构甚至拥有一定的从事广告经营的特权,以扩大收入来源,而对内的公营电台则不能播放商业广告。在美国,1976 年 7 月 12 日通过的《美国之音宪章》(VOA Charter)即明文规定,"美国之音代表整个美国,应平衡、全面地反映重要的美国思想和体制","美国之音应清晰而有效地展示美国的政策,以及关于这些政策的负责任的讨论和意见"。《德国之声法案》(Deutsche-Welle-Gesetz)也将这座德国对外广播的重要"堡垒"的使命规定为,"向世界传播德国作为欧洲的文化国家以及一个自由而民主的宪政国家的形象……应当在重要议题,尤其是政治、文化和经济议题中,确凿无疑地传播德国的观点和立场"[1]。表 9.1 归纳了当今世界主要跨国广播电台的概况。

表 9.1　当今世界主要跨国广播电台

电台名称	国别	创始年	网址
中国国际广播电台 (China Radio International)	中国	1941	www.cri.cn
全印广播电台 (All India Radio)	印度	1927	www.allindiaradio.org
韩国国际广播电台 (KBS World Radio)	韩国	1953	world.kbs.co.kr
法国国际广播电台 (Radio France Internationale)	法国	1975	www.rfi.fr

---

[1] Beata Ociepka, "International Broadcasting: A Tool of European Public Diplomacy?" in Agnieszka Stepinska, ed., *Media and Communication in Europe*, Logos Verlag Berlin GmbH, 2014, p. 83.

第九章　全球化语境下的广播电视业

（续表）

电台名称	国别	创始年	网址
德国之声（Deutsche Welle）	德国	1953	www.dw.de
俄罗斯卫星广播（Radio Sputnik）	俄罗斯	1929	www.ria.ru/radio/
BBC 世界广播（BBS World Service）	英国	1932	www.bbc.co.uk/worldserviceradio
美国之音（Voice of America）	美国	1942	www.voanews.com
自由欧洲电台/自由电台（Radio Free Europe/Radio Liberty）	美国	1949	www.rferl.org
非洲频率（Channel Africa）	南非	1992	www.channelafrica.co.za

二、全球电视网络的形成

与跨国电台的诞生和发展相比，**跨国电视**的形成机制更为复杂。从技术上看，电视对接收终端和接收环境的要求远较电台广播严苛，因此难以被直接用于战时对敌宣传。从文化上看，20 世纪六七十年代在西方国家完成普及的电视机，因适逢经济、文化和思想的繁荣时期，故更多扮演为民众提供公共服务和娱乐的角色。至 80 年代初，全世界电视机保有量已达 5.27 亿台，电视观众则达 44.15 亿人，电视成为当之无愧的全球第一媒体。[1]

真正意义上的跨国电视机构直到 20 世纪 80 年代中期才正式出现，而且主要是受到商业利益而非国家利益的驱使。1985 年 9 月 1 日，美国有线电视新闻网（CNN）正式创办了国际新闻频道 CNNI，它以英文为播出语

---

[1] Tapio Varis, *International Flow of Television Programmes*, UNESCO, 1985, p. 19.

言，成为第一个真正意义上的跨国电视机构，CNN 的创始人泰德·特纳（Ted Turner）不但成为专业电视新闻频道的先驱，而且成为国际电视新闻传播领域的先驱。起初，CNNI 的目标受众是在世界各地经商、游历或旅行的美国人，其内容也几乎只是对 CNN 两个国内频道 CNN 美国台（CNN U.S.）和 CNN 头条新闻台（CNN Headline News）节目的重播与翻版。在 1990 年 8 月 2 日至 1991 年 2 月 28 日的第一次海湾战争期间，CNN 因是唯一的向全球提供 24 小时不间断现场报道的电视媒体而声名鹊起，即使在美国政府紧急呼吁本国各大媒体记者迅速撤离伊拉克以免遭炸弹袭击的情况下，CNN 的报道团队也坚持选择留在现场。对这场战争的独家报道使 CNN 迅速确立了自己一流国际电视媒体的地位。① 如今，CNN 仍然是全世界最大的跨国电视网络之一，CNNI 依区域差异而拥有亚太、欧非、拉美、中东、北美和南亚六个版本，各版播出的内容几乎完全同步，只在诸如天气预报等节目上有差别。世界上超过 200 个国家和地区的观众都可以通过无线、有线或卫星等方式收看 CNNI 的节目。

　　CNNI 在国际传播领域的成功令其他实力雄厚的电视机构纷纷效仿。从 20 世纪 90 年代初开始，世界范围内掀起了开办跨国电视频道的浪潮，这一过程被一些学者称为"CNN 化"（CNNization）。② 最先开始的便是历史最为悠久的英国广播公司，其国际电视新闻频道 BBC 世界台（BBC World Service Television）于 1991 年 3 月 11 日正式开播，取代之前的 BBC 欧洲台（BBC TV Europe）成为这一老牌广播电视机构的主要对外传播平台。与 BBC 对外电台广播不同，此国际电视频道并不完全受英国政府的资助和领导，也以商业广告为盈利手段。此后，BBC 世界台又先后经过两次重大改组，从 2008 年 4 月 20 日起，其正式名称为 BBC 世界新闻频道（BBC World

---

① 参见 Perry M. Smith, *How CNN Fought the War*, Birch Lane Press, 1991。
② Tina U. Figenschou, *Al Jazeera and the Global Media Landscape*, Routledge, 2013, p. 4.

News），并以无线、有线和卫星等方式进入全球 2.95 亿个家庭。① 除世界新闻频道外，BBC 还拥有一个专门播出电视剧、真人秀和儿童节目的国际娱乐频道（BBC Entertainment）。在跨国电视的竞技场上，BBC 是 CNN 最主要的竞争对手。2021 年，英国政府为 BBC 世界新闻频道提供了 9440 万英镑的经费以支持其发展和扩张。② 除此之外，由传媒大亨鲁珀特·默多克（Rupert Murdoch）创办于 1989 年的天空新闻台（Sky News）以及诞生于 1998 年的日本 NHK 世界电视台（NHK World TV）也是颇有影响力的 24 小时不间断播出的国际电视新闻卫星频道。

不可否认，在跨国电视的早期竞争格局中，美国和英国因英语被作为国际通用语言的优势而占尽先机；但进入 21 世纪后，一些经济实力较为雄厚或拥有独特地缘政治资源的非英语国家也纷纷开办英语国际新闻频道，积极参与国际电视新闻大战。其中，中国国际电视台（CGTN）、今日俄罗斯电视台（RT）、法兰西 24 电视台（France 24）、半岛电视台英语频道（Al Jazeera English）和伊朗英语新闻台（Press TV）等成为引人注目的佼佼者。参见表 9.2。

表 9.2 当今世界主要跨国英语电视新闻频道

名称	国别	开播年	网址
中国国际电视台（CGTN）	中国	1998	www.cgtn.com
日本放送协会世界新闻频道（NHK World TV）	日本	1998	www3.nhk.or.jp/nhkworld

---

① 参见 "About BBC World News TV," BBC website, http://www.bbc.com/news/world-radio-and-tv-12957296, 2018 年 3 月 5 日访问。

② 参见 BBC Website, https://www.bbc.com/aboutthebbc/whatwedo/worldservice, 2022 年 8 月 19 日访问。

(续表)

名称	国别	开播年	网址
半岛电视台英语频道（Al Jazeera English）	卡塔尔	2006	www.aljazeera.com
伊朗英语新闻台（Press TV）	伊朗	2007	www.presstv.ir
法兰西24英语频道（France 24）	法国	2006	www.france24.com
BBC世界新闻频道（BBC World News）	英国	1991	www.bbc.com/news/world_radio_and_tv/
德国之声电视台（DW）	德国	1992	www.dw.de
天空新闻台（Sky News）	英国	1989	www.skynews.com
今日俄罗斯（RT）	俄罗斯	2005	www.rt.com
美国有线电视新闻网国际新闻频道（CNNI）	美国	1985	www.cnni.com

今日俄罗斯是俄罗斯的国有电视广播公司，于2005年12月10日开播，总部位于莫斯科，面向全世界提供全天24小时的新闻、纪录片、脱口秀、体育和俄罗斯文化专题等节目。其因在国际热点事件的报道中采用不同于西方媒体的独特视角与创新观点，在创办仅10年时间里就取得了惊人的成绩，目前已在100多个国家和地区拥有7亿受众。2009年，该电视台将其英文名称从"Russia Today"更改为"RT"，以强化自己的世界性定位，同时淡化俄罗斯国家主义色彩。[1] 俄罗斯政府期望借助建立RT来提升自己在海外的形象，并视其为自身公共外交实践的一个重要组成部分。目

---

[1] 吴旭：《RT：俄罗斯"新闻信息战"中的新王牌》，《对外传播》2014年第7期，第23—25页。

前，RT 是在西方国家拥有最显著影响力的非西方电视台之一。据英国媒介调查机构 BARB 统计，RT 在欧洲的收视率已经超过了包括欧洲新闻电视台（Euronews）和福克斯新闻（Fox News）在内的其他所有非欧洲电视频道，共有超过 1.2 亿固定观众。在北美，RT 同样拥有大批受众。尼尔森公司的调查数据显示，RT 在美国的主要城市可覆盖 8500 万观众，有 300 万观众每周都会固定观看 RT 的节目。RT 阿拉伯语频道在中东和北非地区的收视状况也比较理想，根据尼尔森 2015 年的调查，其在 6 个阿拉伯国家有约 670 万固定观众。[①] 德国《明镜周刊》（*Der Spiegel*）2013 年的一篇报道称，RT 是目前美国很多城市最受欢迎的外国电视频道。[②] RT 制作播出的节目时常因与英美电视机构的视角和立场不同而受到西方国家的抨击。如 2012 年 4 月，RT 精心打造了一档新闻访谈栏目《明日世界》（*The World Tomorrow*），邀请"维基解密"创始人朱利安·阿桑奇（Julian Assange）担任主持人，并在首期节目中专访了黎巴嫩真主党党魁哈桑·纳斯鲁拉（Hassan Nasrallah），此举在西方国家引发了巨大争议。《纽约时报》便在报道中反复强调 RT 是"克里姆林宫的电视台"，并宣称"这个栏目很难获得高收视率，更不会改变人们的观点"。[③] 2022 年俄乌冲突爆发后，多个国家因认定 RT 支持俄罗斯的军事行动和传播不实信息而将其禁播。

除 RT 外，伊朗的 **Press TV** 也是发展态势良好的非西方电视新闻机构。Press TV 于 2007 年 7 月 2 日正式开播，是一个面向世界播出的 24 小时英语新闻电视台，隶属于伊朗国有媒体机构伊斯兰共和国广播电视台

---

① 参见 RT website, https://sputnikglobe.com/20150219/1018481558.html, 2023 年 8 月 5 日访问。

② Benjamin Bidder, "Russia Today: Putin's Weapon in the War of Images," *Der Spiegel*, August 13, 2013.

③ Alessandra Stanley, "The Prisoner as Talk Show Host: Julian Assange Starts Talk Show on Russian TV," *The New York Times*, April 17, 2012.

（Islamic Republic of Iran Broadcasting，IRIB）。IRIB 的运营独立于政府，但是被认为与伊朗的保守派政党关系密切。Press TV 宣称，要通过呈现不同的报道视角为西方受众提供"第二双眼睛"来看世界，其通过多个卫星电视服务提供商向北美、欧洲、中东、亚洲和部分非洲及拉丁美洲地区播出节目。尽管在西方国家拥有许多受众，但是 Press TV 自诞生之日起始终伴随着争议。有批评者认为，Press TV 充当了伊朗政府的对外宣传工具，其对于一些问题的报道立场不够客观，如在报道阿以冲突中偏袒阿方，在报道叙利亚内战中倾向巴沙尔·阿萨德（Bashar al-Assad）政权等；还有人批评其报道中充斥着对西方国家的仇恨和反犹主义的立场。

值得注意的是，包括 RT 和 Press TV 在内的诸多非西方跨国电视机构或为各自所在国的政府所有，或得到所在国政府的资金支持，并不完全以盈利为目的，而更多基于在全球传播的格局中发出本国声音、呈现本国立场的需要。在全球化时代，跨国电视绝不是国内电视频道的简单"国际化"，而是完全基于全球信息流通逻辑与格局形成的新型电视机构形态，无论是具有商业属性还是国有属性，跨国电视机构的内容生产机制均非简单地对国际事务的"客观"呈现与"理性"阐释，而必然浸润在一种主体复杂、构成微妙的全球话语权力的竞争与冲突格局之中。例如，尽管 CNN 一贯标榜自身对于国际报道的不偏不倚，但研究者还是指出"CNN 的新闻报道始终是全球政治的一部分"，并批评 CNN 本身就是美国政府的一种"电信外交"（telediplomacy）手段[①]；而半岛电视台因在诸多国际事务中立足阿拉伯世界的立场，并时常表现出与 CNN 截然相反的态度而被普遍视为一种"反美势力"，很多研究者更是称之为第三世界打破美国媒体全球霸

[①] Royce J. Ammon, *Global Television and the Shaping of World Politics*, McFarland, 2001, p. 70.

权的"急先锋"①。

除纷纷开播英语新闻频道外,那些不以英语为主要语言的国家的电视机构还很重视对其他语种的国际频道的运营,这些频道主要针对特定的族群或特定的区域播出。前文提到的著名跨国电视机构,大多在主打英文频道之外拥有多语种频道,如 RT 就拥有阿拉伯语和德语频道,而中国国际电视台则拥有法语、西班牙语、俄语、阿拉伯语四个小语种频道。RT 和 CGTN 的这些非英语国际频道固然很难具备盈利能力,却在中俄两国的外交战略中发挥了十分重要的作用。有学者就曾评价,CGTN 的多个外语频道"帮助中国在亚洲、北美和西欧之外的地区推行新型经济与文化外交,成为赢得支持、获取国际影响力的一种软实力"②。

不过,西方国家也往往会通过特定的手段对与自身政策相抵触的外国电视机构进行遏制,其中屏蔽卫星信号是最常见的做法。由于电信准入政策在世界上大多数国家被视为一种保护本国媒体与文化的合法手段,因此美英等国频繁通过这种方式阻断外国电视台在本国的落地与传播。如 2012 年 1 月,英国通信管理局吊销了 Press TV 在英国的播放许可证并将频道从天空平台(Sky platform)撤下;2012 年 4 月,德国慕尼黑的地方媒体监管部门在德国政府的压力之下,以"没有播出资格许可证"的理由将 Press TV 从卫星运营商 SES Astra 平台撤下,令其订户无法接收 Press TV 的节目;2012 年 10 月,法国卫星服务提供商 Eutelsat 依据欧洲联盟对伊朗的制裁决定,停止为包括 Press TV 在内的伊朗 19 个电视频道和电台频率提供服务。

跨国电视机构催生了所谓的"全球电子文化"(global electronic

---

① 参见 Mohammed El-Nawawy, and Adel Iskander, *Al-Jazeera: The Story of the Network that Is Rattling Governments and Redefining Modern Journalism*, Basic Books, 2013。

② Zhiqun Zhu, *China's New Diplomacy: Rationale, Strategies and Significance*, Ashgate Publishing, 2014, p. 4.

culture），这种文化不但有力地参与了对全球化时代的国际政治经济格局的塑造，而且广泛而深刻地影响乃至重构了人们的生活体验。跨国电视打破了空间距离对人类获取信息和知识的过程的制约，哪怕是对于最遥远、最偏僻的地方发生的事情，全球电视网络也可及时将相关的影音资讯传遍世界各地，这使得信息和知识得以跨越国家、民族、语言、文化的藩篱，成为真正意义上的全球性的认知与审美经验，令人们产生"全球一体"的想象。[1] 例如，1997年英国戴安娜王妃因车祸殒命，其葬礼的电视直播总计在全球范围内吸引了25亿电视观众收看，其中只有3100万英国观众。在一些国家，如澳大利亚，这场葬礼的电视直播至今仍是"有史以来观众人数最多的节目"[2]。即使那些平日对戴安娜毫无了解的人也能通过观看电视直播感受到一种共同的情绪。[3] 同理，2001年的"9·11"恐怖袭击事件虽然发生在美国，但飞机穿透世贸大厦瞬间的极具震撼力的影像经跨国电视频道的反复播出，也有力地建构了世界各国的人对于恐怖主义的普遍理解。[4] 不过，这种共同的认知和审美经验又强化了关于人类思维方式的趋同性的争论——世界各地的人越来越倾向以某些全球共通的方式理解和阐释自身所处的世界，这是否意味着：另类的、本土的、民族的生活经验的存在空间会变得越来越逼仄？这是一个值得思考的问题。

三、电视节目的全球流通

早在第一个真正意义上的跨国电视频道 CNNI 正式创办以前，电视节

---

[1] Stuart Hall, "Culture, the Media and the Ideological Effect," in J. Curran, M. Gurevitch, and J. Woollacott, eds., *Mass Communication and Society*, Open University Press, 1977, p. 40.

[2] David Dale, "Australia's most Watched TV Programs of all Time," *The Sidney Morning Herald*, February 27, 2014.

[3] Victor J. Seidler, *Remember Diana: Cultural Memory and the Reinvention of Authority*, Palgrave Macmillan, 2013, p. 288.

[4] 参见 William A. Hachten, and James F. Scotton, *The World News Prism: Challenges of Digital Communication*, John Wiley & Sons, 2011。

目便已经通过国际版权贸易的方式实现了跨越国界的流通。专业的国际电视节目交易会，如 MIPTV、MIPCOM 以及 NATPE 等（参见第三章），也从 20 世纪 60 年代起迅速发展，为电视节目的跨国流通提供了平台。首播于 1978 年的美国电视剧《豪门恩怨》曾在全球 90 多个国家热播，并引起了多国批评界和学术界人士的关注[1]，被法国文化部部长雅克·兰（Jack Lang）称为"美国文化帝国主义的象征"[2]；巴西、阿根廷、墨西哥等拉丁美洲国家制作的电视肥皂剧，从 1975 年开始风靡全球 140 余国，成为拉美地区最主要的文化出口商品[3]。不过，长久以来，全球电视节目的贸易被广泛视为一种带有单向色彩的文化流通过程，是一个"以美国为主导性输出国的不对称交换系统"[4]。联合国教科文组织曾于 1985 年出版研究报告《电视节目的国际流动》（*International Flows of Television Programs*），其中翔实的数据呈现了美国电视节目在全球市场上毋庸置疑的霸权地位。表 9.3 为 1973 年和 1983 年若干国家进口节目的播出比例。[5]

表 9.3　1973 年和 1983 年若干国家进口节目播出比例

国家	1973 年比例（%）	1983 年比例（%）
美国（商业电视网）	1	2
加拿大（CBC）	34	32
墨西哥	39	24
法国	9	17

---

[1] Nick Stevenson, *Understanding Media Cultures: Social Theory and Mass Communication*, SAGE, 2002, p. 103.

[2] John Tomlinson, *Cultural Imperialism: A Critical Introduction*, A & C Black, 2001, p. 45.

[3] Denise D. Bielby, and C. Lee Harrington, *Global TV: Exporting Television and Cultural in the World Market*, NYU Press, 2008, p. 75.

[4] Els De Bens, and Hedwig de Smaele, "The Inflow of American Television Fiction on European Broadcasting Channels Revisited," *European Journal of Communication*, 16 (1), 2001, p. 52.

[5] Tapio Varis, *International Flow of Television Programmes*, UNESCO, 1985, p. 22.

（续表）

国家	1973年比例（%）	1983年比例（%）
意大利	13	18
英国（BBC）	12	15
爱尔兰	54	57
德国（公共电视网）	23	13
苏联	5	8
澳大利亚	57	44
中国*	1	8
新加坡	78	70
尼日利亚	63	31

*不包括港澳台地区的数据。

在20世纪七八十年代，播出来自外国的电视节目已成为常态，但各国播出外国节目的比例往往有很大差异：

（1）拥有全世界最发达的电视产业的美国是电视节目最大的输出国，进口节目播出比例维持在极低的水平；

（2）法国、英国、德国、意大利、苏联等拥有独特历史文化或意识形态资源的欧洲大国，多通过设立较高的节目准入壁垒或扶植本土节目制作的方式，抵挡美国电视节目的"入侵"；

（3）即使如加拿大、澳大利亚、爱尔兰、新加坡这样经济发达的国家，也往往无法抵御美国电视节目的侵袭；

（4）在"文化大革命"结束之后，中国进口节目的数量较以往大幅提升，但仍维持在较低水平。

进入90年代后，随着冷战的结束，意识形态的影响力渐弱，全球电视节目市场加速商业化，这更强化了美国节目的优势地位，有调查甚至显示，90年代中期全世界所有出口的电视节目中有75%来自美国。[1] 克里斯·巴克（Chris Barker）认为，美国的电视节目之所以拥有如此强大的流通能力，主要有三方面的原因。[2] 第一，美国拥有最为发达的国内电视网络和节目市场，这使得那些制作精良的电视节目在国内即可完全收回生产成本，发行方从而可以根据实际情况将节目以大大低于生产成本的价格销往海外市场。比如，售卖同样一集电视剧，在法国这样的发达国家可以标价5万美元，而在其他一些较为贫穷的国家则可以只卖500美元，这就具有了价格上的独特竞争力，为美国的电视节目行销全球提供了基本的经济保障。第二，美国电视节目延续了好莱坞开创的叙事和表现传统，而这种叙事和表现传统早在电视普及之前，便已经为全世界的观众所熟悉和认可，是一种安全稳妥的文化资源。第三，作为世界上唯一的超级大国，美国有丰富的"地缘－文化"（geo-cultural）资源[3]，这些资源相关地也更容易被转化为美国文化产品输出的市场。例如，有调查显示，20世纪80年代美国出口的电视节目中，有80%流向了与其有密切的地缘政治与历史文化关联的七个国家：澳大利亚、加拿大、法国、德国、意大利、日本和英国。[4]

不过，美国在全球电视节目市场上的霸权地位也远非牢不可破。一方面，大量的案例表明，美国的电视节目并不具有毋庸置疑的流通性，如风靡全球的美国电视剧《豪门恩怨》、《王朝》（*Dynasty*）和《辛普森一家》

---

[1] Colin Hoskins, et al., "Film and Television Co-productions: Evidence from Canadian-European Experience," *European Journal of Communication*, 10 (2), 1995, pp. 129-138.

[2] Chris Barker, *Television, Globalization and Cultural Identities*, McGraw-Hill, 1999, pp. 52-53.

[3] Joseph Straubhaar, "Distinguishing the Global, Regional and National Levels of World Television," in Annabelles Sreberny-Mohammadi, et al., eds., *Media in Global Context*, Arnold, 1997, pp. 294-298.

[4] David Waterman, "World Television Trade: The Economic Effects of Privatisation and New Technology," *Telecommunications Policy*, 12 (2), 1988, pp. 141-151.

（*The Simpsons*）等在日本等亚洲国家就并不受欢迎[1]，可见本土文化的力量在全球化时代仍然强有力地塑造着电视观众的收视观念和收视行为。另一方面，一些国家也在通过政策扶植和产业结构调整等方式，努力提高本国电视节目的国际影响力，以图在全球电视节目市场的竞争格局中获得更多的利益。比如，韩国就在近十几年里成功将其电视剧出口至东亚及东南亚的很多国家，韩国电视剧在包括中国、日本、越南等国在内的"儒家文化圈"尤其受到观众的欢迎，2020年韩国电视节目出口贸易额达1.6亿美元。[2] 而随着中国电视产业的日益成熟，近年来中国的电视节目也开始逐渐赢得国际影响力，如2011年首播的电视剧《甄嬛传》不但在日本、韩国等亚洲国家赢得极佳的收视率与口碑[3]，而且被美国著名视频网站Netflix引进播出。

其他国家的电视节目在全球节目市场中的崛起，也引发了美国电视从业者的警惕。2014年10月10日，美国著名影视行业周刊《好莱坞报道》（*The Hollywood Reporter*）的一篇文章就表达了对于法国节目"入侵美国电视"的担忧。在作者看来，美国电视节目成熟的类型化叙事模式正在被法国电视剧所借鉴，并转化为"法国制造"的节目"返销"美国。[4] 2013年10月17日，《彭博商业周刊》（*Bloomberg Businessweek*）也在一篇报道中惊呼英国电视剧全面"入侵美国视频行业"，而BBC相关内容部门负责人海伦·杰克逊（Helen Jackson）在接受采访时则声称："电视剧的发展……

---

[1] Koichi Iwabuchi, *Recentering Globalization: Popular Culture and Japanese Transnationalism*, Duke University Press, 2002, p. 96.

[2] 参见 Statista Website, https://www.statista.com/statistics/1274248/south-korea-export-value-of-kdramas-by-type-of-broadcast/#:~:text=In%202020,%20the%20export%20value, terrestrial%20TV%20channels%20in%202018, 2021年5月17日访问。

[3] Heidi Hsia, "*Legend of Zhen Huan*: A Hit in Japan," July 18, 2013, Yahoo News, https://sg.news.yahoo.com/legend-zhen-huan-hit-japan-065100807.html, 2021年5月17日访问。

[4] Scott Roxborough, and Rhonda Richford, "Why French-made Series Are Invading American TV," *The Hollywood Reporter*, October 10, 2014.

需要全球视野、国际人才和通用叙事"[1]。2013 年，法国和英国的电视节目出口贸易额均达历史新高：法国节目出口贸易额达 1.31 亿欧元（约 1.5 亿美元），比 2012 年增长 8%[2]；而英国电视节目出口贸易额则达 12.8 亿英镑（约 19.7 亿美元），比 2012 年增长 5%，其中，中国市场增长 40%，欧洲市场增长 27%，美国市场增长 10%[3]。

不过，在可预见的未来，美国仍将是最具全球影响力的电视节目大国。著名百科全书网站 HowStuffWorks 曾于 2018 年综合媒体报道和权威数据统计出十个最具国际影响力的美国电视节目（表 9.4），这些节目无论是在覆盖区域、盈利能力还是在文化影响方面，均远非其他国家的节目可比。不过，正在不断被全球化所重构的世界文化格局，以及日新月异的视频生产与传播技术，将不断为全球电视节目市场注入平衡性的力量。

表 9.4　最具国际影响力的美国电视节目[4]

	名称	类型	美国国内播出时间	备注
1	泽西海岸（Jersey Shore）	真人秀	2009—2012	研究者认为，其强有力地向世界推行了美国式生活方式
2	绝望主妇（Desperate Housewives）	电视剧	2004—2012	据维基解密透露，该剧在说服沙特阿拉伯年轻人拒绝暴力行为的问题上，比上千万美元的反恐宣传活动还见成效

---

[1] Kristen Schweizer, "British TV Exports Invade American Video Services," *Bloomberg Businessweek*, October 17, 2013.

[2] Elsa Keslassy, "French TV Program Exports Reach All-time Record in 2013," *Variety*, September 10, 2014.

[3] TRP, *UK Television Exports FY 2013/2014*, October 13, 2014.

[4] John Perritano, "10 TV Shows that Have Gained a Global Audience," HowStuffWorks website, http://people.howstuffworks.com/culture-traditions/tv-and-culture/10-tv-shows-that-have-gained-global-audience.htm#page=0，2018 年 3 月 17 日访问。

（续表）

	名称	类型	美国国内播出时间	备注
3	反恐24小时（24）	电视剧	2001—2014	日本电视台曾在一个星期内连续不间断播出该剧的前七季，破吉尼斯世界纪录
4	美国偶像（American Idol）	真人秀	2002年至今	被100多个国家引进播出
5	拖家带口（Married with Children）	电视剧	1987—1997	在俄罗斯广受欢迎
6	考斯比一家（The Cosby Show）	电视剧	1984—1992	仅国际发行就获益超过1亿美元
7	奥普拉·温弗里秀（The Oprah Winfrey Show）	脱口秀	1986—2011	被156个国家和地区引进播出
8	豪斯医生（House）	电视剧	2004—2012	被250个国家和地区引进播出，在欧洲极受欢迎
9	办公室（The Office）	电视剧	2005—2013	在iTunes的下载量长期居高不下
10	护滩使者（Baywatch）	电视剧	1989—1999	被142个国家和地区引进播出，拥有超过10亿观众

第二节　中国广播电视"走出去"

2001年8月20日，《中共中央办公厅、国务院办公厅关于转发〈中共中央宣传部、国家广播电影电视总局、新闻出版总署关于深化新闻出版广播影视业改革的若干意见〉的通知》（中办发〔2001〕17号）（下文简称《通知》）发布。当年12月24日，广电总局依据《通知》制定了《国家广播电影电视总局关于广播影视"走出去工程"的实施细则（试行）》（广发办字〔2001〕1494号），标志着中国广播电视业国际传播力和影响力的提升战略正式得到了国家的支持和确认。作为国家主流媒体的重要组成部分，中国的广播电视机构承担着在国际传播新秩序中更好地"讲好中国故事，传播好中国声音，展示真实、立体、全面的中国"的职责。[①] 党的二十大报告明确指出，要"加强国际传播能力建设，全面提升国际传播效能，形成同我国综合国力和国际地位相匹配的国际话语权"[②]。因此，积极参与国际传播实践，塑造真实的中国国家形象，推动更加公平的国际传播新秩序的构建，成为当下中国广播电视与视听传播行业发展的重要主题。

其实，在特定的国际政治语境下，中国广播电视业甫一诞生便有着对外传播的需求，并始终积极进行着相关的实践。中央电视台的前身北京电视台从创建初期起，就明确承担着对内宣传和对外宣传两项任务。在21世纪之前，中国电视的对外传播主要经历了三个阶段：20世纪50年代末期至70年代初期，以向海外寄送节目为主要形式；70年代中期至90年代初期，利用卫星向海外传送新闻节目以及开办专门的对外电视栏目；90年代初期以后，则主要通过开办国际电视卫星频道的方式，直接参与国际电视竞争。[③]

[①] 《全面提升"中国话语"的国际传播效能》，2023年5月5日，党建网，http://www.dangjian.com/shouye/zhuanti/zhuantiku/xuexiguancheershida/liluncanshi/liluncanshiesd/202305/t20230505_6598762.shtml，2023年7月4日访问。

[②] 习近平：《高举中国特色社会主义伟大旗帜　为全面建设社会主义现代化国家而团结奋斗——在中国共产党第二十次全国代表大会上的报告（2022年10月16日）》，2022年10月26日，人民网，http://cpc.people.com.cn/n1/2022/1026/c64094-32551700.html，2023年6月2日访问。

[③] 2018年3月21日，根据中共中央印发的《深化党和国家机构改革方案》，原中国中央电视台（CCTV）、中国国际电视台（CGTN）、中央人民广播电台（CNR）、中国国际广播电台（CRI）合并，组建新的中央广播电视总台，作为国务院直属事业单位，归口中共中央宣传部领导。原中国中央电视台、中国国际电视台、中央人民广播电台、中国国际广播电台建制撤销，但对内保留原呼号。为便于呈现资料和论述，本章仍在特定语境下使用"中央电视台""中国国际电视台"等原呼号。

中国在国家层面推动的**广播影视"走出去工程"**在广播电视领域，主要以中央广播电视总台旗下的中国国际广播电台和中国国际电视台（2016年12月31日以前为中央电视台）两家中央级广电媒体为竞争主体，其中又尤其重视中国国际电视台的海外业务的扩展。截至2014年年底，中国国际广播电台总计以65种语言进行全天候的对内和对外广播，同时拥有95家境外整频率落地电台和32个驻外记者站，是世界上使用语种最多的广播机构。① 1999年以前，中央电视台总共只有香港、澳门和华盛顿、布鲁塞尔、曼谷5个驻外记者站；但从1999年到2008年10年间，新增设记者站达14个，基本覆盖了包括英国、法国、德国、加拿大、澳大利亚在内的主要西方国家，以及俄罗斯、日本、埃及、巴西等大国；仅2010年和2011年两年，中央电视台便以极高的效率增设了50家记者站。目前，中国国际电视台总计拥有北美、非洲、欧洲3个海外分台和60余个驻外记者站，海外机构规模和数量在全球电视媒体中居首。② 此外，因应数字时代信息传播的新形势和新需求，中国国际电视台还在YouTube、Facebook、Twitter、Instagram、TikTok等国际社交媒体平台开设官方账号。

总体而言，中国广播电视业的"走出去"主要有三种模式：整频道（率）落地、节目海外发行、国际合作制片。

一、整频道（率）落地

所谓**整频道（率）落地**，是指电视卫星被允许在某地进行信号覆盖，当地的观众可以接收得到该频道信号、收看该频道的全部节目。在互联网和流媒体技术成熟之前，整频道落地是电视对外传播的首要策略，也是一家电视媒体对本国之外的国家和地区施加文化影响最有效的方式。在广播

---

① 参见中国国际广播电台网站（CRI 国际在线），https://www.cri.cn/，2015年5月17日访问。
② 参见中国国际电视台网站，https://www.cgtn.com/about-us，2023年3月15日访问。

影视"走出去工程"的支持下,中央电视台(中国国际电视台)迄今总共创办了 11 个承担对外传播任务的频道,其中包括 1 个汉语综合频道、1 个汉语新闻频道、1 个英语新闻频道、1 个英语纪录片频道、4 个小语种综合频道,以及 2004 年在北美地区专门开设的海外戏曲频道和娱乐频道两个数字频道与 1998 年在日本开设的大富频道(参见表 9.5)。至 2010 年 6 月,中央电视台已经与 279 家外国媒体机构就上述频道的落地事宜建立了合作关系,实施了 373 个整频道落地或部分时段落地项目,总共在 140 个国家和地区实现了节目的落地入户播出,其节目可被 15 亿外国观众接收。①

表 9.5 中央电视台(中国国际电视台)国际频道概况

频道名称	语言	开播时间	备注
中文国际频道(CCTV-4)	汉语	1992 年 10 月 1 日	中国第一个国际电视频道,主要面向大中华区和华侨华人观众,覆盖 121 个国家和地区
新闻频道(CCTV-13)	汉语	2003 年 5 月 1 日	以汉语普通话为播出语言的 24 小时新闻频道,本身并非纯粹的国际频道,但具有一定的国际影响力
英语频道(CGTN English)	英语	1997 年 9 月 20 日	中国第二个国际电视频道,全天 24 小时播出,覆盖 94 个国家和地区
纪录频道(CGTN Documentary)	英语	2011 年 1 月 1 日	全天 24 小时不间断播出央视制播的纪录片,配以英文配音或字幕,与中文纪录频道播出内容不同

---

① Reuters Institute for the Study of Journalism, "Expansion of International Broadcasting: The Growing Global Reach of China Central Television," Oxford University, July 2014, pp. 5-6.

（续表）

频道名称	语言	开播时间	备注
法语频道（CGTN-Français）	法语	2007年10月1日（原西班牙语法语频道）	由原中央电视台西班牙语法语频道拆分而成，24小时不间断播出，覆盖法国、加拿大及29个非洲国家
西班牙语频道（CGTN-Español）	西班牙语	2007年10月1日（原西班牙语法语频道）	由原中央电视台西班牙语法语频道拆分而成，24小时不间断播出，覆盖西班牙及7个拉丁美洲国家
阿拉伯语频道（CGTN بالعربية）	阿拉伯语	2009年7月25日	覆盖中东、北非地区20余个国家和地区
俄语频道（CGTN-Русский）	俄语	2009年9月10日	覆盖俄罗斯和东欧、中亚10余个国家和地区
海外娱乐频道（CCTV Entertainment Channel）	汉语	2004年10月1日	主要面向北美、欧洲和东南亚地区的华人观众
海外戏曲频道（CCTV Traditional Opera Channel）	汉语	2004年10月1日	主要面向北美、欧洲和东南亚地区的华人观众，与中央电视台国内戏曲频道（CCTV-11）播出内容不同
大富频道（CCTV-大富）	汉语 日语	1998年5月27日	与日本大富株式会社合作，创建之初几乎全部转播中文国际频道的节目，现同时播出汉语、日语节目

在中国电视频道海外落地过程中起到最关键作用的，是被视为广播电视"走出去工程"的一项重大成果的长城平台的组建。该平台是一个完全"以我为主"的、专事中国电视频道海外传播的卫星电视平台，由中央广播电视总台下属的中国国际电视总公司负责运营，平台内集成了中国大多数现有的对外频道，并主要以直接入户的方式将中国制作的电视节目送进

外国观众家中。至 2008 年，长城平台已经先后实现了在美国、亚洲、欧洲、拉美和加拿大五个重点区域的落地（参见表9.6），其成功运营"标志着中国电视面向世界的传播从过去单个媒体各自为战的局面向强强联合规模化经营迈出了坚实的步伐……具有里程碑意义"①。

表 9.6 长城平台运营情况②

平台	开播时间	频道数	落地方式
长城（美国）平台	2004 年 10 月 1 日	19	卫星直接入户
长城（亚洲）平台	2005 年 2 月 1 日	11	卫星直接入户
长城（欧洲）平台	2006 年 8 月 28 日	14	IP 电视入户
长城（拉美）平台	2008 年 1 月 1 日	13	卫星直接入户
长城（加拿大）平台	2006 年 12 月 22 日	9	有线电视网入户
长城（东南亚）平台	2009 年 9 月 20 日	19	IP 电视入户
长城（澳大利亚）平台	2010 年 11 月 29 日	16	IP 电视入户
长城（非洲）平台	2012 年 3 月 1 日	10	卫星直接入户

除中央电视台外，不少省级电视台以及一些有条件的地方电视台也纷纷通过长城平台或者其他途径积极开拓境外传播渠道，取得了很好的成绩。中东部地区省级台的"走出去"以东方卫视为代表：东方卫视 2002 年在日本落地；2003 年通过与香港 TVB 的战略合作在澳大利亚落地，同年 9 月在中国澳门落地；2007 年 4 月通过 TVB 付费电视网在中国香港落地③，同年又通过中国电视长城欧洲平台在法国落地播出；后逐步向英国、

---

① 赵化勇主编：《中央电视台发展史（1998—2008）》，中国广播电视出版社 2008 年版，第 66—67 页。
② 数据源于李舒东主编：《中国中央电视台对外传播史（1958—2012）》，人民出版社 2013 年版，第 280—287 页。
③ 叶国标、梁智勇：《中国电视媒体对外传播新格局与国际化策略浅析》，《新闻记者》2010 年第 9 期，第 42—45 页。

德国、荷兰、意大利、西班牙、比利时等华人较多的国家推进。目前，东方卫视是中国辐射境外最广的省级卫视。边疆地区的地方台则充分利用地域优势，努力扩大在具有文化接近性的周边国家和地区的落地：广西卫视在越南、老挝、柬埔寨、菲律宾4个东盟国家落地；西藏卫视的藏语频道进入了尼泊尔最大的有线电视网；内蒙古卫视在蒙古、俄罗斯和新西兰的部分地区落地；新疆电视台的哈萨克语频道在蒙古落地；等等。此外，2004年6月开播的专业外宣电视台中国黄河电视台以推广汉语教学和传播中国文化为主要内容，曾通过长城电视在美国、加拿大和拉美三大平台实现了海外落地，每天播出6小时节目，24小时滚动播出。

二、节目海外发行

20世纪50年代末中国电视在诞生之初，便开始向其他同在社会主义阵营的国家寄送用胶片拍摄的新闻片，这是中国电视**节目海外发行**的滥觞。此后，在技术进步和经济发展的支持与推动下，电视节目发行的方式和渠道也不断发生变化：从邮寄磁带到卫星直传、从模拟信号到数字信号、从传统媒体到网络媒体、从单向传播到双向互动。

目前，中国电视节目海外发行主要有两个方式：一是国家主导、自办发行，直接掌控平台和收益；二是通过和国外媒体的合作，向海外主流媒体提供内容，以出售节目的海外播映权实现盈利。在很多情况下，上述两种方式并行且多有融合，以实现最佳效果。例如，2011年11月23日，当时的国家广播电影电视总局开展了"中国优秀电视剧走进非洲"的活动，在这次活动中，斯瓦希里语版中国电视剧《媳妇的美好时代》作为首部选送作品在坦桑尼亚国家电视台播出，受到当地观众的热烈欢迎和海内外媒体的广泛关注。2013年3月25日，中国国家主席习近平出访坦桑尼亚，还在讲话中提到，《媳妇的美好时代》的播出"使坦桑尼亚观众了解到中国老百姓家庭生活的酸甜苦辣"[1]。该剧在坦桑尼亚重播后,坦桑尼亚国家广播公司电视节目部收到大量观众来信和来电,普遍反映节目内容精彩。有了国产电视剧首次在非洲成功推广的经验,《北京爱情故事》《金太狼的幸福生活》《杜拉拉升职记》《医者仁心》等6个语种的10部优秀电视剧也完成了翻译和配音制作,并在非洲地区推广与播出。从2013年起国家广播电视总局就着手组织实施对非影视合作工程,计划每年翻译10部优秀国产电视剧、动画片、纪录片和52部电影供非洲各国主流电视媒体播出。

借助全球流媒体网站的发展,中国电视节目近年来也越来越多地实现了在海外的发行。比如,2011年首播的中国电视剧《甄嬛传》成功发行至日本、韩国、马来西亚、美国等国家,更于2015年4月被剪辑为每集90分钟、共6集的电视电影在Netflix播出。其在日本播出仅一星期,就吸引了近4000万固定观众,一位日本电视业资深人士盛赞该剧为"一部即使在5—10年后仍会引发热议的不朽之作"[2]。2020年,东方卫视与腾讯视频联合播出的电视剧《三十而已》也先后上线包括Netflix在内的20余个海外播出平台,并在马来西亚等地产生积极反响。[3]

三、国际合作制片

中国广播电视业"走出去"的第三种主要模式是**国际合作制片**,即中

---

[1] 《〈媳妇的美好时代〉非洲热播 媒体还原译制全程》,2013年3月28日,人民网,http://media.people.com.cn/n/2013/0328/c40606-20944853.html,2022年7月1日访问。

[2] Joanna, "*Legend of Zhen Huan* Becomes Smash Hit in Japan," *Jayen Stars*, July 16, 2013, http://www.jaynestars.com/tv-dramas/legend-of-zhen-huan-becomes-smash-hit-in-japan/,2023年5月1日访问。

[3] 《剧集受海外市场青睐 合作方式多元化 国产影视剧加快走出去》,2022年4月13日,新华网,http://www.xinhuanet.com/ent/20220413/6c08ddb88d8948a5b7cb369092036c22/c.html,2023年5月1日访问。

国的广播电视机构以合拍方或协拍方的身份，与外国广播电视机构联合负责节目的生产，并分享节目传播与销售所得之利益的一种广播电视内容生产方式。20世纪70年代末80年代初中国与日本合拍的《丝绸之路》，是第一部中外合作制片的大型电视纪录片，在当时产生了较大影响力。如今，国际合作制片已成为电视节目生产领域的常态。

国际合作制片有两个较大的优势：第一，中国的合作方往往是来自发达国家的具有国际影响力的主流电视媒体或制作机构，与其合作可以获得充足的资金和一流的硬件设备，同时也可以从中学习到先进的摄制技术和创作理念；第二，国际合作有助于扩大中国的电视节目生产者的视野，在与外国制作机构的合作过程中探索更加符合海外观众收视偏好的节目内容和形式，这对于电视节目对外传播过程中的本土化有显见的好处。2008年中英合作拍摄的纪录片《美丽中国》(*Wild China*)（图9.2）是当前国际合作制片模式的一个典型案例。该片由中国中视传媒股份有限公司和英国BBC联合摄制，历时4年，共投资500万英镑，拍摄了中国50多个国家级野生动植物和风景保护区、86种中国珍奇野生动植物和30多个民族生活故事，展现了中国的自然人文景观。该片不仅获得第30届美国艾美奖"新闻与纪录片奖"等多项大奖，还被全球50多个电视频道播出。

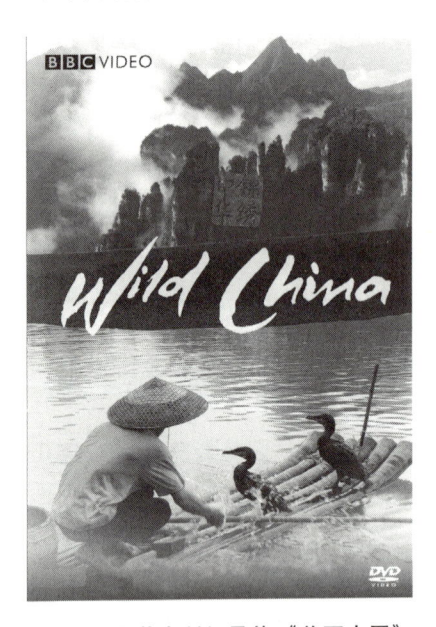

图9.2 中英合制纪录片《美丽中国》

尽管在"走出去"战略的支持下，中国广播电视业无论是在内容上还是在渠道上都在加速着国际化的进程，但全球化所带来的跨境信息的极大丰富以及国际传播领域话语权竞争的日趋白热化，也使中国广播电视"走出去"面临诸多政治和文化上的障碍。例如，尽管中国国际电视台通过与美国第二大有线电视服务商时代华纳有线（2016 年被 Charter Communications 收购）合作的方式实现了其英语频道在美国主要地区的落地，但该公司的服务总共集成了近 2000 个频道。另外，尽管中国的广播电视媒体在技术上已经实现对世界上大部分国家和地区的覆盖，但要真正培养海外忠实观众，仍需在内容的专业性上下更多的功夫。[1] 有调查显示，中国广播电视机构的外语频道的受众主要来自中国国内而非海外；此外，在对新媒体渠道的利用上，由于复杂的原因，中国电视节目的海外发行一直困难重重，即使是最受欢迎的古装剧往往也只能以很低的价格向海外销售；而这些节目的海外受众，长期以来也一直以华侨、华人群体为主。[2] 在以上方面，中国的广播电视机构不及另外两家电视机构——半岛电视台和今日俄罗斯电视台。[3]

第三节 广播电视的全球化与文化帝国主义

在全球化的进程中，关于文化帝国主义（cultural imperialism）的讨论和争议始终如影随形。

学者们对于"文化帝国主义"的内涵往往有不同的理解和阐释，且始终难以达成共识。有人做出较为宽泛的概括："一国将自己的一整套信仰、

---

[1] Peter Foster, "China Launches Global News TV Station," *The Telegraph*, February 9, 2012.

[2] Elaine Yao, "Chinese TV Series Grow in Popularity Overseas but Movies are Another Story," *South China Morning Post*, April 7, 2021.

[3] Anne Nelson, "CCTV's International Expansion: China's Grand Strategy for Media?" October 22, 2013, The Center for International Media Assistance (CIMA), http://cima.ned.org/wp-content/uploads/2015/02/CIMA-China-Anne-Nelson_0.pdf, 2023 年 6 月 8 日访问。

价值观、知识和行为规范及其整体生活方式强加给其他国家。"① 有人将矛头对准特定国家:"世界上很多地区的传统和本土文化正在受到来自美国的商业和媒介产品的侵袭。"② 还有人从政治经济学的角度将文化帝国主义的命题解读为媒介帝国主义:"某个国家的媒体所有权、结构、发行与内容,在某方面或总体上受制于其他一个国家或多个国家的强烈外部压力,而且受到这样影响的国家未能成比例地反向施加压力。"③ 但无论如何界定文化帝国主义的历史与社会构成,人们普遍认同在全球化的背景下存在信息和知识流通的不平衡现象,这种现象产生的结果就是一些国家或民族"对于文化自主权和文化多样性的丧失"④,而包括电视在内的大众传媒在其中发挥了至关重要的作用。

在很多情况下,文化帝国主义理论体现为对于西方国家,尤其是美国在全球传播格局中所占据之霸权地位的批判。如凯文·罗宾斯(Kevin Robins)所言:"所有将自身定性为'永恒'或'跨国'的并自称来源于现代化或现代性的'卓越''普遍'的文化产品,都是全球资本主义的产物;而全球资本主义在本质上就是西方化,即对西方商品、价值观、优越感以及生活方式的输出。"⑤ 美国学者赫伯特·席勒在《大众传播与美利坚帝国》一书中,对于美国借助国家经济与政治力量控制全球娱乐、传播和信息产业的机制做出了详尽考察,认为美国政府与大型跨国公司之间的密

---

① Luis R. Beltran, "Communication and Cultural Domination: USA-Latin American Case," *Media Asia*, 5(4), 1978, p. 184.

② Jeremy Tunstall, *The Media Are American*, Columbia University Press, 1977, p. 57.

③ Oliver Boyd-Barrett, "Media Imperialism: Towards an International Framework for the Analysis of Media System," in James Currran, Michael Gurevitch, and Janet Woollacott, eds., *Mass Communication and Society*, Arbold, 1977, pp. 116-135.

④ Chris Barker, *Television, Globalization and Cultural Identities*, McGraw-Hill, 1999, p. 37.

⑤ Kevin Robins, "Tradition and Translation: National Culture in Its Global Context," in J. Corner, and S. Harvey, eds., *Enterprise and Heritage: Crosscurrents of National Culture*, Routledge, 1991, p. 25.

第九章 全球化语境下的广播电视业

切关系在这一过程中扮演了重要角色。[1] 阿里尔·多夫曼（Ariel Dorfman）和阿尔芒·马特拉（Armand Mattelart）也在《如何解读唐老鸭》一书中指出，天真无邪的美国动画片中其实隐藏着美国的意识形态企图，比如史高治·麦克达克叔叔（Scrooge McDuck）满世界寻觅宝藏的行为，就是一种对于美国公司压榨、掠夺拉美国家资源之行为进行"自然化"的企图。[2] 这本书最先在拉美国家智利出版，两年后被禁，并在相当长的时间内被视为反美的共产主义宣传作品。

除学者外，一些旨在促进全球文化平衡协调发展的国际机构，也致力于对美国文化霸权的批判。电视由于在20世纪60年代之后成为最具影响力的跨国媒介，因此也就成为文化帝国主义论争的热点领域。其中，尤以联合国教科文组织1974年和1985年出版的两个关于全球电视节目流动的调查报告最具影响力。调查结果表明，从1973年到1983年间，尽管国际政治经济格局不断发生变化，但全球电视节目市场的结构却维持着基本的稳定：一方面，电视节目的流动呈现出"单向街"（one-way street）的特征，即主要由美国流向其他国家；另一方面，娱乐节目是全球电视节目市场的主导形态，而这也正是美国电视产业最大的优势。[3] 此外，联合国教科文组织还于1977年专门任命了一个由诺贝尔和平奖得主、爱尔兰政治家肖恩·麦克布莱德（Sean MacBride）执掌的国际委员会对全球传播格局不平衡问题进行观察和研究，该委员会于1980年发布了题为《多种声音，一个世界》（Many Voices, One World）的报告，指出"某些强势的、具有技术

---

[1] 参见 Herbert Schiller, *Mass Communications and the American Empire*, Augustus M. Kelly, 1969。

[2] 参见 Ariel Dorfman, and Armand Mattelart, *How to Read Donald Duck: Imperialist Ideology in the Disney Comic*, Intl General, 1984。

[3] 参见 Kaarle Nordenstreng, and Tapio Varis, *Television Traffic—A One-way Street? A Survey and Analysis of the International Flow of Television Programme Material*, UNESCO, 1974; Tapio Varis, *International Flow of Television Programmes*, UNESCO, 1985。

优势的国家正运用其优势施行文化及意识形态的统治,破坏其他国家的国族身份"①,将矛头对准美国。联合国教科文组织对新的世界信息和传播秩序的提倡引起美国的强烈反弹,美国随即退出了联合国教科文组织并宣称反对该组织将传播问题政治化,英国也紧随其后选择退出。

不过,也有人对文化帝国主义的命题进行了质疑,这得益于 20 世纪 80 年代以来文化理论和传播理论的发展和转向。一方面,"主动受众"的理念和视角表明,电视观众并不是麻木无力的受害者,而是积极主动的意义解读者和创作者。例如,曾经被视为"美国文化帝国主义典范"的热门肥皂剧《豪门恩怨》,就曾被很多研究者考察和分析。他们的研究表明,这部美国电视剧的外国观众并不必然接受剧中包蕴的"美国的"意识形态和生活方式,而是会从自身所拥有的文化资源和自身所处的文化语境出发,做出符合自身利益的理解。②约翰·菲斯克甚至认为,电视观众对于电视节目的解读行为是无权者对于有权者的一种抵抗行为,"与其对收编过程穷追不舍而罔顾其他,不如转而考察大众的活力与创造力"③。洪美恩也认为:"并不存在一个秩序井然的地球村……全球化是一个冲突、对抗与矛盾的复合体。"④

另一方面,很多学者指出,文化帝国主义将对国际传播格局的权力关系的考察落脚于国家与民族的层次,这在全球化的背景下也未必站得住脚;将全球传播的不平衡格局归因于西方化甚至美国化,犯了一叶蔽目的

---

① The MacBride Commission, *Many Voices, One World: Towards a New, More Just, and More Efficient World Information and Communication Order*, UNESCO, 1980, p. 37.

② 参见 Ien Ang, *Watching Dallas: Soap Opera and the Melodramatic Imagination*, Methuen, 1985; Tamar Liebes, and Elihu Katz, *The Export of Meaning: Cross-cultural Readings of Dallas*, Oxford University Press, 1990。

③ John Fiske, *Understanding Popular Culture*, Unwin Hyman, 1989, p. 20.

④ Ien Ang, *Living Room Walls: Rethinking Media Audience for a Postmodern World*, Routledge, 1995, p. 165.

错误，因为很多电视媒体的内容生产行为早已跨越了国族的边界，其产品难以被简单贴上某一国的标签。例如，尽管西方电视机构提供的视频资料会出现在很多发展中国家的电视新闻中，但这些发展中国家的电视台往往会去掉原视频的音轨，只保留图像，并根据自己的需要配上解说词和评论，形成属于自己的产品。① 再如，风靡全球并获美国电影学院奖金像奖最佳外语片奖的华语电影《卧虎藏龙》（*Crouching Tiger，Hidden Dragon*）被广泛视为一部代表中国文化意涵的影片，但这部影片其实是由中国和美国的多家公司联合制片的，其全球发行则主要是由日本跨国公司索尼的美国分公司负责的。因此，文化人类学家阿尔君·阿帕杜莱（Arjun Appadurai）指出，全球化绝不是一个简单的"西方文化借助经济驱动力不断扩张"的过程，而是民族图景、技术图景、经济图景、媒介图景和意识形态图景的"离心式流动"，是一个极为复杂和微妙的系统。②

此外，全球电视传播的格局中也已经有一些著名的机构和产品在"打破西方霸权"领域取得了令人瞩目的成就。比如，拉美国家巴西的最大电视机构环球电视网（Rede Globo）早在20世纪80年代早期就成功将其制作的电视肥皂剧出口到全世界50多个国家，就连仍处在社会主义阵营中的波兰也有85%的国民成为巴西电视剧《女奴》（*Escrava Isaura*）的忠实观众。拉美肥皂剧的成功甚至诱使美国的电视机构对其叙事和表现形式加以模仿——由美国电视网 Telemundo、哥伦比亚电视网的 Caracol Television 和环球电视网联合制片并于 2010 年播出的《克隆人》（*El Clon*），就是对 2001 年巴西环球电视网制作的葡萄牙语影片《克隆人》（*O Clone*）的翻

---

① Michael Gurevitch, et al., "The Global Newsroom: Convergence and Diversities in the Globalisation of Television News," in P. Dahlgren, and C. Sparks eds., *Communication and Citizenship*, Routledge, 1991, pp. 195–216.

② Arjun Appadurai, "Disjuncture and Difference in the Global Cultural Economy," in P. Williams, and L. Chrisman, eds., *Colonial Discourse and Post-Colonial Theory*, Harvester Wheatsheaf, 1993, pp. 324–339.

拍。2001年，葡萄牙语影片在74个国家和地区热播，并拥有17种语言版本。拉美电视肥皂剧在全球范围内的风靡及其对美国电视产业的反向影响，"令强调第三世界国家只是好莱坞产品的无辜受害者的文化帝国主义论调不攻自破"①。

另外，立足于阿拉伯世界的半岛电视台也借助自身的地缘和文化优势，成为国际电视新闻竞争的一个举足轻重的参与者。从1996年创办开始，半岛电视台就致力于播出波斯湾沿岸各国的争议性事件，并提供与西方媒体不同的观点。2001年的"9·11"恐怖袭击事件后，基地组织领导人奥萨马·本·拉登多次将自己的讲话录像独家提供给半岛电视台，使其在全世界范围内声名大噪；而在从2001年持续至2014年的阿富汗战争中，半岛电视台是唯一对战争进行连续直播报道的电视机构，这进一步强化了其作为国际一流大台的地位。在诸多重大国际事务上，半岛电视台为全球观众提供了与美国媒体立场相左的报道和言论，并在国际社会赢得了广泛的尊重和支持。② 英语频道的开播更令半岛电视台如虎添翼，该频道2006年总计在全球范围内拥有超过10亿观众。③ 诸多证据表明，半岛电视台在阿拉伯地区事务上拥有举足轻重的影响力。有文章指出："无论如何，半岛电视台的巨大影响力都使得其成为舆论的有力塑造者，它不但决定了哪些事件应该被报道，也决定了阿拉伯世界应当对特定事件持有什么观点。"④ 半岛电视台的影响力甚至引发了美国政府的警惕，2011年，时任美国国务卿的希拉里·克林顿就曾公开声称："半岛电视台正在确凿无疑地改变人们的观念和态度……而美国（在这场信息战争中）

---

① 参见 Ilan Stavans, *Telenovelas*, ABC-CLIO, 2010。
② 参见 Hugh Miles, *Al Jazeera*, Little Brown, 2010。
③ Linda Tschler, "Al Jazeera's Global Mission," *Fast Company*, April, 2006.
④ Noah Bonsey and Jeb Koogler, "Does the Path to Middle East Peace Stop in Doha? Al Jazeera's Influence on the Israeli-Palestinian Conflict," *Columbia Journalism Review*, February 26, 2010.

已经落后于时代了。"①

流媒体网站的崛起则在一定程度上对全球广播电视业固有的权力格局构成了冲击。由于机构形式和经营模式与传统广播电视机构不同,各大流媒体网站普遍重视培育利基市场和多元文化生态,因此总体上较为强调对来自不同国家或呈现不同生活方式的节目的制播。比如,Netflix 在 2021 年年初宣布,将投入 1 亿美元用于提升自身的文化多样性;其联席 CEO 泰德·萨兰多斯(Ted Sarandos)表示,这一投入将被用来解决三个问题:(1)让不同国家和族群的人都能发出自己的声音;(2)使节目对多元价值观的呈现更加真实准确;(3)尽力避免对某些文化的排斥。② 而在对外国节目的引进力度上,Netflix 也超过了所有传统电视网,其播出过的代表性外国剧集包括西班牙的《名校风暴》(*Elite*)、丹麦的《权力的堡垒》(*Borgen*)、德国的《暗黑》(*Dark*)、土耳其的《相遇伊斯坦布尔》(*Ethos*),等等。不过,随着全球流媒体内容行业寡头垄断格局的日益固化,越来越多的人担心以 Netflix 为代表的"头部平台"会建立新的经济与文化霸权。③

第四节　社交媒体与跨国广播电视

传播技术的发展不断为广播电视的跨国流通提供新的方式和手段,同

---

① Z. Byron Wolf, "Sec. of State Hillary Clinton: Al Jazeera Is 'Real News', U.S. Losing 'Information War'," March 2, 2011, ABC website, http://abcnews.go.com/blogs/politics/2011/03/sec-of-state-hillary-clinton-al-jazeera-is-real-news-us-losing-information-war/, 2015 年 7 月 21 日访问。

② Julia Boorstin, "Netflix Will Spend $100 Million to Improve Diversity on Film Following Equity Study," February 26, 2021, CNBC website, https://www.cnbc.com/2021/02/26/netflix-will-spend-100-million-to-improve-diversity-on-film-following-equity-study.html, 2022 年 8 月 17 日访问。

③ Luis Aguiar and Joel Waldofogel, "Netflix: Global Hegemon or Facilitator of Frictionless Digital Trade?" *Journal of Cultural Economics*, 42 (1), 2018, pp. 419–445.

时给广播电视业的全球竞争格局注入新的活力与动力。其中，尤以互联网技术，特别是 Web 2.0 技术的日新月异最为引人注目。互联网的无远弗届和无孔不入，不但能使广播电视的内容以极低的成本跨越国族边界与政策藩篱，而且可令全球各处的受众得以通过多种终端接触来自本地之外的信息和知识。

社交媒体的发展对传统跨国广播电视传播的理念和实践构成了极大的冲击。目前，社交媒体是人们创作和分享自制内容以及交流意见、观点和经验的最主要的虚拟社区和网络平台，是 Web 2.0 时代互联网信息传播和交换的最主要渠道。统计数据显示，截至 2022 年 4 月，全球社交媒体用户总数达 46.5 亿，占全世界总人口的 58.7%；其中，Facebook 的月活用户数约 29.00 亿，YouTube 约 25.60 亿，微信约 12.68 亿，而 TikTok 也达到约 10.00 亿。[①] 社交媒体以 UGC 为显著特色，这使得普通互联网使用者也可制作及传播面向全球受众的视听内容，此状况无疑对传统广播电视媒体的权威性构成了挑战。

但与此同时，跨国广播电视机构亦可充分利用社交媒体的技术特征，使其服务于自身的全球传播战略。具体而言，社交媒体对跨国广播电视的影响体现在三个方面：一是视频分享网站成为跨国广播电视业竞争的新战场，二是公民新闻成为全球传播的新生力量，三是社交短视频实现重塑国际传播版图。

一、视频分享网站：跨国广播电视业竞争的新战场

视频分享网站建立在流媒体与社交网络的技术架构上，实现了真正意义上的全球覆盖，与高度受制于各国媒介政策的传统跨国传播渠道有天壤

[①] Datareportal, "Global Social Media Statistics," https://datareportal.com/social-media-users#:~:text=Analysis%20from%20Kepios%20shows%20that, since%20this%20time%20last%20year, 2023 年 5 月 14 日访问。

之别，其出现和普及大大降低了广播电视内容实现全球流通的成本。目前，几乎所有主要的跨国广播电视机构都在全世界最大的视频分享网站 YouTube 上拥有自己的一个或多个官方账号，并努力通过这一真正意义上的无远弗届的"跨国平台"来增强自己的国际影响力（参见表 9.7）。

表 9.7　跨国电视机构在 YouTube 网站的主要官方账号概况①

机构名称	账号	创建日期	订阅人数（万）	总点击数
CNN	CNN	2005.10.03	1400	11 908 644 244
BBC	bbcnews	2006.04.07	1260	3 755 867 843
Al Jazeera	AlJazeeraEnglish	2006.11.23	921	2 872 151 704
Sky News	SkyNews	2006.06.12	508	2 742 663 111
DW	dwnews	2007.09.04	401	1 403 738 164
CGTN	cgtn	2013.01.24	286	1 861 886 679
France 24	FRANCE24English	2007.04.04	249	896 081 716
NHK	NHKWORLDJAPAN	2007.03.11	179	493 872 758

我们以 YouTube 上影响力最大的非西方电视机构半岛电视台为例。半岛电视台在 YouTube 上运营的英语账号总共包括三个模块：（1）半岛英语电视频道的直播链接；（2）各种类型的往期节目视频；（3）适用于智能手机竖屏播放的短视频。与此同时，观众还可以通过三种类型的播放列表系统地收看节目，分别是：（1）临时热点新闻话题，即根据议题（topic）对近期热点事件相关的新闻报道进行聚合；（2）AJ Go，即 Al Jazeera Digital 系列，集合了半岛台专为网络传播制作的纪录片和专题片栏目；（3）Al Jazeera Shows，按照名称聚合了半岛台各王牌栏目的往期视频。值得一提的是，半岛台基于 YouTube 平台播出的节目内容也体现出鲜明的特色：以

---

① 数据截至 2022 年 7 月 6 日；按订阅人数排序；若同一机构有多个账号，则以其提供英语内容的账号（如 France 24）或订阅人数最多的账号（如 CNN）为准。

新闻和纪录片为主，兼有传播阿拉伯地区知识与文化的专题节目。

除 YouTube 外，包括 Instagram、TikTok 在内的各种社交短视频网站也日渐成为国际电视竞争的新战场。由于以智能手机为主的终端形式的限制，这类网站难以播出完整的节目内容，而更多被用作碎片化、情感化的品牌传播，业已成为国际电视机构吸引外国青年观众的重要方式。例如，至 2022 年 7 月，CGTN 开设于 Instagram 的账号已拥有 230 万关注者，并累计发布 1 万余条短视频内容；而 BBC 开设于 TikTok 的账号（tiktok.com/@bbc）也已拥有 130 万关注者，累计收获了 3620 万个用户点赞。电视机构通过社交短视频平台发布的内容以软性、娱乐性视频片段为主，与其传统频道和 YouTube 频道之间有巨大的风格差异。

在各国电信政策和电视信号准入壁垒的影响下，通过视频分享网站和其他形式的社交媒体进行跨境传播成为非西方电视机构的一个务实的选择，但这一过程中同样存在立场矛盾导致的冲突性事件。例如，2013 年，总部设在美国纽约的反诽谤联盟（Anti-Defamation League，ADL）组织将伊朗的 Press TV 称为"使用英语向全世界观众大肆倡导极端危险的反犹主义阴谋论的宣传工具"，并向 YouTube 提出，若继续允许 Press TV 进行直播，不仅将违反该网站的服务条款，而且可能被视为违反伊朗制裁法案。随后 YouTube 查封了 Press TV 的官方账号"PressTVGlobalNews"，使其无法上传新的节目内容。两周之后，Press TV 尝试通过申请新的账号来对抗查封，但是由于 ADL 再次对 YouTube 加以提醒，新的账号再次被封锁。接下来的两个月中，Press TV 又申请了若干新的账号，但是均陆续被 YouTube 查封。ADL 虽然是一个以抗争反犹主义为诉求的社会组织，但其在对 Press TV 的批评和打压过程中却频繁指责其对西方国家的"敌视"。ADL 在自己的官方网站发布了题为《伊朗的 Press TV：向英语国家传播反犹太主义》（"Iran's Press TV：Broadcasting Anti-Semitism to the English Speaking World"）的公开文件，该文件从 2013 年创建以来不断扩充与更新。文件中强调，

Press TV 协助伊朗宣扬国家仇恨，不但误导性地将煽动仇恨者呈现为严肃可信的"专家""分析员"，还将他们的狭隘观点传递给越来越多的受众。此外，ADL 还指责 Press TV 大量使用负面的角度报道西方社会，强调西方的帝国主义、发展缓慢的经济、缺失的公平、政治的腐败以及种族和阶级的差异等问题，却罔顾本国的经济发展迟滞与政治贪腐现状，进而将 Press TV 描述为一个充满偏见与种族歧视的危险媒体。[①]

二、公民新闻：全球传播的新生力量

公民新闻（citizen journalism），亦称参与式新闻（participatory journalism），是指传统意义上的新闻受众在新闻与信息的采集、报道、分析与传播等领域扮演积极主动角色的一种新闻生产模式。[②] 在很多学者看来，公民新闻是一种"主流传媒之外的另类且主动的新闻采集模式，有助于弥补传统的专业化新闻生产的不足"[③]，并通过赋予受众以信息生产权力的方式而使社会信息网络的运行更加有效[④]。互联网技术的崛起被普遍视为催生公民新闻的主要社会因素。如美国著名博客记者马克·格拉泽（Mark Glaser）在一篇文章中所言："（公民新闻）背后的理念就在于没有经过新闻学专业训练的普通人也可以使用现代科技和全球互联网……重新定义新闻。"[⑤] 博客、播客乃至现在的微博、微信及各类视频分享网站，均可被视为公民新

---

① "Iran's Press TV: Broadcasting Anti-Semitism to the English Speaking World," ADL website, http://archive.adl.org/nr/exeres/04bd070f-5923-42c8-9fee-f3d244c761f6, db7611a2-02cd-43af-8147-649e26813571, frameless.html, 2023 年 5 月 7 日访问。

② 参见 S. Bowman, and C. Willis, *We Media: How Audiences Are Shaping the Future of News and Information*, The Media Center at the American Press Institute, 2003。

③ 参见 Coutney Radsch, *The Revolution Will Be Blogged*, Doctoral Dissertation, American University, 2013。

④ Jay Rosen, "A Most Useful Definition of Citizen Journalism," *Press Think*, July 14, 2008.

⑤ Mark Glaser, "Your Guide to Citizen Journalism," *Public Broadcasting Service*, September 27, 2006.

闻实践的平台。

尽管从诞生之日起，公民新闻便因其在平衡性、伦理和报道质量等领域的诸种问题而饱受质疑，但随着社交媒体赋予传统新闻受众更大的信息生产与传播的自主权，公民新闻已经成为新闻业面临转型与变革的过程中不可回避的话题。尤其是，在全球性的重大新闻事件中，由身在现场的社交媒体用户使用智能手机拍摄的素材正在成为主流国际新闻影像的有机组成部分，其时效性远远超过传统的驻外记者生产模式。对于老牌的跨国广播电视媒体而言，如何将不可抗拒的非专业新闻生产力量纳为己用，已是当务之急。[1]

在使用公民新闻强化自身国际传播优势的问题上，CNN推出的iReport项目最具代表性，也取得了最为显著的成效。iReport是CNN于2006年8月推出的公民新闻项目，鼓励全球范围内的普通民众通过各种方式将自己制作的新闻稿、图片与视频上传至CNN网站；CNN承诺不会利用任何技术手段对原始新闻素材进行修改，但也要求上传者必须签订关于版权与相关法律责任的协议。[2] 上传之后的新闻素材若要在CNN网站或新闻节目中播出，则须经过严格的内容审核，以确保符合CNN对于新闻生产专业性的基本要求，以及不会出现冒犯性内容或侵权内容。非专业记者通过iReport服务上传新闻素材的方式十分简单：或通过网站醒目位置的iReport板块中的"send your iReport"链接实现上传，或通过直接给iReport@cnn.com发送电子邮件的方式提交。

iReport项目广受赞誉的另一个原因，在于其坚持不懈地对非专业记者进行电视新闻采集与制作技能的培训，以确保其提供的素材在最大限度

---

[1] 常江、解立群：《国际主流电视新闻节目新媒体推广手段探析》，《中国记者》2013年第1期，第120页。

[2] 参见CNN website, http://ireport.cnn.com/about.jspa, 2021年7月19日访问。

上符合播出的需要。所有 iReport 注册用户均可获得一个免费的工具包，内含新闻制作的基础教程，包括摄影构图的法则、新闻稿写作的要领、摄像机的操作技巧，以及平台使用的操作指南等。在新闻的五个构成要素中，CNN 仅对"谁""何事""何时""何地"四个要素提出具体要求，而不主张非专业记者就"为什么"的问题做出解释，这表现了 CNN 对待公民新闻的审慎态度。CNN 对于非专业记者的培训是通过一个名为"CNN iReport 新兵训练营"（CNN iReport Boot Camp）的虚拟课堂来进行的，网络用户可以非常容易地通过 CNN 网站学习关于新闻制作的各种技能，全部课程大约用时 7 个星期。[①]

从 2015 年 11 月起，CNN 不再运营 iReport 网站，但同时在 Twitter、Facebook 和 Instagram 三个平台推出了统一的公民新闻标签#CNNiReport，所有用户都可以在发布自己制作的新闻视频时附带这一标签以获得 CNN 官方账号的关注和转发。这一变化体现了社交媒体时代公民新闻的一个结构性特征：以综合性社交平台而非专门的项目网站为传播渠道。目前，大量公民新闻账号活跃于 YouTube、Twitter、Instagram 等平台，生产着以视频、图片和文字为主要形式的新闻内容。在社交媒体的平台架构下，个体用户获得与新闻机构平等的内容生产和发布权，这反而促使包括 CNN 在内的老牌媒体越来越淡化其公民新闻项目以维系自身的品质和权威性。

三、社交短视频：重塑国际传播版图

2016 年前后，社交短视频开始成为视听内容传播的一种重要形式。社交短视频是指以移动智能终端为传播载体、依托移动社交平台及社交链条播放的时长在数秒到数分钟之间的视频内容产品。随着移动互联网的发展

[①] 参见 CNN iReport Boot Camp website，http://edition.cnn.com/SPECIALS/2011/bootcamp/index.html，2023 年 5 月 20 日访问。

和智能手机的普及，社交短视频成为全球原生互联网内容发展的引擎，不但专业平台数量呈现出迅速发展的态势，而且在青少年群体中拥有规模庞大的忠实用户。诞生于 2016 年的社交短视频网站抖音（国际版为 TikTok）至 2021 年已拥有超过 6.5 亿月活用户，并在一系列调查中超过谷歌成为最受欢迎的网站。① 中国是社交短视频主要的"诞生地"，也是短视频对社会渗透率最高的国家之一。据中国互联网络信息中心（CNNIC）发布的第 52 次《中国互联网络发展状况统计报告》，截至 2023 年 6 月，中国短视频用户规模达 10.26 亿，用户使用率达 95.2%，超过欧美主要国家。

　　短视频文化的走红具有其必然性。第一，社交媒体全面激发了网络用户的个性和表现欲，网民自我展示的需求日趋精细化、视觉化，此为主导短视频内容生产的基础力量；第二，凭借其短小和直白的文化气质，短视频内容可以有效填补互联网用户的碎片化时间和满足即时的视听消费需求，相较其他原生网络内容（如容量很大的网络剧和同样碎片化但不具备视觉娱乐性的网络文学）具有不可替代性；第三，移动通信的资费下降和速率提升，亦大大降低了流媒体内容消费的成本，为短视频的繁荣提供了不可或缺的技术基础。②

　　现有资料和数据表明，短视频正在成为中国广播电视机构国际传播的重要形式。传统广播电视机构正依托其在内容制作领域的专业力量，借助其国际社交平台账号和网络频道，日常推出大量短视频作品以吸引外国青年用户、实现有效传播。中国国际电视台（CGTN）近年来即进行了系统性的短视频生产，其体裁既有新闻性的，也有娱乐性的，内容则较传统新闻报道更为日常化和情感化。例如，CGTN 于 2020 年 11 月在其 Facebook

---

　　① 参见 eMarketer, "TikTok Users Worldwide（2020–2025），" June 1, 2022, Insider Intelligence website, https://www.insiderintelligence.com/charts/global-tiktok-user-stats, 2022 年 12 月 15 日访问。

　　② 常江、田浩：《迷因理论视域下的短视频文化——基于抖音的个案研究》，《新闻与写作》2018 年第 12 期，第 32—39 页。

官方账号发布的一条 40 秒的短视频即受到广泛的关注。这条视频讲述的是一位餐厅厨师为一个因连续加班失眠多日的程序员做爱心餐的故事。此外，2018 年 7 月中美发生贸易冲突之际，CGTN 在其 Facebook 官方账号针对这一专题进行报道，共发布 14 个内容不同的视频，包括 12 个 5 分钟以内的短视频内容，共收获 200 余万次点击量；其中，7 月 30 日的《中国和美国：错误的敌人，错误的战争》（"China and US: The Wrong War, With the Wrong Enemy"）在短短的 3 分钟内阐释了中美之间互利互惠的合作关系，基于中国的立场分析了贸易冲突的利弊，获得了 34 万次的点击量与 3000 多个点赞。除了 CGTN 外，《人民日报》、《中国日报》（*China Daily*）和英文版《环球时报》（*Global Times*）等也是国际社交平台上活跃的中国短视频生产机构。中国广播电视机构借助社交短视频展开国际传播实践积累了丰富的经验，而由社交短视频所塑造的全球传播新格局仍在不断的演化和革新之中。此外，与中国媒体机构相比，西方媒体机构仍较少将社交短视频应用于国际传播，对此，学界和业界需要进行持续、深入的观察。

如第八章所述，全球化与新媒体化一样，均是席卷整个人类社会的浪潮，无论是国家、社会机构还是作为普通人的个体，均要面临其带来的影响和后果。于全球广播电视业而言，传播技术的发展势必导致内容生产和传播渠道等领域的变革，而这种变革又会相应地影响广播电视媒介与其受众（使用者）之间的关系。无论是全球视频内容超级平台 YouTube 的出现，还是中国电视机构借助社交短视频实现的"出海"，都可被视为跨境广播电视媒介在日新月异的技术与文化语境中面临的机遇、挑战以及做出的反应。而全球化对人们的思维方式、情感结构、价值理念及生活路径的影响，也将通过广播电视这一持续生产并传播着视听信息的中介，得到日益深刻的体现。

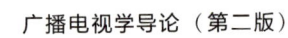

思考题

1. 跨国电台广播大体经历了怎样的发展历程?
2. CNN、CGTN 和 Press TV 三个跨国电视机构各有什么特色?
3. 中国广播电视"走出去"有哪几种主要模式?
4. 谈谈你对文化帝国主义命题的理解。
5. 举例说明视频分享网站如何成为跨国广播电视的新战场。

主要参考文献

Abelman, R., and D. J. Atkin, *The Televiewing Audience: The Art and Science of Watching TV*, Peter Lang, 2011.

Allen, R., and A. Hill, eds., *The Television Studies Reader*, Routledge, 2004.

Allen, R., ed., *Channels of Discourses, Reassembled: Television and Contemporary Criticism*, Peking University Press, 2007.

Ammon, R. J., *Global Television and the Shaping of World Politics*, McFarland, 2001.

Ang, I., *Watching Dallas: Soap Opera and the Melodramatic Imagination*, Methuen, 1985.

Ang, I., *Living Room Walls: Rethinking Media Audience for a Postmodern World*, Routledge, 1995.

Arlen, M. J., *Living-room War*, Syracuse University Press, 1997.

Arnold, J. R., *The Telecommunications Act of 1996: Effects on Local Radio and Television Programming and the Public Interest*, UMI, 2007.

Barker, C., *Television, Globalization and Cultural Identities*, Peking University Press, 2008.

Barker, C., and M. Wiatrowski, eds., *The Age of Netflix*, McFarland & Company Inc., 2017.

Barnouw, E., *The Golden Web: A History of Broadcasting in the United States, 1933–1953*, Oxford University Press, 1980.

Bignell, J., *An Introduction to Television Studies*, Routledge, 2004.

Boddy, W., *Fifties Television: The Industry and Its Critics*, The University of Illinois Press, 1990.

Brandt, G., *British Television Drama*, Cambridge University Press, 1981.

Bourdieu, P., *On Television*, The New Press, 1996.

Budd, M., S. Craig, and C. Steinman, *Consuming Environments: Television and Commercial Culture*, Rutgers University Press, 1999.

Buscombe, E., *British Television: A Reader*, Oxford University Press, 2000.

Butler, J. G., *Television: Visual Storytelling and Screen Culture*, Routledge, 2018.

Casey, B., et al., eds., *Television Studies: The Key Concepts*, Routledge, 2008.

Corner, J., *Critical Ideas in Television Studies*, Clarendon Press, 1999.

Curran, J., and M. Gurevitch, eds., *Mass Media and Society*, 3rd Edition, Hodder Arnold Publication, 2000.

Curtin, M., and J. Shattuc, *The American Television Industry*, Palgrave Macmillan, 2009.

Dayan, D., and E. Katz, *Media Events: The Live Broadcasting of History*, Harvard University Press, 1994.

Dunning, J., *On the Air: The Encyclopedia of Old-Time Radio*, Oxford University Press, 1998.

Fellow, A. R., *American Media History*, Wadsworth, 2013.

Fiske, J., and J. Hartley, *Reading Television*, Methuen, 1978.

Fiske, J., *Television Culture*, Routledge, 1988.

Gans, H., *Deciding What's News: A Study of CBS Evening News, NBC Nightly News, Newsweek, and Time*, 2nd Edition, Northwestern University Press, 2005.

Gauntlett D., and H. Hill, *TV Living: Television, Culture and Everyday Life*, Routledge, 1999.

Geraghty, C., and D. Lusted, eds., *The Television Studies Book*, Arnold, 1998.

Gitlin, T., *The Whole World is Watching: Mass Media in the Making and Unmaking of the New Left*, University of California Press, 1980.

Glick, I., and S. J. Levy, *Living with Television*, Transaction Publishers, 2006.

Goldie, G., *Facing the Nation: Television and Politics, 1936–1976*, The Bodley Head, 1978.

Gorfinkel, L., *Chinese Television and National Identity Construction*, Routledge, 2018.

Gray, J., and A. D. Lotz, *Television Studies*, Polity Press, 2012.

Gunter, B., *Television versus the Internet: Will TV Prosper or Perish as the World Moves On-*

line? Chadons Publishing, 2010.

Hall, S., *Early Writings on Television*, Routledge, 1997.

Halloran, J., *The Effects of Television*, Panther, 1970.

Hamilton, J. T., *Television Violence and Public Policy*, The University of Michigan Press, 2000.

Hartley, J., *Uses of Television*, Routledge, 1999.

Hill, A., *Reality TV: Audiences and Popular Factual Television*, Routledge, 2005.

Hilmes, M., ed., *The Television History Book*, Bloomsbury Publishing, 2020.

Hodge, R., and D. Tripp, *Children and Television: A Semiotic Approach*, Stanford University Press, 1986.

Innis, H., *Empire and Communications*, Oxford University Press, 1950.

Jenner, M., *Netflix and the Re-invention of Television*, Palgrave Macmillan, 2018.

Kaplan, E., *Regarding Television*, American Film Institute, 1983.

Katz, E., et al., eds., *Canonic Texts in Media Research*, Polity Press, 2003.

Kelly, J. P., *Time, Technology and Narrative Form in Contemporary US Television Drama*, Palgrave Macmillan, 2017.

Kinder, M., *Playing with Power in Movies, Television, and Video Games: From Muppet Babies to Teenage Mutant Ninja Turtles*, University of California Press, 1991.

Lee, Chin-Chuan, ed., *Voices of China: The Interplay of Politics and Journalism*, Guilford Press, 1990.

Liebes, T., and E. Katz, *The Export of Meaning: Cross-cultural Readings of Dallas*, Oxford University Press, 1990.

Lotz, A. D., *The Television Will Be Revolutionized*, New York University Press, 2007.

Lotz, A. D., *Media Disrupted: Surviving Pirates, Cannibals, and Streaming Wars*, MIT Press, 2021.

Lowery, S., and M. L. DeFleur, *Milestones in Mass Communication Research: Media Effects*, Longman Inc., 1983.

McChesney, R., *Rich Media, Poor Democracy: Communication in Dubious Times*, The New Press, 2000.

McDonald, K., and D. Smith-Rowsey, eds., *The Netflix Effect: Technology and Entertainment in the 21st Century*, Bloomsbury, 2018.

McLuhan M., *Understanding Media*, Gingko Press, 1964.

McPhail, T. L., *Global Communication: Theories, Stakeholders, and Trends*, Wiley-Blackwell, 2010.

Meehan, D., *Ladies of the Evening: Women Characters of Prime-time Television*, Scarecrow Press, 1983.

Miller, T., ed., *Television Studies*, BFI, 2002.

Mitchell, W. J. T., *Picture Theory: Essays on Verbal and Visual Representation*, The University of Chicago Press, 1994.

Morley, D., *Television, Audiences and Cultural Power*, Routledge, 1992.

Morley, D., *Family Television: Cultural Power and Domestic Leisure*, Routledge, 1999.

Nannicelli, T., *Appreciating the Art of Television: A Philosophical Perspective*, Routledge, 2017.

Newcomb, H., *TV: The Most Popular Art*, Doubleday, 1974.

Orlebar, J., *The Television Handbook*, Routledge, 2011.

Pearson, R., and P. Simpson, *Critical Dictionary of Film and Television Theory*, Routledge, 2005.

Postman, N., *The Disappearance of Childhood*, Vintage, 1994.

Postman, N., *Amusing Ourselves to Death*, Penguin, 2005.

Samuel, L. R., *Brought to You By: Postwar Television Advertising and the American Dream*, University of Texas Press, 2009.

Schudson, M., *The Sociology of News*, 2nd Edition, W. W. Norton & Company, 2011.

Shapiro, S., *Television: Innovation, Disruption, and the World's Most Powerful Medium*, New Amsterdam Media LLC, 2016.

Shayon, R. L., ed., *The Eighth Art: Twenty-three Views of Television Today*, Holt, Rinehart and Winston, 1962.

Shimpach, S., ed., *The Routledge Companion to Global Television*, Routledge, 2020.

Shoemaker, P., and S. Reese, *Mediating the Message: Theories of Influences on Mass Media*

Content, Longman, 1996.

Silverstone, R., *Television and Everyday Life*, Routledge, 1994.

Smith, F. L., *Perspectives on Radio and Television: An Introduction to Broadcasting in the United States*, Harper & Row, 1979.

Sterling, C. H., and J. M. Kittross, *State Tuned: A History of American Broadcasting*, Routledge, 2009.

Stevenson, N., *Understanding Media Cultures: Social Theory and Mass Communication*, SAGE, 2002.

Sturken M., and L. Cartwright, *Practices of Looking: An Introduction to Visual Culture*, Oxford University Press, 2009.

Swanson, D. C., *The Story of the Viewers for Quality Television: From Grassroots to Prime Time*, Syracuse University Press, 2000.

Tannenbaum, P. H., *The Entertainment Functions of Television*, Psychology Press, 2014.

The MacBride Commission, *Many Voices, One World: Towards a New, More Just, and More Efficient World Information and Communication Order*, UNESCO, 1980.

Tomlinson, J., *Cultural Imperialism: A Critical Introduction*, A&C Black, 2001.

Thompson, E., *Parody and Taste in Postwar American Television Culture*, Routledge, 2010.

Tuchman, G., *Making News: A Study in the Construction of Reality*, The Free Press, 1978.

Varis, T., *International Flow of Television Programs*, UNESCO, 1985.

Volkmer, I., *News in the Global Sphere: A Study of CNN and Its Impact on Global Communication*, University of Luton Press, 1999.

Williams, R., *Television, Technology and Cultural Form*, Fontana, 1974.

Zhu, Y., and C. Berry, eds., *TV China*, Indiana University Press, 2009.

Zhu, Y., *Two Billion Eyes: The Story of China Central Television*, The New Press, 2012.

常江：《中国电视史：1958—2008》，北京大学出版社2018年版。

丁迈主编：《中国广播电视视听年鉴（2021）》，社会科学文献出版社2022年版。

高一萍：《面向海外的中国电视剧生产与传播："全球本土化"研究的视角》，中国传媒大学出版社2021年版。

郭镇之：《中外广播电视史（第三版）》，复旦大学出版社2016年版。

郭镇之等编著：《第一媒介：全球化背景下的中国电视》，清华大学出版社 2009 年版。

国家广播电视总局网络视听节目管理司、国家广播电视总局发展研究中心编著：《中国视听新媒体发展报告（2022）》，中国广播影视出版社 2022 年版。

哈艳秋主编：《当代中国广播电视史》，中国国际广播出版社 2018 年版。

胡正荣、朱虹主编：《外国电视名牌栏目》，红旗出版社 2011 年版。

胡智锋主编：《电视节目策划学（第三版）》，复旦大学出版社 2020 年版。

黄匡宇编著：《广播电视学概论（第六版）》，暨南大学出版社 2022 年版。

李宇：《传统电视与新兴媒体：博弈与融合》，中国广播影视出版社 2015 年版。

陆晔、赵民：《当代广播电视概论（第三版）》，复旦大学出版社 2021 年版。

苗棣主编：《中国广播电视节目概论》，南京师范大学出版社 2010 年版。

时统宇：《电视批评理论研究》，中国广播影视出版社 2003 年版。

隋岩：《当代中国电视文化格局》，北京大学出版社、群言出版社 2004 年版。

彭华新：《全球转向还是本土坚守：区域文化语境中的电视传播研究》，上海三联书店 2015 年版。

张海涛、胡占凡主编：《全球电视剧产业发展报告（2016）》，中国广播影视出版社 2016 年版。

赵玉明、艾红红、庞亮主编：《广播电视学学科体系建设研究》，中国广播影视出版社 2015 年版。

中国广播电影电视社会组织联合会编：《广播电视改革与创新（2019）》，中国广播影视出版社 2020 年版。

周小普主编：《广播电视概论》，中国人民大学出版社 2014 年版。

第一版后记

这本书是以我在中国人民大学新闻学院开设的"广播电视媒介研究"和"广播电视新闻研究"以及在北京大学深圳研究生院讲授的"电视研究"等课程的讲稿为基础，经整理、扩充和修订而来。

本书尝试建立一个既符合广播电视行业发展的基本规律，又对整个视听传播领域的前沿动态有充分观照，兼具知识性介绍和理论性阐释的新型广播电视学学科体系。这一体系在我的教学和研究进程中逐渐成形，我也不断根据实际情况对其进行调整和修正。它的一个核心观念是建立一种"去中心化"的考察体系，即在各种社会及文化关系中对广播电视媒介加以理解和考量。

广播电视是全球性媒体，不同国家和地区有不同的制度和生态。囿于各种主观及客观的原因，本书以中国、美国和英国三个国家作为国营、商营和公营三种体制的代表，对其进行重点观察和分析；同时，本书亦尽可能结合现有资料，兼顾其他国家和地区的情况。体系或行文中若有疏漏之处，还望读者诸君不吝指正。

感谢曾经修读过我上述三门课程的人大、北大学生，以及四位曾担任过课程助教的研究生，即文家宝、何天平、杨奇光、顾志娟。感谢北京大学出版社及本书的责任编辑徐少燕学姐。希望本书能够为研习者提供实实在在的帮助。

常　江

2016 年 3 月 24 日

于瑞士日内瓦

第二版后记

不知不觉间，本书的第一版面世已经六年多了。在视听传播技术、业态和文化日新月异的当下，六年已经可以算是一个"世代"。对于广播电视学这样一个"动态中"的学科来说，如何应对外部环境的变化是一个重要的议题，我们要去不断地思考哪些是恒久的规律，哪些又是常新的知识。

与第一版相比，第二版提供了最新的机构和行业数据（普遍更新至2021—2022年）；增补了大量广播电视新媒体化相关的内容，尤其是关于流媒体网站及其业态的内容；删去了一些陈旧的案例，并相应补充了新的案例；修订、增补了参考文献和注释。我期望这一版的修订令本书在体例和内容上更加贴近广播电视与视听传播的前沿动态，并帮助研习者更好地理解我们身处的这个深度媒介化的时代。

感谢本书责任编辑董郑芳老师一直以来的督促和信任，同样感谢过去六年间所有对本书提出过修订意见的同人与学生。

常　江
2022 年 7 月 6 日
于中国深圳

教师反馈及教辅申请表

北京大学出版社本着"教材优先、学术为本"的出版宗旨,竭诚为广大高等院校师生服务。

本书配有教学课件,获取方法:

第一步,扫描右侧二维码,或直接微信搜索公众号"北大出版社社科图书",进行关注;

第二步,点击菜单栏"教辅资源"—"在线申请",填写相关信息后点击提交。

如果您不使用微信,请填写完整以下表格后拍照发到 ss@pup.cn。我们会在 1—2 个工作日内将相关资料发送到您的邮箱。

书名		书号	978-7-301-	作者	
您的姓名				职称、职务	
学校及院系					
您所讲授的课程名称					
授课学生类型(可多选)	☐ 本科一、二年级 ☐ 高职、高专 ☐ 其他_____			☐ 本科三、四年级 ☐ 研究生	
每学期学生人数	_____人			学时	
手机号码(必填)				QQ	
电子信箱(必填)					
您对本书的建议:					

我们的联系方式:

北京大学出版社社会科学编辑室

通信地址:北京市海淀区成府路 205 号,100871

电子信箱:ss@pup.cn

电话:010-62753121 / 62765016

微信公众号:北大出版社社科图书(ss_book)

新浪微博:@未名社科-北大图书

网址:http://www.pup.cn